王冶秋传

——一个传奇人物的一生

王 可 著

文物出版社

封面设计　张希广
责任印制　张道奇
责任编辑　窦旭耀

图书在版编目（CIP）数据

王冶秋传：一个传奇人物的一生／王可著.—北京：文物出版社，2007.9

ISBN 978-7-5010-2284-7

Ⅰ.王... Ⅱ.王... Ⅲ.王冶秋（1909～1987）—传记

Ⅳ.K825.8

中国版本图书馆CIP数据核字（2007）第119551号

王 冶 秋 传

——一个传奇人物的一生

王 可 著

*

文 物 出 版 社 出版发行

北京市东直门内北小街2号楼

（邮政编码：100007）

http://www.wen wu.com

E-mail：web@wen wu.com

北京文博利奥印刷有限公司制版

北京京都六环印刷厂印刷

新 华 书 店 经 销

787×1092　1/16　印张：21.25

2007年9月第1版　2007年9月第1次印刷

ISBN 978-7-5010-2284-7　定价：68元

序

  王冶秋同志的长子王路是我少时的同学，前不久提出要我给《王冶秋传》写个序言，作为晚辈，作为事业的同行者，确实义不容辞。冶秋同志与我的父辈既是革命道路上并肩的战友，又是生活中亲密的朋友。从1946年冶秋同志与家父在南京八路军办事处相识起，我们两家就结下了深厚、持久的友谊。我小时候常到北海团城冶秋同志工作的地方，每每见到老人家都叫王叔叔。

  我自小就从家父处得知，冶秋同志20年代就参加了革命，抗战时期在重庆作为冯玉祥将军的秘书，是一直为党在另外一条战线从事统战与情报工作的老革命。冶秋同志为人极具老一辈革命家从容、大度的胸怀和刚毅、果断的革命风范。我对他的传奇革命人生一直怀有由衷的敬意。

  冶秋同志不仅是位实干的革命家，他的文笔也一直享有盛誉。他的文章《青城山上》并文中的诗歌在解放前就被传诵一时。后来我阅读了《鲁迅书信集》及冶秋同志发表在《人民日报》上的回忆文章，才得知冶秋同志是鲁迅先生晚年的年轻挚友，二人在书信来往中不仅仅谈及对文学创作的意见和看法，还表露对国事黑暗、文化界宗派林立的批判。冶秋同志写的怀念李大钊、吴可、潘漠华等烈士的文章总是充满深厚的革命情谊。他对新中国发自内心地热爱，所写的《车如流水马如龙》等散文充满强烈的新旧对比，总是有一种催人奋发的力量。

  冶秋同志的革命生涯丰富多彩，充满传奇；他的文章才华横溢，充满革命浪漫主义激情；而他对建立和发展我国文博事业的功绩又是更值得名垂青史的。

  文物是物载的历史，是文明的物质载体。历史没有文物，就失去了物质载体；怎么认识历史、解释历史，就失去了重要依据。任何破坏、盗掘、走私文物的行为都是对国家、对民族极大的犯罪。近代以来我们古老的文明饱经患难，许多珍贵的文物遭到破坏、盗掘、偷盗，真是令人痛心疾首。1949

年2月北平解放后，冶秋同志作为北平军事管制委员会文物部负责人接管了故宫博物院、北平图书馆、北平历史博物馆等机构。故宫等机构的珍贵藏品在抗战前已经南迁甚至被押运到台湾，地面上的文物古迹如古遗址、古建筑等也残破不堪、满目疮痍，令人不忍卒睹。新中国的文物事业就是在这个基础上开始的。以王冶秋领导的接收班子为基础，建立了文化部文物局，着手开展新中国的文博事业。全国各省市相继建立了文物行政管理机构。在立法方面，冶秋同志先后亲自参与制定《禁止珍贵文物图书出口暂行办法》《古迹、珍贵文物、图书及稀有生物保护办法》《古文化遗址及古墓葬之调查发掘暂行办法》《文物保护管理暂行条例》等一系列法规。在实施方面，他亲自主持选定由国务院公布了第一批全国重点文物保护单位，建立了文物保护单位分级负责的管理体系，并开展了全国第一次文物普查。在培养人才方面，他积极倡议为各地文博单位迅速培养了一批文物考古工作的骨干力量，使文物事业逐步走上法制化、规范化的轨道。

在"文化大革命"中，冶秋同志受到了严重的迫害。尽管身处逆境，但他总是坚持以文博事业为重，不顾个人安危，表现出一身正气。针对"江青反革命集团"散布的"黑线专政"谬论，他义正词严、掷地有声地提出"建国以来文物工作是红线而不是黑线"，并积极参与为大批文博干部落实政策的工作。当时各地文物保护工作经常告急，为了保护这些珍贵文物，冶秋同志从来不畏权势、不怕诋毁，挺身而出同那些破坏行为坚决斗争。李先念同志有一次谈到某个重点文物保护单位时说："你要动它一下，王冶秋要跟你拼命的。"正是在他的坚持和努力下，故宫的重新开放、云梦秦简等一大批典籍的发掘研究、马王堆汉墓的重大考古发现、克孜尔石窟的保护、文物对外展览在外交领域发挥作用等等一系列文博工作重要进展才能够在"文革"的恶劣环境中出现。

冶秋同志自1949年接管北平文物古迹开始，三十年没有离开过文博事业的领导岗位，为我国文博事业的创立与发展呕心沥血、辛勤耕耘，数十年如一日，是新中国文博事业当之无愧的奠基人和开拓者。

在跟冶秋同志一家的常年交往中，我从小就耳濡目染，对文物保护工作有一定的了解，这对我后来接触文物工作来说是非常好的熏陶。我在国务院分管文物工作十年之多，常对冶秋同志的工作钦佩有嘉，暗中常思历史的错误绝不能再现，当尽一切力量保护抢救中华文明之史鉴。在和文物战线打了十多年交道中，我越来越深刻地了解到冶秋同志等文物战线前辈为之鞠躬尽瘁的事业的重要意义。文物就是文化遗产，是民族文化和民族精神的凝聚和表现，是民族的骄傲、国家文明的象征，是民族、国家历史发展的见证和载体。新中国成立以来，我们摆脱了百年屈辱，对作为中华民族精神力量源泉的文化遗产，给予了很大重视。上个世纪90年代，党中央、国务院根据文物工作面临的形势先后提出了"保护为主，抢救第一"的文物工作方针和"有效保护、合理利用、加强管理"的文物工作原则。进入新世纪，党中央、国务院针对文物工作所面临的新的机遇和挑战，提出新时期的文物工作方针是"保护为主，抢救第一，合理利用，加强管理"，2002年新修订的《文物保护法》又将这一方针以法律的形式予以明确。在各级政府和文物工作者的努力下，广大人民群众保护文物的意识不断提高，我国的文物事业进入了一个全新的发展时期。

惜年怜月，转瞬之间，敬爱的王冶秋叔叔驾鹤而去已将满廿岁矣。他一生似浩瀚银河之彗星，在历史上轻盈而又光辉、凝重地写下了一笔，照亮了亘古夜空，永远在人们的记忆中熠熠闪烁……

李铁映

2007年5月

序

　　大家都知道王冶秋同志是新中国文物事业的主要开拓者和奠基人之一，但很多人不知道他又是中国革命历史中一个传奇性人物。

　　称他为新中国文物事业的主要开拓者和奠基人之一，冶秋同志当之无愧。中国有句老话："万事开头难。"最初形成的基本格局如何，影响十分深远。冶秋同志的贡献和建树，遍及文物工作的方方面面，其中最令人难忘的，大概是两点：

　　一是建国伊始，他和郑振铎先生一起，迅速地建立起文物事业的管理机构，制定方针政策，颁布法令，几乎从无到有地把全国文物工作纳入正确的轨道。1950年，也就是百端待理的新中国成立后第一年，在他具体主持下，制定了《禁止珍贵文物图书出口暂行办法》《古迹、珍贵文物、图书及稀有生物保护办法》《古文化遗址及古墓葬之调查发掘暂行办法》《关于征集革命文物的命令》《关于保护古文物建筑的指示》等文件，经中央人民政府政务院批准后颁布实施。这就在新旧中国大转换的关键时刻，避免了珍贵文物的破坏和大量外流，并为新中国文物工作奠定了坚实的基础。

　　二是在"文化大革命"的十年动乱中，他最初作为"死不改悔的走资派"被打倒，但在1970年周恩来总理指名把他从咸宁干校调回北京主持全国图博工作后，他在极端困难的环境中，不屈不挠地为保护祖国文物、推进全国文博事业而奋斗。在如此动荡混乱的日子里，马王堆汉墓、满城汉墓、银雀山汉简、云梦秦简、随县青铜编钟、武威铜奔马等一系列重大发现震惊了世界。对保护祖国文物，他更竭尽了全力。他常说：这些文物如果在我们这一代人手里毁了，那就上对不起祖先，下对不起子孙。李先念同志有一次对人谈到某一重点文物保护单位时说："你要动它一下，王冶秋要跟你拼命的。"我当时遇到一些地方文物工作干部，常听他们说："好在有冶秋同志，他是真正懂得文物的，并且以他的声望和地位，讲的话从中央到各省的负责人都不能完全不听。要是没有他，有些事情我们是很难顶住的。"全国政协原副主席赵朴初在怀念他的诗中写道："我爱王冶秋，坦坦心无私。……十年遭世乱，风义可概见。"在"文化大革命"那样的日子里，我国的文物事业仍取得世人瞩目的巨大发展，这似乎是个奇迹。它确实同冶秋同志顽强不屈的努力分不开的。

对他在中国革命历史中的传奇性经历，知道的人不多。他对我说过："那时候，别人都看我是文化人，其实我主要做的是军事情报工作。不过，那些军队番号、数字等等都不能用笔写下来，只能凭脑子记，又不能有一点差错。长期做这样的工作把我的脑子也弄坏了。"

冶秋同志是1925年入党的老共产党员。他参加过安徽霍邱农民暴动，长期做党的地下工作，并曾多次被捕，始终坚贞不屈。他同鲁迅先生有着密切的交往，《鲁迅书信集》中有好些信是写给他的。抗战期间，他在冯玉祥将军身边工作。冯玉祥当时是国民党政府的国民政府委员、军事委员会副委员长，每次重要会议后就把会议情况告诉冶秋同志，冶秋同志又转报中共中央。在这段时间内，他还奉党组织之命参加青帮，利用这个关系营救被军统逮捕的地下党员。军统曾扬言要用硝镪水化了他。抗战胜利后，他帮助正担任国民党军第三绥靖区副司令长官的地下党员张克侠同周恩来同志秘密会晤。以后，他又受党组织派遣，到国民党第十一战区司令长官孙连仲那里当少将参议，通过秘密电台经常把华北地区的军事情报向中央报告。他的这些工作，对解放战争的胜利发展作出了重要贡献。

冶秋同志对党和人民的事业忠心耿耿；对工作认真负责，一丝不苟；为人刚正不阿，严于律己，爱憎分明，给人留下难忘的印象。

像这样一个人，应该有一本很好的传记，把他的一生事迹告诉后人，并且也可以帮助人们从一些侧面了解中国革命和新中国初期的历史。

王可同志是冶秋同志的儿子，不少事情是他亲闻或亲见的。他是从事科学技术工作的，他从工作岗位上退下来以后，又花了很大力气，东奔西走，多方面搜集资料，写成这本传记。我在本书出版前有幸先读过一遍。它写得很真实，不少细节是我过去所不知道的。王可同志要我为本书写几句话，这是我义不容辞的事情，所以写下这些话，也借此略表我对冶秋同志的怀念之情。

金冲及

2007年8月

序

　　王可同志撰写的《王冶秋传》，将在冶秋同志逝世二十周年之际，由文物出版社出版面世。这是以王可同志为代表的全体兄弟姐妹祭奠父亲的纪念之作，是融化六份智慧、六腔心血、六家思念而铸成的一个共同心愿，展示父亲为民族为国家战斗的一生。不但如此，作者还以朴实、清新的笔墨和翔实可信的事例，生动地叙述了冶秋同志专力于文物事业近四十年的功业，从而又充分表达了当今全国文物工作者深切怀念冶秋同志的共同心声。因此，《王冶秋传》的出版，对于开展革命传统和爱国主义教育，了解新中国文物事业发展的历史，借鉴前辈们的创业经验，都具有现实和深远的重要意义，是全国文物界的一件大好事，将受到广大文物工作者的特别喜爱。

　　冶秋同志，同许多老一辈革命家一样，德才兼备，文武双全，为国家和民族作出了多方面的贡献。其前半生作为革命闯将，经历武装暴动和牢狱刑讯以及在隐蔽战线的八年统战和情报工作等等，都是他激情燃烧的岁月，都是他人生之旅的绚丽时空。在人生旅程上，他饱经烽烟风雨，历尽艰难险阻，几度生死难关，勇往直前，义无反顾，真可谓赴汤蹈火，在所不辞。但是，所有这些，由于年代已久，又同现实生活渐行渐远，长期处于隐蔽状态，世人知之甚少。而今随着《王冶秋传》的问世，主人公跌宕起伏、多彩多姿的奋斗一生得到了完整的展现，还了王冶秋一个完满的革命家形象。如此献身革命的大行大道，虽蔽于一时，而终昭于天下，耀于无穷者，实理之当然也。

　　作为文物事业的后来者，我同许多同辈同仁一样，对冶秋同志充满传奇的前半生，也只略知一二。其中包括与鲁迅先生结识交往的史实，社会上流传较广，了解得稍多一些。但仅凭这些，也早已增生了对冶秋同志的敬佩之情。自打踏进文物管理门庭之后，冶秋同志作为新中国文物事业奠基人的贡献，多已耳闻目睹，受益良多。他的名字，他的业绩、言行，早已铭刻在中国文物事业的方方面面，至今仍在熠熠生辉。在北京，在全国，在故宫，在国博，在马王堆，在秦俑坑，在满城汉墓，在云冈石窟，在他足迹所至的文物发掘、保护现场和遗址遗迹，在他所决策并力行实施的文物保护、展览、管理场所，在他参与过的国内外的外交活动所在地……一经提起冶秋同志，人们依旧肃然起敬，感佩由衷。年岁大的同志还常津津乐道当年的实况，把人们带入深深的回忆，带入历史的场景，并因此而平添一份思念，一份仰慕。

历史与现实、实践与经验都已证明，王冶秋的名字，过去、现在、将来都是我国文物事业的一面闪光的旗帜。他所坚持力保下来的许多文物古迹，多已成为国之重宝，随着岁月的推移和观念的更新，越发展露其无穷的魅力与风采。"多亏有个王冶秋"这个公正的结论愈益得到历史的证实，也愈益为人们所叹服和传颂。

他所坚持的文物保护理念、思想、方向，他所主持制定的关于文物收藏、发掘、保护、管理、维修、研究、展示、宣传、流通等各项方针、政策、法规、制度等等，在新中国近六十年的实践中一脉相承，并与时俱进，不断丰富、发展、完备，至今已经自成完整体系，独具中国特色，为世界各国所肯定和称赞。

他高瞻远瞩，总揽全局，从一开始就抓保护，抓管理，抓法纪建设，抓队伍培训等等，因而在全国文物界，近六十年间，始终有一个上下一心、守土有责、令行禁止、政通人和的行政管理体系，有一支热爱专业、精通专业、忠于职守、艰苦朴素、思想作风过硬的工作队伍，在我国各项文化建设事业中独树一帜，令人钦羡，成为事业发展的有力保证。

他集战士、文人、学者、领导于一身，有着许多高境界、高亮度的思想、品德、作风，例如呕心沥血、殚精竭虑的奉献精神，艰苦创业、勇于创新的工作态度，勤奋好学、才识渊博的专业能力，坚持真理、光明磊落的高尚品格，尊重人才、尊重知识的宽广胸怀，"望之俨然，即之也温"的性格力量，廉洁奉公、一尘不染的清风正气……都是树立在人们面前的标尺和明镜，数十年来，对广大文物工作者，潜移默化，规范引导，影响深远。

所有这一切，都是构筑中国文物事业大厦之基的主要元素和构件，是以冶秋同志为代表的老一辈文物事业开创者们留给全国文物工作者的宝贵财富。"问渠哪得清如许，为有源头活水来"，奠基创业者们所开辟的源头活水，恰似股股清泉流淌在全国文物界，净化、滋润着人们的心灵、情感，浇灌、滋养着中国文物事业的繁花、硕果，成为永不消逝的原动力。

冶秋同志离开文物事业已经二十年了。而今，在党中央、国务院一以贯之的正确领导下，在众多党和国家领导人的直接关心和指导下，我国文物事业取得了前所未有的全面发展，各项工作的规模、质量、效益都处在历史的最佳时期。抚今追昔，倍感这成就之可贵，更深知创业之功不可没。为此，我提议，通过对《王冶秋传》的学习，广大文物工作者应该努力发扬以冶秋同志为代表的老一辈文物工作者活到老，学到老，实践到老，生命不息，奋斗不止的敬业精神，努力像他们一样，不断追求真理，追求真、善、美，不断汲取新知识、新营养，不断创新思想、创新理论，努力把自己磨砺成为维护国宝民魂的忠诚战士。

建国前夕，当冶秋同志从夷险莫测的隐蔽战线走出来，还未来得及抖落满身烟尘就转入北平接收文物古迹的时候，眼下百废待兴，人才稀缺，物力维艰，一切几乎都要从零开始，条件与环境极为艰苦。但是冶秋同志等创业者们凭着忠于职守、开拓创新的理念和激情，一步一个脚印，终于走出困境，打开局面，逐步建立起崭新的全国文物保护管理体系，为中国文物事业立下了开天辟地的大功。今天的文物工作，无论国家机关和企事业单位，人、财、物条件的优越、完备程度，已远远超出创业时代，如若我们既珍惜现在，又发扬传统，拥有老一代文物工作者脚踏实地，苦干实干，开拓创新的进取精神，必将如虎添翼，思想、技能都将进入"自由王国"境界，充分施展聪明才智，为文物事业的全面、协调、可持续发展，作出更多更大的贡献。

在学习文物事业创业者们的思想品德过程中，特别要重视他们一身正气，一尘不染，秉公用权，廉洁从政的浩然正气。冶秋同志从事文物保护工作近四十年之久，自始至终不染指一件文物，家什简朴，连一件复仿制的工艺品都不曾陈设，真正成为"常在河边走，就是不湿鞋"的典范。与此同时，他又明确规定国家文物工作人员不许收藏、买卖、馈赠、借用国家文物品，要求全局人员严格遵守，率先垂范。所有这些，一代又一代地传承至今，其中有的已经成为法律条文，并随着时代的进步，要求做得更好，更坚决，像冶秋同志等文物事业开创者那样，永远保持着清廉、勤政的好作风。

保护历史文化遗产，是全民族的共同事业，但又往往是不容易为多数人所理解和支持的事业。由于认识能力和利害关系的差异，在保与不保的决策过程中，以保护为第一责任的文物工作者在许多场合下都可能处于少数派的尴尬局面，而且要面对来自上下左右的种种压力，甚至招来非议、责难和谩骂等等。此时此刻，是坚持还是放弃，往往面临着物之存、毁，人之功、罪的严峻抉择。但是，新中国的文物保护工作者，从王冶秋等创业先驱们开始，就以身作则，身体力行，不辱使命。他们面对非保不可而又争持不下的文物古迹，就有如当年为了民族，为了真理和正义而奔赴战场一样，不达胜利决不罢休。他们坚持以诚待人，以理服人，力排众议，顶住压力，乃至不惜犯颜极谏等等，完全置个人得失毁誉于度外。他们的实践证明，在文物保护的问题上，真理确实有时在少数人手里，因而最终得到历史的公正评价，成为文物保护的功臣。历史的经验还告诉我们，文物保护这项个性突出的特殊事业，安危都要仗英才，要有更多的王冶秋式的有胆有识，无私无畏的文物卫士，能够在文物存毁的紧急关头，敢于挺身而出，当仁不让，据理力争，直至文物完好保存为止。这样的文保战士，近六十年来，在全国各地，一批又一批，一代又一代，不断涌现、成长，为中国文物事业的发展发挥着特殊的关键作用。对于这样的"铁中铮铮，庸中佼佼"者，不论其年老与年少，不论在职与离退，也不论业内与业外，都要倍加爱护和尊重，尽力倾听他们的意见，让他们的思想、才智乃至余光、余热都得到充分的发挥。唯其如此，才可确保文物事业的长盛不衰、历久弥新。

　　自古以来，人们都深知功不待文显，文不待序传。以上所言，仅仅是一个文物事业的后来人学习开路前贤的一点感想，一份敬意。而对于显功、传文之类，可能无济于事，也无足轻重。我希望通过《王冶秋传》的问世，让传统链接现在，榜样激励后人，历史启迪明天！

　　让我国文化遗产保护事业沿着先驱者们开创的胜利之路走向更加灿烂的未来！

单霁翔
2007年5月

并非序言的序言

——代 前 言

冶秋逝世后，聂荣臻读了讣告及冶秋生平，对冶秋的女儿高予说："原来还不知道冶秋同志为党和革命做过这么多事情。"

鲁迅在给冶秋的一封信里写道："指点做法，非我所能。我一向的写东西，却如厨子做菜，做是做的，可是说不出什么手法之类。"在另一通信里写道："序跋如果你集起来，我看是有地方出版的。"又说道："我的文章，未有阅历的人实在不见得看得懂，而中国的读书人，又是不注意世事的居多。"

冯玉祥题赠的条幅《对于冶秋先生的印象》："冶秋先生，好苦用功，生活淡泊，不重功名，文章写作，爱国爱民，内外一致，真诚言行，既是我的好友，亦是我的先生。"

董必武1948年在讨论接管北平工作时说道："接管北平文物古迹的事就让王冶秋去搞吧。"

叶剑英在和冶秋谈到上世纪40年代南方局军事情报工作时说："那一次要不是你把王梓木劝说回来，损失可就大咯。"

周恩来1972年在招待李政道夫妇的便宴上对冶秋说："我看你王冶秋不是那样的人！"在马王堆2、3号墓发掘报告上总理批示道："此事情待王冶秋同志回京后，偕同国家文物事业管理局、科学院考古研究所和各地有关单位和医学科研及医务人员，前往长沙协助省委办理此事。"总理在住院治疗期间致冶秋的信中写道："谢谢你的好意。日本版画已欣赏多次，今晚得到池田大作送我另一副画，现将你得到的赠品送回。我仍在治疗中，情况尚好，请释念。"

郭沫若在主持修改《故宫简介》的会上说："故宫准备重新开放，周总理批示要我和冶秋同志商量一下，邀请各位把故宫博物院为重新开放编写的

《简介》及所附材料看一看。"又说道:"这可是场'殿试'!"

王震对谢辰生说:"让王冶秋找康生是我给他出的主意,你们文物局要保护这个老头。"

李瑞环于20世纪90年代初对国家文物局领导班子说:"过去搞城市建设,对王冶秋这也要保,那也要保,这也不能动,那也不能动的做法感到不理解,很反感。现在看来,多亏有个王冶秋。没有他当时的强硬态度,今天北京城里的文物古迹早就被拆毁得差不多了。"

李铁映说:"冶秋同志自1949年接管北平文物古迹开始,三十年没有离开过文博事业的领导岗位,为我国文博事业的创立与发展呕心沥血、辛勤耕耘,数十年如一日,是新中国文博事业当之无愧的奠基人与开拓者。"

赵朴初写《怀王冶秋同志》五言诗一首:"吾爱王冶秋,坦坦心无私,重光白马寺,仗其竭力资。……感慨怀斯人,心香以为奠。"

李琦在回忆文章中写道:"冶秋同志在和我的交谈中,对陈伯达等人很鄙视。他没有趋炎附势,始终坚持原则,从未利用自己手中的权力拿国家的文物做交易。冶秋同志和叶剑英同志关系过从甚密,对周恩来同志怀有深厚的感情。"

余湛在回忆外事活动时说道:"周总理多次带着赞许口吻说,冶秋同志把文物当作自己生命一样,谁要想从他那里拿件文物送人,就像割他一块肉一样。"

刘炳森在回忆文章中写道:"世间'人走茶凉'的庸人俗事屡见不鲜,我都非常鄙视。在一定的意义上说,没有当年王老的恩泽,便很难想象能有我的今天。王冶秋老人的名字,将永远铭刻在我们一家人的心中。"

谨以此书献给那些为中国革命事业奋斗终生的人们,献给那些为保护和光大中国文物古迹而呕心沥血的人们!

目　录

一 家 世

（一） 蓼城三王

1. 先人出自琅琊王氏

地处大别山北麓、淮河中游南岸的安徽省霍邱县，四千多年前是东夷部落首领皋陶后裔的封地，建立了部落小国——蓼国。"蓼"是当地盛产的一种草本植物，分蓝蓼、英蓼和水蓼，开淡绿色或粉红色花，色泽艳丽，茎和叶可做染料或入药。"蓼"既可为大地增姿添色，又可丰富人们的物质生活。自隋开皇十九年（公元599年）设霍邱县治后，邑人常称本县为"蓼城"。在王冶秋的文学作品中，我们会读到"蓼"的自称，尽管他并不出生于此，这里只是祖辈的故里。

然而他的先人并非东夷族的后裔，而是出自山东临沂琅琊王氏，是典型的华夏子孙。他们共同的面部特征是鼻梁挺而饱满。据姓氏考，王姓主要望族有琅琊王氏、太原王氏、三槐王氏、开闽王氏等。其中琅琊王氏在晋代曾辉煌过，有"王与马，共天下"的民谣传世。"书圣"王羲之就出自晋代琅琊王氏家族。

明初（公元1371年），冶秋的先辈由临沂枣林岗调藩（移民），落于安徽寿县迎河镇一带。明末清初，曾为京官的老五王国泰公举家迁至霍邱县境，经七代单传，到初叙王氏"醉经堂"宗谱时，从"羽白"字辈有五门分居，其中第五门迁到霍邱城内（图一），这便是冶秋的直系祖辈。因老族谱在"文革"开始时烧毁，细考已无据，现在只有堂号"醉经堂"与派字传留："习前人之余业，振来世以先身，积善传家有道，同宗恪守（其）贞。"

冶秋的爷爷王前豫（字立夫，1835～1876），晚清拔贡，是当时霍邱有名的博学鸿儒，因家境贫寒，放弃功名，以教书为业。前豫育有三子，即：长子人凤（字少夫，1855～1912）、次子人鹏（字友梅，1866～1921）和三子人鹄。前豫十分重视子嗣的教育，三个儿子除随父读书外，还专门聘请徐姓老师辅教诗文。人凤、人鹏先后考取秀才，又先后考取贡生，人鹄也考取秀才。一时兄弟三人，两拔贡一秀才成为佳话，《霍邱县志》上有"蓼城三杰"之称。前豫因积劳成疾，刚过四十就去世了。人凤不得不弃学从教，挑起家庭的重担。人凤为二弟人鹏做主娶了徐老师之女为妻。王徐氏生有一男（早夭）二女，不善持家，还是个油瓶倒了都不扶的懒

图一　油画《故乡城西湖》，王路作，2005年。

惰之人，后来又染上抽大烟打麻将的恶习，把房产、土地糟蹋殆尽。

　　人鹏自幼孝敬父母。冬季，母亲在炭火盆子里烤红芋给人鹏下学回来吃，人鹏总要母亲先吃一半自己才吃。本来就不满意的婚姻此时更让人鹏难堪。人鹏只得隐忍心中之痛到外面去闯荡，先后做过书吏、帮办、军粮押运官，近不惑之年，已遍游皖、沪、粤、赣、燕、鄂、闽等地。人鹏有一日回家省亲，遇三弟人鹄的丫头在洗脚，发现其脚底生有红痣，突然想起相书里说"此相表'足生贵子'"，于是立刻跑到大哥处，提出与三弟交换丫头的要求。人凤本就对二弟的婚姻感到歉意，此时如释重负，马上找来人鹄定下此事。这样，人鹏就用自己的张姓丫头换来三弟的

图二　1910年铁生周岁纪念，铁生（怀抱者）与父亲人鹏及铜生，左第一人为管家陈胡子。

丫头宣宝舟。

　　宝舟是河南鹿邑人，两年前随兄嫂逃荒来到霍邱，卖与王家为婢。她为人性格泼辣，做事有灵性，认字、读书悟性颇高，深得人鹏喜爱。1906年，人鹏带着新婚妻子宣宝舟北上奉天，在铜元局谋得一中级职位。过了一年，人鹏的长子出世，乳名铜生，这便是龙华二十四烈士之一的王青士（之绾）。又过了两年，人鹏已在薪俸较高的铁路局里就职，次子降生，乳名铁生，他便是本传传主王冶秋（之纮）。

人鹏三年连得二子（图二）喜上加喜，相书所说"足生贵子"似乎得到了应验。像这样的机缘巧合，在人鹏一生中时有发生，令人称奇。

1912年，人鹏携眷返乡，沉醉于小家庭的幸福美满之中，对未来的打算只是"志在修墓，亦将归隐"。时值民国肇始，急需人才。1912年6月，柏文蔚（烈武）在安庆接替孙毓筠出任安徽省都督，其同盟会老友郑赞丞（芳荪）出任安徽内务司长。安庆在辛亥革命前后是闻名遐迩的铁血名城，南岸与其隔江相望的建德（今为东至县），是直逼赣属鄱（阳）浮（梁）地区的重镇，为安庆的南大门。但因战乱，官府贪渎成风，民不聊生，急需得力之人前往治理。郑赞丞遂推荐自己的乡里好友王人鹏。赞丞深知人鹏是个"可仕则仕，可隐则隐；仕则效忠于国，隐则敬孝于家"的人（图三）。柏督欣准，赞丞乃亲拟信函力邀。人鹏感于他们的真诚和爱民之愿，遂改变归隐的初衷，举家南下，为新兴的国民政府服务。

图三　1912年友人为人鹏所刻《庐隐草堂》碑

2．一亭缥缈临秋浦

1912年秋，人鹏携妻及幼子抵达安庆，拜访都督柏文蔚和老友郑赞丞。办好县知事（县长）的关防文书及相关事项后，便过江赴建德上任。据东至县志载：人鹏"莅任即裁去旧日吏书，斥退六班胥役，准章改组五科，敦请建邑名士司理各务，严定功过。晨起夜休，案无留牍。薪俸外不名一钱。民刑诉讼另立法庭一所，请司法司委专员任责。建邑民情健讼，两造必请一掌案先生，未满其欲，势不令终止，倾家荡产者众。人鹏侦察其隐，一审而结案，掌案恶习尽除。兴教育则严行，取缔私塾章程。此外，创办平民习艺所，并造林场、育婴堂。任二年而颂声起"。经过人鹏两年的整治，建德面貌一新，民气大振。人鹏重修了县署后白象山上的半山亭——梅公亭。梅公亭是邑人为纪念北宋著名诗人梅尧臣而建，前清时荒废。梅尧臣从公元1034年起任建德县令三年，留下大量诗篇，其中《古意》一篇尤为人鹏称道。诗曰：

> 月缺不改光，剑折不改刚；月缺魄易满，剑折铸复良。
> 势力压山岳，难屈志士肠；男儿自有守，可杀不可苟。

人鹏常以此诗自勉。梅公亭建成之时，适逢建德更名为秋浦。十几年前，人鹏在关外游历时曾梦中得诗两句"一亭缥缈临秋浦，两岸波涛送晚潮"，醒后百思不得其解。此时人鹏恍然大悟，随即在亭旁山石上留下一方摩崖石刻，记录这段奇缘。文曰：

> "一亭缥缈临秋浦，两岸波涛送晚潮"。此鹏光绪丁酉梦中得句也。迨民国壬子（公元1912年），莅官建德。越明年甲寅（公元1914年），在白象山麓重修梅公亭。亭成，适县名更曰秋浦。回忆旧句，不禁有明月前身之感焉。

> 乙卯（公元1915年）仲秋

> 蓼城王人鹏记

20世纪80年代初，原安徽作协主席江流和皖籍作家王余九，与北京的几位作家在此体验生活，晚饭后经常到白象山附近散步，与乡亲们聊天。乡民们最津津乐道的是民国初年县长王人鹏爱民的故事。其一：王县长为奖励监犯李长生每日留牢饭一半送养老母的孝行，令其护林守亭，并在山下划一块官有荒地让其租种，以自食其力。其二：张勋复辟失败后，辫子军残部过境秋浦，眼看百姓即将遭殃，王县长便将辫子军的大小头目悉数请进县衙，好吃好喝招待，晚上亲自带领家人站岗放哨，以安其心，避免了一场兵燹之灾。江流还携带小本子登上白象山，抄录下王人鹏留下的摩崖石刻碑文，写了一篇脍炙人口的《蓼城三王》，记叙王人鹏及其两个儿子王青士和王冶秋的生平事迹。

为了寻觅祖辈们的生活足迹，笔者曾于2005年9月底自驾车自北京出发，经霍邱、安庆到达东至（图四）。在当地文化部门负责人的带领下，踏古地，登白象山。此山已荒芜多年，荆棘丛生，恶竹疯长。我们未能一睹那块摩崖石刻的风采，而梅公亭也在抗日战争期间倾圮了，不过我们意外地找到了一块荒置四十多年的名

图四　2005年10月4日，笔者由安庆乘轮渡过长江。

碑——周馥的《秋浦梅公亭记事碑》。周馥是秋浦（建德）人，跟随李鸿章搞洋务运动三十多年，曾官至兵部尚书、两广总督。1918年人鹏即将离任，已八十二岁高龄的周馥亲自撰写碑文（载于《周懿慎公全集》），并立碑于梅公亭一侧，碑文曰（图五）：

我县署后山麓旧有梅公亭，祀宋诗人梅圣俞先生，以先生尝宰是邑，有惠政，列祀名宦也。岁久亭圮。今邑令王公友梅，乃葺而新之，较旧加恢廓焉。顾亭无守护者，日久恐复颓废，适察监犯李长生勤于工作，且减囚食以养其母，王令怜之，因规山下沮洳成稻田六亩，使长生佃之，守护此亭。邑绅赵镕等议曰："明江西巡抚陶山，忠臣名宦也，乡人至今仰慕。嫡裔凋零，惟长生在，苟无以赒之，将绝祀矣。田本县署废苑，俗名花园塘，城内向无粮赋，盍请县主以此公田永为亭业，明年长生徒役期满即派其永为守亭之户，凡亭旁硗瘠并听其垦，概不收租，嗣后非有大故不易佃。"众意谓然。因面请王公核准，公欣然曰：

图五　周馥的《秋浦梅公亭纪事碑》，2005年10月摄。

"此我意也，是可以定案。"且来书属予叙其事。予告之曰，此举有三善焉：当兹纷乱之世，吏皆苟安，而王公乃能重修此亭以表梅公遗爱，此尚贤兴废之善政也；李长生一羁囚耳，有母八旬而不能养，年已五十而无妻无子，县官鲜不漠然置之，略加周恤安能筹及久远，今乃给以官荒使其畜有资、娶妇成家，是恩恤贤裔、加惠无告之盛心也；官荒久弃，人不过问，今垦为田，春种秋获与农事试验场无异，公余之暇，考验奖励，风行各乡，亦劝农励俗之一端也。程明道曰："一命之士，苟存心于爱物，于事必有所济。"岂不信哉。时邑绅前交通部总长许世英适寓天津，予询之，亦颇以为是，并助李长生五十元。予家亦助百元，俾安业焉。惟恐日久此田被夺，因叙此事始末，镌碑亭旁，以垂久远。梅公名尧臣，事迹载《宋史》本传；李陶山名一元，明江西巡抚，嘉隆间海内有四君子之号，一元为清君子云。今知县事者为霍邱王人鹏，字友梅，宰我邑已七年，民爱之，虽籍属同省可援例留任。今在邑议绅为赵镕、胡之桢、郑起枝、徐传书、郑会传诸人，余不尽书。

清诰授光禄大夫兵部尚书两广总督邑人周馥

中华民国七年 岁在戊午

碑文中记述了县令王人鹏重修梅公亭，以及奖励监犯李长生并得到乡绅们襄助的史实，更重要的是由此阐发了此事的社会意义。周馥在碑文中写道，此有"三善"：修亭是"尚贤兴废"，是善政；奖励孝行是"恩恤贤裔"，是爱民；而给予荒地，令其春种秋收是"农事试验"，是移风易俗。碑文列举秋浦历史上出过的贤吏梅尧丞、李一元及"宰我邑七年"的现任县知事王人鹏，提炼出作为"贤吏"应该达到的境界，那就是"民爱之"。这真是一篇极佳的官箴！看来，做一个"民爱之"的贤吏，是周馥为官一辈子体悟出来的真谛，也是他对王人鹏的最好评价。人鹏离任时，秋浦县民赠他清官旗伞，乡民摆设香案，沿街夹道相送，有的跪拜不起，有的泣不成声，爱戴之情令人十分感动。至今，东至一些老人说到王人鹏县长仍是赞不绝口。

在秋浦，人鹏开办了家馆，聘请了一老一少两位先生任教。老者教授经史，少者教授英语、美术和时政，为冶秋启蒙之师。这年轻先生不是别人，就是大哥人凤的长子王之缙（图六）。之缙毕业于南京工专，来到秋浦辅助叔叔人鹏，行文案书吏事，并兼为弟（铜生和铁生）、妹以及族中晚辈与姊姊（宣宝舟）授业解惑。在这些学生中间，铁生年龄最小，长进却最快，四岁已能与父对对联；而女学生中，姊子宣宝舟悟性最高。我本人在八九岁时，曾在奶奶宣宝舟身边生活过两年多，最喜欢听她讲《济公传》的故事。当讲到济公如何善意地捉弄人时，她就会和我一起哈哈大笑。她还会讲自己读过的《水浒传》《西游记》《说岳全传》等作品里面的故事，常使我浮想联翩。

没多久，家馆里的课业就不能满足铁生旺盛的求知欲了，人鹏又安排《诗经》、《古文观止》乃至《纲鉴易知录》等文史方面的书让他读。有时在公事办完后，人鹏常带着两个儿子登上白象山，鸟瞰县署和街景，并教他们摄影。有一次看见李长生从山下背老母上山，人鹏抓拍了这动人的情景。遗憾的是所有这些照片，现在都已无从寻觅了。有时候父子三人坐在梅公亭上，望着眼前传说中尧帝南巡过境的尧渡镇（图七），人鹏便向孩子们讲述，千百年来这里的遗迹和传说：东晋的陶渊明曾任过彭泽县令，爱菊成癖，此山上曾筑有菊台，相传就是陶公种菊处。其传世名句"采菊东篱下，悠然见南山"，"秋菊有佳色，挹露掇其英"，真乃千古绝唱。这里还有与大诗人李白、陆游相关的遗迹。北宋著名诗人梅尧臣曾在这里任职，这个亭子就是为纪念梅公修建的。还有明代清官海瑞，清代廉吏李一元。背着老母上山的李长生，就是做过江西巡抚的李一元的后人。人鹏就这样把两个孩子引进历史长卷，使他们流连忘返。在这个山清水秀、环境优美的小山城秋浦，上有严父管教和慈母的呵护，生活富足安定，铜生和铁生度过了金色童年，这是他们一生中难得的一段快乐时光。在这里他们还有了一个可爱的妹妹王之秀（乃禾）。

1919年，人鹏奉调距南京二百里的来安县任县长。上任前，人鹏携眷回霍邱小住。铁生此时已十岁了，这是他第一次回祖籍。家中的大宅院给他留下了深刻印象。但是族中有些败类骂他是姨太太生的儿子，令他感到受了莫大的污辱。这激起他对封建家族制的仇恨，为他年纪轻轻就参加革命运动埋下了火种。

不到半年，人鹏升任亳州州官。亳州地处皖西北，南襟江淮，北望黄河，自商都于亳已有三千七百多年历史，是历史文化名城。亳州历史上名人辈出，如老子、

图六　王之缙夫人张树声与晚辈在一起，2002年。

图七　从白象山鸟瞰尧渡镇，2005年10月摄。

图八　霍邱花墙村王人鹏坟丘，2005年10月摄。

庄子、曹操、华佗都生于亳境。然而在民国初年，这里遍种大烟，所产烟土行销各地，成为臭名远播的毒源。境内盗匪横行，人民怨声载道，几任州官都无能为力。人鹏一上任，便先整治官府，宵衣旰食，经常骑马到乡下查访，贯彻禁烟令。然而他的努力遭到了恶势力肆无忌惮的对抗。原来，这里是北洋军阀姜桂题的老家，姜就是这些恶势力的保护伞。经过一年多的治理，情势开始好转，可是过度的操劳与当地利益集团的施压，使人鹏的健康状况急转直下。有一天，人鹏剿匪归来，在小花厅休息。宝舟端上一杯茶，人鹏伸手去接。突然，他双手一张，把茶杯打翻在地，随即滑落在地，昏迷不醒。人鹏终因劳累过度中风而亡。

秋浦人许世英时任安徽省长，周馥的《秋浦梅公亭记事碑》云："时邑绅前交通部总长许世英适寓天津，予询之，亦颇以为是，并助李长生五十元。"由此可知，许省长早已晓得人鹏在秋浦的良好口碑和周馥的评价。事实上，擢人鹏为亳州州官就是许的主张。当得知人鹏猝死在任上的噩耗后，许世英亲自拟文讣告全省，以王人鹏为官十载，清廉刚正，勤政爱民，堪称典范，特通电褒奖，并向全省县长募捐，为民国模范县长王人鹏发丧。人鹏的遗体装殓于一具筋匣子里，此时已成为典狱官的陈胡子，组织并带领发丧队伍，分乘四条船下涡河，经淮河，进入霍邱城边的城西湖，将人鹏灵柩送归故里。办完法事后，便由陈胡子打着"清官旗伞"开道，引领披麻戴孝的铜生、铁生和其他家眷，后面跟着灵柩车以及送葬队伍，浩浩荡荡地向东边的冯瓴乡花墙村进发，把人鹏安葬在先前已修好的墓地里。2005年10月，我与兄长王路在外甥刘士洪带领下去为爷爷扫墓。据说原墓地长满苍松翠柏，立有石门石马，四周以花砖墙围拢，"花墙村"由此得名；不过，"文化大革命"已将它"革"得只剩下一座光秃秃的坟堆了（图八）。

（二）丧父励志

1. 母亲宣宝舟

人鹏溘然而逝，留下孤儿寡母。此时宝舟才三十多岁，膝下已有两男两女，铜生十四岁，铁生十二岁，之秀六岁，之惠两岁。人鹏为宝舟和子女留下的遗产，是一座有四进院子的宅院及十多顷田地。对这所院落我还有清晰的印象，1946年秋至1949年春，我曾在这里生活过。那时临街的房子已在中原大战时炸毁，前面的两进院子也租给了他人。经过一个圆形砖门到达内宅，在后院里住着奶奶宣宝舟、大娘（大伯王青士的遗孀）及其女儿王绿野、四姑（之惠）及其儿子马驹、寡居的六姑（王徐氏的长女）及其外孙刘士洪，还有我和哥哥王路。在内宅后另有一排平房，分别是粮仓、厨房、磨房、柴火房、长工房等。有意思的是还养着一条拉磨及运物的毛驴，由一位长工负责。还有一个丫头做饭和洗衣。不难想象，在封建礼教盛行的旧社会里，年轻的寡妇宣宝舟维持这样一个大家庭，要付出何等的艰辛与操劳。当时她面对的情势是：在家族内，大母王徐氏带着女儿闹着分家产，族中有些心怀不轨之人寻衅滋事，欲乘机抢夺财产；在家族外，她要应付名目繁多的苛捐杂税和各种摊派。可想而知，这对她是多么严峻的考验。她能保住这些家产吗？她能把子女培养成人吗？好在宝舟早已不是十五年前的懵懂丫环了，经过十五年在人鹏身边的历练和学习、读书，她已成为一个知书达理、善于持家处世的女主人了（图九）。她的原则是，凡有理的事即使自己不情愿也要做，凡无理之事即使豁出命去也要反对。人鹏在世时已给了王徐氏一个有十几顷地的庄子，这足够维持其母女三人的吃穿用度。所以，在家产问题上宝舟寸步不让，但允许王徐氏的两个女儿住在城里的宅院里。对族中那些寻衅滋事者，她针锋相对，常常把他们骂得狗血淋头，甚至抄起木棍将他们赶出宅门。对族中的困难户她充满了同情心，常送粮、送物接济。具体操办此事的是陈胡子。陈长得又矮又丑，但他很喜欢孩子，办完人鹏丧事后就留在王家打杂护院。渐渐地，四奶奶（人鹏在大排行中行四）宝舟在族中赢得

图九　冶秋母亲宣宝舟

了地位和尊重。她像护雏的母鸡，即使面对鹰隼也会以命相争，她要保护四个年幼的子女长大成人。然而她内心深处的脆弱，在孩子面前有时也是无法掩饰的。

2. 励志

铁生（冶秋）不像哥哥铜生那样文静，他是一个好动又喜欢恶作剧的孩子。一天，铜生躺在一把竹躺椅上，铁生想坐，就从后面把躺椅扳倒。结果铜生摔到地上，他乘机跳上去坐着，并前后晃动很是得意。不一会儿，只见他滚到地上，大喊救命！原来椅子上有只蝎子夹了他一下，从此他再也不敢抢椅子了（图一〇）。有

图一〇　顽皮的铁生

一次，母亲要他帮助拧干床单，当母亲拽住另外一头加劲拧时，他却突然把手松开，使母亲摔了个屁股蹲。看到母亲的狼狈相，他却乐不可支。母亲爬起来要打他，他就一边跑一边跳，嘴里还喊着："打不着！打不着！"逗母亲玩。这件事引起了宝舟的深思，她感到是把自己心思告诉孩子们的时候了，他们该知道自己的责任了。一天，铁生回家告诉妈妈，他在县高等小学堂参与闹学潮，被打了板子，还被记一大过。母亲对他说："你去把铜生叫来。"两个儿子来到母亲面前，看见母亲表情凝重，就一言不发，静静地站在那里。宝舟对他们说："娘十五年前是一个

图一一　故居残井，2002年12月摄。

逃荒卖给王家的丫头，是你们父亲救了我，教我识字、读书，明白事理。你们父亲多年在外做事，辛辛苦苦挣下一分家业（图一一），为啥？还不是让你们能衣食不愁，努力成就功名，光宗耀祖，把你们王家香火续旺！你们父亲走后，族里有人就盯着这点家产，看我一个妇道人家好欺负，天天找茬生事。可是你们，像铁生这样，"她望着铁生又说，"就只知道天天打打闹闹，唉！什么时候你们才能懂事啊！"说到这里，母亲的眼泪再也抑止不住流了下来。两兄弟也难过地哭了起来。她又继续说："娘实盼着你们早日学成到外边做事，早一天把娘接出这个火坑。"此时，母亲遭受那些流氓无赖凌辱，起而抗争的场面立即浮现在铁生的眼前，他忽然感觉自己长大了。他高小即将毕业，五四运动带来的新思潮已在他心中发芽，他要到更大的世界里去，他要铲除这个万恶的制度，解救自己的母亲。他大声地对母亲说："娘！你不要难过了，我和哥哥到南京上学去，我知道该怎么做了！"母亲拉着他的手，看着他那认真的样子，会心地笑了。

宝舟支持孩子们到大地方求学。她变卖了存粮，凑足了两兄弟的盘缠和学费，还为他们各做了两套衣衫。她吩咐陈胡子护送他们到南京，把他们安顿好后再返回。1922年夏，铜生和铁生在城西湖登船，出正阳关入淮河，经蚌埠换乘火车到达南京。他们在一个小旅馆安顿下来，就去报考学校。铜生报考南京美术专科学校，铁生报考的是该校附中。他们都被录取了，秋季入学。这时候东北奉系和华北直系军阀混战，烽火连天；帝国主义觊觎中国的资源和领土，都在寻找自己的代理人。孙中山在广州发表宣言，酝酿北伐，誓言夺回辛亥革命的胜利果实。全国性的战争已是山雨欲来风满楼了。在这全国形势动荡、民心鼎沸的氛围里，青年学生总是首当其冲。冶秋（这是他给自己起的新名字）在这新环境里如鱼得水，他从别人那里借来《向导》《新青年》等宣扬新思潮的书刊，如饥似渴地阅读，争取民主、自由、反帝、反封建已经成为他的理想和追求。他对临摹、写生毫无兴趣，只上了一个学期就转学到更开放的成城中学。他在这里参与闹学潮的时间多于上课时间，他开始感到这样跟着高班同学举小旗、喊口号，散兵游勇似的混下去没有意思。对一个从未离开过家的十三岁孩子，这是一段特别难熬的时期。他十分想家，思念母亲。然而，想到自己对母亲的许诺，想到要把母亲救出火坑，他战胜了思乡之情，决定到新思潮的发源地——北京，去接受战斗的洗礼。但在北上之前，冶秋还有一件心事要做个了结，那就是解除与刘家姑娘订的娃娃婚约。暑假一到，冶秋便约上几个同学回乡，向旧式婚姻宣战。冶秋的要求被族长骂为大逆不道，这原在意料之中。冶秋不管族长如何歇斯底里地威胁恫吓，毅然给刘家写了一封申明大义的辞婚信，却被刘家接受了。这样，1923年暑假后，青士（这是铜生自己起的新名字）和冶秋兄弟两人北上北京，从此踏上一条不归的革命之路。

二　大革命风云

（一）革命闯将

1．北京的小布尔什维克

两兄弟到了北京后，在东城贡院附近安顿下来。这里有一些破旧民房，专门租给靠八到二十个铜子过一天生活的穷学生。青士要进的俄文法政学校就在附近，他计划学完后到俄国留学；冶秋则考进了志诚中学。青士在学校结识了瞿云白（瞿秋白之弟），常把《中国青年》等进步刊物带回来阅读，思想发生了巨大变化。冶秋遇见了霍邱同乡韦素园，此时素园正埋头翻译俄国文学。又进而结识了瞿云白。他们年长冶秋七八岁，是那时当之无愧的新思潮弄潮儿（图一二）。他们都很喜欢这个热情、敦厚的少年，向他分析全国革命形势，讲解新文学的发展，介绍俄国十月革命。这些前所未闻的新思想、新见解，像春雨一样无声地渗进他的头脑，影响着他的新人生观的形成。

冶秋在志诚中学上了三个星期课后，便转到英国英文补习学校，在这里他有更多的时间参加社会活动。现在，学校对于他来说，只是作为社会一分子的一个归属地。比如有人问他是干什么的，他可以答道，我是某某学校的学生，如此而已。那时只要北京城里有游行示威活动，就会有他的身影。一个十四五岁的少年有着无穷的精力，参加这些活动对他来说不啻为节日。他把对封建制度、对帝国主义、对北洋军阀的仇恨，通过喊口号、砸东西宣泄出来。1924年10月冯玉祥班师北京，11月5日派鹿钟麟率军警将溥仪等皇室成员赶出故宫。之后鹿钟麟在群众集会上讲演，介绍驱溥经过。当讲到清室内务府大臣绍英对鹿钟麟说："你们为什么这样逼我们，清廷入关对百姓不薄。"鹿立即驳斥道："清廷入关，'扬州十日''嘉定屠城'杀我百姓无计，我们是绝对不会忘记的！"此时群情激昂，高呼："打倒溥仪！打倒北洋军阀！国民军万岁！"在他们中间有一个喊得最起劲的少年就是冶秋。12月31日，几十万北京各界人士手持各色彩纸小旗，冒着凛冽的寒风齐集北京火车站，欢迎带病北上的孙中山。身穿灰色长袍的冶秋挤在人群的最前面。这时他已由小同乡张目寒介绍，加入了李大钊领导下的国民党左派，翠花胡同八号成了他经常出入的地方。他拥护孙中山的新三民主义和联俄、联共、扶助农工的三大

图一二 初到北平，左起王青士、瞿云白、韦素园、王冶秋。

政策，开始有了政治归属感。他的表现已引起左派负责人的注意，李硕之把他介绍到设在香山碧云寺的西山中学，这里较城内安全隐蔽。而他则通过自己这一年的实践，认清了国民党左右派的根本区别：右派反共，依靠军阀和帝国主义势力，是一些逛八大胡同的新贵；左派容共，依靠工农和贫穷的知识分子，是一些艰苦奋斗的革命者。其时他还不满16岁。

1925年春，王海镜，其公开身份是西山中学的法文教员，真实身份是中共西山支部和国民党左派区分部的负责人，介绍冶秋加入了共产主义青年团。不久，成立团的西山中学支部，冶秋担任支部书记（图一三）。段祺瑞和国民党右派的倒行逆施，导致孙中山的病情恶化，1925年3月12日，为中国民主革命奋斗一生的伟人在铁狮子胡同寓所与世长辞了。冶秋参加了悼念大会。他接着参加了逼迫段祺瑞下台的所谓"首都革命"，包围段祺瑞执政府和在吉兆胡同的住宅，火烧司法总长兼教育总长章士钊及警察总监朱深等人的住宅。他参加了响应五卅事件的反帝、反军阀政府的示威游行。他还参加了11月举行的收回关税自主权示威。示威人群在通过总统府时与警察发生了冲突，冶秋是动手打架的一个。总之，冶秋在十六岁这一年，他的革命坚定性和无畏的精神充分显示出来，当时那些二十多岁的革命者，都很喜欢这个勇敢机智的小弟弟。年末的一天夜晚，一个秘密会议在王海镜的小屋里举行。屋内唯一的一张桌子旁坐着一个个子不高的陌生人，这就是当时的中共北京市委负责人吴可。他小声地宣布：经过考察，批准王冶秋同学的入党申请，介绍人是吴可和王海镜。王海镜领着冶秋宣誓。宣誓完毕，吴可向屋里的几个人分析形势，布置工作，还介绍了一些工作方法，要求在附近的农民、工人中发展党团员。吴可待人热情真挚，说话生动、有分量，对工作认真负责，给冶秋留下深刻印象。冶秋从此成为一个为实现共产主义而奋斗终生的布尔什维克。

1926年3月18日，国共两党共同组织的"反对八国通牒示威大会"在天安门前召开，集会群众对段祺瑞政权勾结列强、镇压革命运动的丧权辱国行径十分愤慨。会后李大钊率领两千多群众，游行到执政府门前，要求见总理贾德耀，递交国民大会决议案。群众高呼"打倒丧权辱国的政府""打倒帝国主义"等口号。此时军警突然向示威者开枪，造成46人死、200多人伤，震惊中外的"三一八"惨案。这一天被鲁迅称为"民国以来最黑暗的一天"。惨案激起了全国人民的声讨，段政府在

图一三　西山中学时期的冶秋，一九二六年摄。

4月20日宣布下台。有一天夜晚，冶秋几个人翻过香山慈幼院的院墙，跳进窗子，去参加由吴可主持的秘密会议。吴可看见他便拉着他的手，热情地询问支部工作情况。这次会议布置了响应北伐、发展组织的工作。吴可一点架子也没有，布置工作既讲原则又具体入微。他衣着朴素，那种全心全意为党工作的精神令冶秋十分敬佩。到了7月，冶秋和他的几个好兄弟王正朔、张恩泽、董汉云、杨廷宾等，率领西山中学支部，发展了以香山慈幼院学生为主的二百多人队伍。而与此同时，张作霖控制了北洋军阀政府，实行白色恐怖，在北京城里到处张贴"宣传赤化、主张共产，不分首从，一律死刑"的布告。李大钊等负责人为避免被敌人一网打尽，暂避东交民巷里的苏联大使馆。而碧云寺也多了一个胖大"和尚"和几张陌生面孔，冶秋与他的伙伴们的活动受到极大的限制。

到了1927年春天，张作霖加紧了对共产党人的镇压，3月在全城展开大搜捕。一天，吴可混在香山游人的人群中进了庙，闪进了王海镜的那间屋子。吴可那时是中共市委负责人和左派国民党的市党部劳工部长，正是搜捕的重点对象。晚上，冶秋带了两个同伴为其整理出一个睡觉的地方，这是王海镜屋内的一个小房间。白天，大家都去上课，把屋子一锁，吴可就把里屋的门打开，借着外屋透过来的一点光线看报、读书。下了课，或者夜深了，冶秋和一两个伙伴常常偷偷地到那里去，送去一点咸菜，几个烧饼，吴可一面急切地询问外面情况，一面告诉他们如何建立武装响应北伐。4月6日传来消息，张作霖在帝国主义的指使下包围了苏联大使馆，将李大钊等二十多人捕走。吴可立即在外屋里召开了一个紧急会议，布置应付突然事变。4月12日在上海，蒋介石开始对共产党人大屠杀，掀起反共高潮，并密电张作霖"将所捕党人即行处决，以免后患"。4月28日，张作霖竟然冒天下之大不韪，绞杀了李大钊等二十人（图一四）。吴可看见报上登出的大钊首级照片，半晌说不出话来，头上青筋鼓跳着，眼里喷出愤怒的火焰。"我们一定要报仇，要报这血海深仇！"吴可几乎大声叫了起来。从这天起，吴可就急切地要进城，恢复被破坏的组织。一天，冶秋等到胖大和尚睡午觉，就通知吴可化了妆，混进游人群里下山，并事先在沿途安排自己人注意保护。不久，西山中学支部传达了中央指示和新市委的决定，看来吴可的工作甚有成效。又过了一段时间，得到可靠消息，吴可在与中央派来的代表王荷波开会时被捕，很快就都被秘密枪杀了（图一五）。

图一四 就义前的李大钊烈士

图一五　　1949年周恩来在王荷波、吴可等十八烈士遗骨移葬八宝山烈士墓仪式上讲话。

血的教训使冶秋清醒地意识到，在与凶残的敌人斗争时，必须建立自己的武装。根据"北方局暴动计划"，他在西山组织了侦缉队并担任队长，立誓要为李大钊、吴可这些牺牲的烈士们复仇。不久，西郊区委书记李朴园被捕后叛变，供出了各支部负责人。冶秋当时担任西山支部书记，遭到奉军侦缉队围捕。他凭着对地理环境的熟悉，连夜翻山越岭突围，但还是在拂晓时被巡夜的奉军逮住。所幸其中有一个士兵是同乡，没有为难他。一个军官搜完他的全身后盘问说："你说是学生，学过英文么，念给咱听听。"冶秋说："当然会，念给你听：I was walking in the night alone！"意思是我独自在夜里行走。军官听完，认定他的确是个学生，告诫他说："要不看你是学生，立马把你送到司令部，那你就没命了。还好，算你命大，赶紧走吧！"

冶秋逃脱虎口入城，躲进未名社找到台静农。此时组织遭到大破坏，城里也不能久留。台静农知道事情非常危急，立刻找来华贵的衣服和茶色眼镜，将冶秋装扮成公子哥儿，连夜将他送出北京。当两人昂然步入火车站的月台时，只见煤气灯比平常要亮得多，士兵荷枪实弹严密布防，显然是在缉拿要犯。这些愚蠢的家伙哪里知道从他们身旁走过的带着茶色镜子的"公子哥"，就是昨天夜里那个逃过追捕的"西山侦缉队队长"。静农和冶秋坐进头等车厢，谈笑自如，有如公子哥儿一般神气。有两个军官谦恭地从他们旁边走过，窗外那些警察、士兵根本不敢向他们正视。冶秋对静农说："这些狡狯的猎犬终于还是无用的呵！"当晚他们顺利地抵达天津，登上一条开往上海的日本船。次日船开，二人就此告别，静农为冶秋在船上摄影留念（图一六）。之后，冶秋由海路经大连、上海辗转回到霍邱老家，而静农返回北京。

2．霍邱文字暴动

在回霍邱途中，冶秋在南京火车站与从汕头回来的同乡李何林巧遇，复又结识乔锦清。乔是阜阳人，也是遭张作霖通缉而逃回来的。两人约定，谁先找到组织就通知另一人。那时，乌云笼罩着大地，烈士们的头颅挂在城墙上和电线杆子上。但是共产党人没有屈服，仍在前仆后继地顽强战斗。在南北反共高潮中的劫后余生者，逃回家乡的有二十多人，他们多在叶集的民强小学以教书为掩护，继续从

图一六　1927年12月冶秋逃离北京后在天津的船上。台静农摄。

事革命活动。他们那时都是二十岁左右的小伙子，革命热情很高，很快就把党团县委建立起来。张禅西当选为县委书记，冶秋当选为县委委员和团县委书记。县委成立后第一件事就是发展了第一批党员，其中就有冶秋的哥哥王青士，介绍人是冶秋和李何林。青士早一年返乡，在县城里开了一间宣传新思想的"开明书店"，并与裴荫青女士结婚（图一七）。1928年开春，已是阜阳县委书记的乔锦清到民强小学找冶秋，告诉他阜阳已成立皖北特委，由化名魏金的陕西革命家魏野畴任书记（图一八）。魏金长期在杨虎城的高桂滋旅担任政治部主任。乔要霍邱县委参加皖北特委，并准备参加特委扩大会议。霍邱县委建立起来后正愁找不到上级领导，乔锦清一来犹如雪中送炭，大家情绪为之一振。此时冶秋满脑子想的都是如何筹款买枪，甚至想到像劫"生辰纲"那样，在路上打劫一批枪械。2月特委召开会议，县委派冶秋和戴铸九参加，由于通知晚到，他们到达阜阳时扩大会议已经开完。魏金单独向他们传达说，此次会议的中心任务是贯彻落实"八七会议"精神，准备武装暴动。此次暴动，高桂滋旅可以拉出九个连，阜阳首先发动，然后各县起事响应。接着，魏金询问了霍邱县组织发展的情况，并介绍如何筹款买枪，谈话从傍晚直到东方现出鱼肚白。第二天乔锦清请冶秋吃驴肉，在座的还有几位军队同志，他们仍保持北伐军人的"三皮主义"或"五皮主义"：皮包、皮鞋、皮绑腿、皮鞭、皮带，显得十分神气，其中有李烈飞（李力果，解放后曾任唐山市委书记、机械工业部副部长）。街上正唱着"国际歌"和"少年先锋队歌"，饭馆里则高谈阔论，充满了对革命必胜的信心，大有"谈笑间樯橹灰飞烟灭"的气概。

冶秋他们回到霍邱后，干劲十足，立即传达特委关于武装暴动的决定，并把县委机关移到城内的大寺偏房小院，以便指挥。一个多月里党团员发展到一百多人，四乡都建立了组织，通过交通员与特委和各乡保持密切联系。4月，阜阳暴动打响，"打土豪分粮吃大户"的口号喊得震天响，几万人参加了暴动，建立了皖北第一个苏维埃政权。但没有多久，正当他们焦急地等着进一步的消息时，李烈飞身着破军装狼狈地来到霍邱，军裤裤裆被子弹打了两个洞，是突围逃出来的。烈飞说，高桂滋利用土匪武装分化瓦解了那九个连的队伍，魏金和乔锦清同志被捕后英勇就义，阜阳暴动失败了。烈飞留了下来，担任县委组织委员。冶秋及县委一班人，为又一批优秀共产党人的牺牲感到无比悲痛。蒋介石对共产党人的疯狂屠杀，并没有

图一七　王青士与新婚妻子
　　　　裴荫青，1927年摄。

图一八　阜阳暴动的领导者魏野畴，
　　　　陕北最早的马克思主义者。

使他们退却，反而更加深了他们对国民党反动派的仇恨。他们决定发动全县向反动派示威。经过几天的准备，在7月的一个闷热夜晚，二更刚过，霍邱县城大街小巷和各大集镇、政府机关都贴满了传单，有的传单甚至贴到警备队员的身上。第二天，全县从南到北二百余里出现了共产党的传单和标语："打倒新军阀蒋介石""打倒帝国主义""打土豪分田地""打倒土豪劣绅的走狗孙庚山"。劳苦大众看了欣欣鼓舞，县长张东野和警备司令孙庚山却被这突如其来的"文字暴动"吓得不知所措。市面上盛传昨晚来了几万共产党，土豪劣绅的日子不长了。全县一百多名党团员看到县府机关乱作一团，大灭了敌人的威风，他们为在霍邱革命史上干了一件惊天动地的大事而兴奋。但毕竟反动派掌握着武装，可以动员政府资源进行镇压。县长张东野坐镇，警备司令孙庚山带部队展开了全县大搜捕。

冶秋他们原定的后续行动已无法开展。县委临时决定，太"红"的人如李烈飞、王青士、王冶秋离开霍邱，留下的人先隐蔽起来。冶秋想到在大寺县委机关的夹壁墙里藏有全县党团员名单，他立即跑到大寺，取出名单烧毁，接着又把无处藏身的烈飞与交通员送出县城。之后，他回家做出走前的准备。不料刚一踏进前院，住在前院的邮局工人刘茂生就从窗户探出头紧张地说："还不快走，孙司令正在你家等着抓你呢！"冶秋二话没说，冲茂生一拱拳，掉头迅速撤离，这是他一生中第二次从鹰犬口中逃脱。此时孙庚山正坐在王家厅堂里对手下人夸口："我就不信他们不回家，就是等到天黑，也要把他兄弟两个抓到归案！"

事前冶秋与青士、烈飞已约定在佃户家会合，于是他直奔佃户冯家，三人会合后决定马上离开此地，先到上海躲避，再设法与安徽省委接上关系，做下一步的打算。事不宜迟，从佃户家预支了佃金一百大洋作盘缠。关于这件事，1948年冶秋在北方大学写的"查历史"提纲中是这样写的："不得已，有剥削佃户行为，得一百元。"三人带上佃户为他们准备的干粮，从东乡润河集雇了一条小船连夜赶往正阳关，然后经南京到达上海，借住在好友王正朔位于江湾景清里的房子。由于党内直接领导魏金和乔景清都在阜阳暴动中牺牲了，经过多次努力，几个月过去了，安徽省委的关系还是没有接上。此时，三人除了皮带头外已经"断铜"，一文不名了。青士的大便呈现墨绿色。大家开玩笑说，可以用来油印传单了。世上也真有一些奇巧的事。有一天，冶秋一进厕所便看见地上似有一张纸币，马上走过去先用脚踩住，再弯腰捡起来，赫然是一张面额20元的法币。三人高兴之极，立刻到商店里每人买了一件新衬衫换上，然后到饭馆里结结实实地吃了一顿饱饭。可是这种天上掉馅饼的事不是总能遇到的。大家只好各自想法。烈飞向于右任借了路费回到陕北。青士去了北平，在未名社当了店伙，白天卖书、画广告画和封面画，晚上则搞革命活动。这一年北京已改称北平，完全成了国民党的天下。冶秋仍留在上海（图一九），他与张依林、夏石农同住，向《新晨报》副刊及《语丝》投稿，这是他生平首次写作，目的是为了得点稿费以维持生计。到了11月，与安徽省委接关系的事仍然毫无头绪，冶秋只好写信给母亲，谎称自己生病，需要一笔钱住院治疗。待钱"骗"到手后，便用来当路费，第二次北上北平。而从此以后，他再也没有向家里要过钱，因为自己已是近二十岁的成年人，不能再给母亲增加任何经济负担了。

图一九　冶秋在上海穷困无助，1928年摄于法国公园。

3. 听课北大 "交通"平津

冶秋到了北平很快接上党的关系，加入北大支部（后改为景山支部），并担任团支部书记。他住在沙滩中老胡同附近，与王正朔相距不远，遂与正朔相约顶名去北大国文系听课。这得益于当时北大校长蔡元培的一项德政：任何学校的学生都可到北大旁听课程。冶秋顶的是王师曾的名字。他听了范文澜讲授的《文心雕龙》课，由此二人相识，并建立了持续近半个世纪的真挚友谊。他还听了日本考古学家原田淑人的《考古学》课，还参加了世界语和日文培训班。从1928年末到1930年末，他一面参加革命活动，一面如饥似渴地汲取知识，充实自己。尽管不是正式注册的北大学生，没有按部就班地学成毕业，但是选修名师的经典课程，接受高等教育的熏陶，使他眼界大开，极大地提高了文化修养。这不仅为他以后的从教，也为后半生的从政打下坚实的基础。

冶秋那时还担任过中共北平市委秘书，不久又调作交通员，负责到天津接取中央文件。这是一项十分危险而又艰苦的工作，前任交通员就是因为用箱子夹带文件被查出后牺牲了。冶秋改变了做法，他总是在约定日期的头一天到天津，在一个朋友处住一晚，第二天在约定时间到租界里的一间旅馆，与中央来的"交通"会面，然后立即在房间里，把文件全部用纱布裹在大腿内侧，整理完毕就赶到火车站买票，登上三等车厢，混在拥挤的人群中。那时天津到北京的火车，用时短者四五个小时，长者七八个小时，经常是从走出旅馆直到回到北平住所，十个小时不能大小便。到家后第一件事就是上厕所，然后再把文件送到北大东斋一位同志那里，就完成了一次跑"交通"的任务。这时如果口袋里有钱，就去北大二院对面的华顺居，花上一角两分五吃三碗"面皮"、一小碗炸酱，再喝上一碗不要钱的面汤，犒劳自己。每次跑交通，他都十分仔细，在打火车票的同时还买一张站台票，上、下车前，先假装接送客人，来回观察车厢内外是否有尾巴，待断定绝对安全后，才出站或进入车厢。由于他的谨慎和机智，跑了半年多的交通没有出过任何差错。

1929年秋，北平党组织又派他到河北省大名七师教书，同时担任县委秘书。时值大名遭遇大荒年，在村里发展少先队员工作进展顺利。忽然，省委派来一位姓蓝的，要求停止日常工作，立即建立红二十四军司令部，蓝自任军长，令冶秋任秘书长，两人分头联系土匪和红枪会，进行暴动的准备工作。冶秋因有阜阳暴动失败的教训，提出不同意见，被蓝"军长"斥为右倾机会主义。等到冶秋去接头准备行动时，红枪会的头子反目，要将他扣住作为人质。他又一次机智地逃出虎口，只身返回北平。

冶秋自1924年到北京投入大革命潮流，是从革命活动的基本功"游行示威"开始的。在那新旧军阀统治，人权没有基本保障的黑暗年代，有多少优秀共产党人，因为亲身参加这样的活动而暴露身份，惨遭杀害。王明和李立三先后把持中共中央时期，非但没有从流血牺牲中吸取教训，反而在白区推行"更加布尔什维克化"和"左"倾冒险主义路线，经常组织革命活动的庆祝会，发表宣言，还推行什么"飞行集会"。冶秋搞"飞行集会"很在行。他与一个伙伴上电车后，分别把住一个车门，到站时，既不让乘客下车也不让人上车，于是争吵起来，人越围越多，冶秋就开始来个简短讲演，然后趁机把传单散发出去。或者在热闹街市，冶秋看见哪位穿着新鞋，便走上前去照新鞋踩上一脚，于是产生争执，北平人爱看热闹，很快就围拢许多人，冶秋就开始简短宣讲并散发传单，然后消失在人群之中。他作为一个基层组织的负责人，几乎亲历了大革命中的所有革命形式，几年来一而再，再而三的失败，使他开始意识到这种表面轰轰烈烈，而实际却是自我暴露的做法，是路线出了问题。但他没有站出来大声反对，只和当时的团市委书记曹彻，以及几个要好的朋友谈了自己的想法。显然，在那个大家脑袋发热的时期，冷静的思考往往会被认为是懦夫与意志不坚定的表现。结果，这不，他在又一次的游行示威中被捕了，而这次差点送了性命。

（二）狱中受刑

北京的党、团市委决定在1930年8月1日举行示威游行，纪念"南昌起义"，并反对汪精卫、阎锡山正在北京召开的"扩大会议"。十点钟，游行队伍在和平门外师范大学的二道门前集中后，出大门向南往厂甸方向走去。他们沿途高呼口号，砸了路西的一个国民党区分部的牌子，又朝前走。前面有一个同志骑着自行车散发传单，路上市民纷纷接过去看。走到海王村公园西门外时，突然听见里面一声哨响，从南门、西门跑出一大群穿着白小褂裤，扣子那里有一根红头绳作标记的彪形大汉。这些家伙都是平常练拳脚的"侦缉队"员，劲头很大。他们个个光头，浑身横肉，像一群出了笼的豺狼一样。他们扑过来把队伍冲散，然后两三个人对付一个示威者，拳打脚踢。一阵混战之后，几乎所有示威的人，约七八十人左右，都被捕了。冶秋刚看见三个家伙向自己冲来，立刻感到衣领一紧，已被一个家伙紧紧地揪住，接着一阵拳脚落在身上，手被拧过来倒提起，三个大汉像狗叼东西一样，把他脚不沾地架走了。两三个钟头以后，开始过堂。一个凶恶而且流氓相十足的家伙，叫进去一个人，就大声吼叫着："你什么时候参加的共匪？今天的主席是谁？哪几个是市委？……"所有同志都拒绝回答这些问题，各人都有一套"巧合"的说法，有的说是到师大找同乡，有的说到琉璃厂买书，有的说是到信远斋喝酸梅汤。这小子气得暴跳如雷，忽地站起来，伸长了脖子，冲着他们大叫："一个不是，两个不是，他妈的今天的事是我做的吗？你们这群共匪，这群王八蛋！这群流氓！呸！呸！"吐了他们满脸唾沫。他们压下了心中万丈火焰，瞪着要冒出火来的眼珠，作为回答。

一个多月后，这批人被套上手铐，押上卡车，送到警备司令部监狱（今北大医院所在地）里去了。在这里，随时都可能送命。"我永远忘不了进到这人间地狱的当天傍晚，"冶秋在一篇回忆文章中写道，"为了给我们来个'下马威'，把一个犯人提在院里，用大木棒无头无脸地打着，打得最后没有了声息；我永远也不会忘记，天刚麻麻亮，镣声就响起了，从第一个笼子到最末一个。'放茅'回来，一看所长房前站着一排兵，我们就准备着早已想定的口号，等着'点名'"。进了这人间地狱就失去了起码的自由。有一个看守是最坏的，若看见两人交头接耳讲话，就会从另外一个笼子弄来一个又脏又臭，像死人一样的犯人塞在两人之间，马上全笼子的人就会闻到一种钻脑子的死人臭。原来塞进来的犯人是一个穷"吗啡犯"，扎一针烂一针，整个肚子扎满了，也就烂成一堆臭肉。成群的苍蝇爬满了肚子，弄得全笼子的人都要呕吐，脑袋晕痛难忍，就连那个最能适应环境的小偷也捂起了鼻子。

"我永远也不会忘记比我们早进去一年多的同志——赵镈，记得他是陕北米脂人，北平党的市委书记，他的因衣上的号码是二号，我们却是八百多号了，我们都叫他'能波徒'（Number two），他告诉我们许多血肉换来的经验，他告诉我们在挨皮鞭的时候，就想着这样有力的双关口号：'肉是你的，骨头是我的！'他教会我们在灌辣椒水的时候，用嘴呼吸；他告诉我们法庭上案桌前面的两串人耳朵，有我们的烈士耳朵在内。……"冶秋写道。赵铸，这位狱中斗争大师，还告诉他们，政治犯不能像强盗、土匪那样，在过堂的时候图个痛快，三五下鞭子一打就招供，"要杀就杀，要剐就剐"，"早死早投生"。革命者要用各种办法"熬刑"，要"软泡"，不能硬顶。赵铸还向他们介绍了每个"法官"的脾性，还有狱卒中资格最老也最凶狠的"陆大爷"，提示他们要用不同的招数对付不同的敌人。在等着过堂的日子里，冶秋按着赵铸的指点，一方面准备供词，一方面做应对各种刑法的练习。这一天终于来到了。

"陆大爷"把他带进去。这是一个半截在地下的地下室，屋中很阴暗，上面一张长供桌，坐着两三个家伙，红桌围的两旁的确有"能波徒"所说的两串人耳朵，干得像木耳一样；地下放着铁链子，烧了半截的几炷香，皮鞭子……两面墙上全挂的是铁镣、铁链、木狗子等等。不论"法官"如何歇斯底里，如何声嘶力竭，冶秋只坚持说那天是到琉璃厂买书的，自己没有入过共产党。法官气急败坏地吼道："我看不给你点苦吃，你是不说的！看见过灌辣椒水的没有！混账王八蛋！衣服扒了！"几个人上来把他的衣服扒下，接着照他的后腿弯踹了几脚，就将他踹倒在地上的铁链子上，用一根绳子从他头上向两边手臂一绕，在大拇指上挽了一个扣，两边的人就使劲扯着，后面的一个刽子手威胁道："说不说！不说就打啦！"

他胸中的怒火在燃烧，想跳起来掀翻这个供桌，拿起铁链子把这群家伙都打死！此时他耳边响起"能波徒"的话："千万不要同法官顶，那没有好处！咬住牙，沉住气，记着两句话'肉是你的，骨头是我的'，那个带木狗子的难友，就是因为当堂骂了法官，这就算完了。我们不能这样，我们还要活着看到共产主义！"冶秋冷静了下来，回应道："我说的是实话，我是去买书的。""乓"的一声，像是一条烧红的火箸在他左背上烙了一下。他知道这场鞭刑是逃不过去的，所以不论法官如何叫嚣，他只是不说话。当"陆大爷"数到二十多下时，他感到烈火在燃烧，左面背上像一些烧红的刀子，一下一下刮着肉。"咬住牙，沉住气！""肉是你的，骨头是我的！"他不住地念着这些句子，说也奇怪，疼痛似乎可以忍受了，这真是些有魔力的句子！鞭子打到四十时停了下来，本来似乎已经麻木的左背，这时火焰又起来了。整个胸膛里，好像有根棍子在里面乱搅了一顿，令人按捺不住地慌乱。上面那个白净的家伙，叼着烟卷，狡猾地笑着："怎么样，滋味好受不好受？""我是买书的，别的事我不知道。"冶秋应道。"王八蛋，不知道？再打！"。"陆大爷"转到冶秋的左边，向着他的右背又数着"一、二、三、四"了。

烈火的燃烧，阴险的贼笑，两串干了的人耳朵，法官身后的梁上，带着红绿绸子的两把鬼头刀，"咬住牙，沉住气！""肉是你的，骨头是我的！""十五……二十……"

血腥气、人肉气、辣椒水的味道、线香、麻绳、手板、老虎凳、脚镣、手铐、杠子、粗麻绳……"肉是你的，骨头是我的！""三十八……四十"，又在这儿停下来了，原来每打到四十要换一换肉的。"说不说呀！""我没有什么可说的。""打！再打！"

皮上到处都像是烧红的通条烙出火焰来，胸腔里五脏六腑在燃烧，愤怒的烈火要从口腔里喷出，推倒这人肉的筵席吧！他几次想骂出口，向这些畜生舍命抗争，赵铸同志的话又在耳边响起。是的！要沉住气，不能这样死掉，我们有报仇的日子。"沉住气！咬着牙！""肉是你的，骨头是我的!"我们一定会打倒你们的，我们会看到胜利的！五次停顿，二百下鞭子，冶秋除了全身像着火一样，腿膝下方的迎面骨被铁链子磨得仿佛骨头都碎了，他自然地向后坐在腿肚上，"陆大爷"过来朝他背上就是一脚，"装什么孙子，挺起来！"他咬着牙，把腰挺直。"我是去买书的，打死我也只有这句话。""好！不说就给我灌！"

冶秋被一个家伙用力仰面推倒在一条长凳上，他的后背像刚结了一层疤又被通通磨碎了，真是撕心裂肺的疼痛啊！他的脑袋悬空在一头，"陆大爷"就骑在他的身上，拿起一根粗绳子勒住他的嘴，猛力地把他的头弄成与身子成了直角，把绳子两头紧紧系在板凳腿上，又用两条绳子绑住手同脚，一把大洋铁壶提到他的身旁。"说不说呀！"他闭上眼，按照赵铸同志的嘱咐，紧吸几口气，算是回答。马上一股热辣辣的东西就钻进鼻腔了，好像有无数的喷嚏要打而打不出似的难受，耳朵也跟着嗡的一声塞住了，就像脑子里灌满了热烘烘的辣椒水而晕了过去。他仿佛觉得有人在提醒，用嘴呼吸呀！他从粗大绳子的空隙里，得来一点气息，用力的吸着气，稍微清醒些了。他被泡在辣椒水的缸里，火辣辣的淹没住一切，心里都像进了辣椒水。仿佛一壶完了，他就照着赵铸同志说的方法，用口和鼻使劲儿向外喷出一切，连忙换进几口气，准备着第二壶的到来。"他妈的！喝得怎么样？说不说呀！"他无言以对，舍不得漏掉一点宝贵的气息，只盼着第二壶快来吧。又开始了，在轰然一声以后，他应付得比第一次从容多了。然而脑子里好像盛不下这东西了，向外膨胀起来，仿佛就要炸裂似的。他感到眼睛已经瞎了，窒闷得怎么也透不过气来。"咬着牙！沉住气！""肉是你的，骨头是我的！"他必须从容地应付这一切，"能波徒"不是说可以不让一点水进去吗？终了在第三壶灌了之后，他隐约听到上面有人在讲话，"回来再收拾他吧！咱们吃饭去！"

当他穿衣服时，才发觉自己的背上整个成了一个硬壳似的，一动就会破碎。看守押解着他向后院走去，一进门，那一排排铁丝网笼子来到眼前，越走近，就看到无数充满热情与安慰的眼光都射来了，他以微笑回应着，难友们会意到他什么也没有说，他挺过来了！木栅栏一开，他又被投进囚笼。赶快趴下！老张已经把打好的一碗像雪花一样的鸡蛋清子端来，把棉絮样的白雪，轻轻地敷在火辣辣的后背上，他感到凉彻心肺的舒适呵！许多同志温暖的问候，让他感到无比的欣慰。二百，三壶！他伸出两个指头以后，又伸出一个。他经受住了酷刑的考验，用自己的血肉之躯捍卫了革命者的纯洁。

在阎老西回太原以后，关在警备司令部监狱的政治犯全都被无罪释放了。冶秋重获自由，住到西山养伤，开始一段新的人生历程。

（三）秋与露

1.《昨夜》播下爱的种子

支持冶秋在狱中战胜酷刑的力量，除了来自他坚定的革命信念外，还有爱！他已经恋爱了。1930年1月，冶秋利用寒假到天津看望同乡李何林。霍邱文字暴动失败后，何林先到北平避居未名社，后于1929年8月到天津女师教国文。何林对鲁迅先生的研究，在未名社的工作经历，他讲授的无产阶级文艺理论课程和第一本书《中国文艺论战》的出版，使他成了喜欢新文学的女生们的偶像。她们在节假日常到李先生的宿舍去请教问题，也顺便帮助做些事情。这里面有一位直言快语、十分活跃的读理科的学生王振华，后来成了何林的夫人。还有一位读文科的同学高履芳，是鲁迅及未名社诸公的崇拜者，用现在的流行语言，属于追星族。她和王振华访问过未名社，台静农还陪她去西山看望过韦素园，留下好的印象。履芳虽然没见过冶秋，却从静农发表在《莽原》上的小说《昨夜》（图二〇）中知道了这位年

图二〇　台静农小说集《建塔者及其它》封面，王青士设计。

图二一　履芳的母亲高刘氏

图二二　履芳的爷爷高静涛

轻的革命者，还从素园、静农的谈话中知道他们很喜欢这个同乡小弟。不知怎么搞的，她开始对冶秋产生了对英雄一般的崇敬与好奇。冶秋也从何林的介绍中知道有一位《莽原》半月刊的痴迷者，一位热情新潮的高姓女生。冶秋急切地想见她，回北平后即约上静农去探望素园，向他们询问高姓女生的所有细节。两位兄长见他如此认真，便开玩笑说：尚未谋面，已坠情网。这两位过来人乐见两个年轻人建立和发展友谊，于是为他们提供了尽可能的帮助。

高履芳（1912～1995），祖籍河北衡水市河沿镇新立庄村，先辈于明初从山西移民至此。她的父母亲多在老家居住（图二一），但她的祖父高静涛（图二二）是晚清的举人，曾自费东渡日本留学，与秋瑾同船，民国后做过省议员。履芳十四岁（1926年）时考入天津河北省立第一女子师范（简称天津女师）。这是一所名校，培养了像刘清扬这样杰出的女性。履芳生性活泼好动，爱好新文学，在这里简直是如鱼得水。课外，她或忙于学校公益事务，她是学生会的一个负责人；或活跃在运动场上，她是学校排球代表队的主力，曾参加过在杭州举行的全国比赛；或约上一两个好友，读书于绿树阴下，《新青年》、《向导》、《莽原》是她们的最爱。她崇拜李大钊、鲁迅，因为他们既是著作等身的学者，又是坚定不移的革命家；她崇拜未名社，除了喜爱它的刊物《莽原》，还有出版的鲁迅作品以及翻译出版的俄国文学作品；她对秋瑾和学长刘清扬这样的革命家充满敬意，积极投身于进步学生运动。

1930年春夏之交时，冶秋由大名七师返回北平，履芳来北平住在亲戚家。在静农的安排下，他们来到中央公园（现中山公园）见面。这天履芳身着一袭淡粉旗袍，高挑匀称的身材，笑容可掬的表情，冶秋看到她，怔了半天，突然觉得古诗中的句子"窈窕淑女，君子好逑"是何等的确切啊！爱的冲动在他脑海里激荡，他终于憋出一句话："你比我想象的还要好！"履芳在这个身着白色纺绸长衫的结实汉子面前，抿着嘴羞涩地低下头（图二三）。他们彼此好像已经认识许久了，他们恋爱了。过去对对方的了解是听别人说，现在坐在北海琼岛的白塔台阶上，远眺西山落日，相互述说着过去、现在和对未来的憧憬；两人相随去沙滩红楼或北大二院，看范文澜讲课的教室，或去新开路五号看未名社的旧址，或去铁狮子胡同看"三一八惨案"发生地；或一起逛琉璃厂、什刹海；最令履芳难忘的是随冶秋看望

图二三　冶秋与履芳第一次见面，1930年摄于北平中央公园。

还在养病的素园。

那天一早，他们在西直门外雇了一头毛驴，冶秋让驴主人跟在后面，他自己牵着驴，与坐在驴背上的芳妹（这时候他们已经以芳妹和秋哥相互称呼了）边走边谈，向她讲述自己如何逃脱张大帅"侦缉队"的追捕。履芳心疼地说："这样走你太累了。"冶秋说："这是小菜一碟，十四岁就参加游行示威，走一天路是常有的事。"快到中午，终于到了福寿岭肺病疗养院。素园走到院子里来迎接这一对年轻的情侣，黑瘦的脸上现出灿烂的笑容。素园的一间小屋里到处堆满了书，床上也放满稿纸与书籍。看得出来，他一刻也没有停止译作。履芳对素园说："很喜欢读你编的《莽原》和你的译作《外套》。"素园露出他那标志性的笑容。鲁迅曾说过素园"笑影少"，一旦笑起来那忠厚诚挚的样子令人永不忘怀。冶秋告诉素园在大名组织红二十四军暴动的事，当讲到被土匪押为人质要挟时，素园显出忧虑说："俄国十月革命前也有这样的例子。土匪是些乌合之众，以他们为基础组建革命队伍是不成功的。"然后笑着说："我只会耍笔杆子，不像冶秋还会耍弄枪杆子。"临别时，履芳送给素园一张自己与冶秋在中央公园的合影作为纪念（图二四）。

图二四　冶秋、履芳于中央公园

在回城的路上履芳感慨地说："素园有多么顽强的意志力呀！一个人这样地苦斗着，我们要多关心他。"以后，履芳同素园通过信，还把自己的近照寄给他（图二五），在照片背面她写道"给素园君 履芳 一九三一、一、二十二。摄于平"。返城后，履芳利用假期最后一点时间回老家探望父母，她已经很长时间没有看见他们了。

原来履芳自上小学起是跟着爷爷生活的。她的父亲高伯知是学化学的，曾考取公派英国留学，后染肺病只得归国，以后又到天津教过书，肺病复发便返乡养病，34岁就去世了。她的母亲刘氏娘家富甲一方，母亲年轻时学过养蚕，嫁到高家后一直在家操持家务。履芳一说到爷爷，脸上马上流露出怀念之情，她和爷爷感情深厚。我还记得20世纪50年代中期，太姥爷在黄化门39号和我们住过一段时间。在我印象里太姥爷总是挺直腰板坐在那儿，是一个威严、神秘的老人。他名叫高静涛（1874～1958），直隶衡水人，家道小康，清代末科举人，自费留学日本法政速成科。民国成立，被选为河北省议会议员，后担任河北公立法政专门学校校长，曾选拔并资助李大钊赴日深造。晚年到北平研究院历史所任编辑，集录有《北平城内外寺观石刻》一册，六十岁以后返乡。不难想象，履芳从发蒙到女师毕业都和这位学富五车的爷爷在一起，在学识和思想方面受益良多。

2．清苦的生活　甜蜜的爱

芳妹回天津了，冶秋投入紧张的革命活动，印传单，做小旗子，为"八一"示威忙碌，接着就经受了前面说过的牢狱之灾。他出狱之时正值北平的金秋，静农帮他在西山租了一间房子疗伤。望那天空，湛蓝而高远，吸那空气，清新而令人陶醉，这一切对于一个到鬼门关走过一遭的人，是多么的宝贵啊！冶秋恢复得很快。双十节那天，他和履芳在静农家重逢（图二六）。经过这次离别，他们感到再也不能离开对方了。履芳已征得爷爷的同意，冶秋也给母亲去信，要她到北平来看看未来的儿媳妇。

这一年很快就要过去，冶秋有几件事要办。首先要找一个挣钱的工作，为成家做准备。通过静农的一个朋友推荐，寒假后去保定育德中学教国文，工作算是有了着落。二是接上组织关系。那时北平的党组织已被严重破坏，关系十分混乱。哥哥

图二五　履芳寄赠素园的个人照

图二六 冶秋、履芳与朋友们在台静农家门前

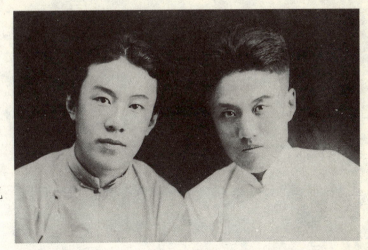

图二七　冶秋、青士两兄
弟分别时留影

青士一年前从北平团市委书记调到太原任特委书记，目前在山东任省委组织部长兼
青岛市委书记（图二七），帮不上忙。在由津回平的火车上，冶秋遇见曾一同坐牢
的北平团市委书记曹彻。曹认为冶秋早就对"左"倾盲动路线不满，是先觉者，便
告诉他有一个反李立三路线的会议召开，要他去参加。他按约定到了天津。会议是
在顺直省委书记尹宽家的楼上召开的，到会约有十几个人，由张慕陶作报告，其中
心思想是另立中央。冶秋越听越不对劲，中途就退席返回北平了，他决定先不要乱
接关系，观察一段再说。

　　第三件大事是和履芳确定关系。母亲已由妹妹之秀陪着到了北平。之秀与履芳
很谈得来，母亲看着铁生幸福的样子，欣然同意按民国方式办婚事。于是，冶秋和
履芳在同和居办了一桌酒席，请了台静农、曹靖华（他从苏联短期回国不久，正办
理他的译作《铁流》出版的事）、杨廷宾，高家有爷爷高静涛和二妹高志珉，王家
是母亲和妹妹。在他们的见证下，冶秋和履芳订了婚，并打算在履芳从女师毕业后
结婚。1930年就这样在幸福、煎熬、迷茫中过去。在他们的订婚照中，这种复杂的
情绪写在了冶秋的脸上，而履芳却深深地沉浸在幸福之中（图二八）。冶秋在1931
年1月9日送走了母亲，又送露返津归来，于大风之夜，在照片背面记下当时的感
受，这是一首小诗：

　　　　正是雪花飞舞的时候，送母南归；

图二八　一九三一年一月秋与露的订婚照，照片右下脚『秋露』二字是冶秋用钢笔写的。

在这里留下我们的影子，是苦难围绕着的心情，

显露出来的也只有这苦难的影子了！

从这以后，"家"的概念在他心里变得根深蒂固，他要有儿子，有女儿，有一个子孙满堂的"家"，他要承担起"丈夫"和"父亲"的责任。而眼下自己却是一个不折不扣的无产者，房无一间，地无一垄，连工作也刚有着落。而履芳在火车上还没有从秋哥送别时的拥抱中醒过来，无论秋哥到哪，她都会相伴相随，哪怕是天涯海角。

1931年春，冶秋到保定育德中学教国文，有了自己个人的宿舍，每逢节假日，履芳就到保定与他相会。他们开始同居，虽然生活清苦，居所简陋，但真心相爱的两人世界里，甜蜜却是刻骨铭心的，这一切都写在他们的脸上（图二九）。看着这张题有"秋露"的合影，我们会情不自禁地赞叹：这是多么令人羡慕的一对啊！

相片背面题有："时秋吃粉笔灰于育德 芳就学于津女师 秋志于六月十二日。"这

图二九　1931年6月5日秋与露

图三〇　沉醉在芬"芳"的怀抱
　　　　里，1931年7月16日摄；
　　　　下图是冶秋写在照片背
　　　　面的题记。

猫呵！

沉醉在芬"芳"的
怀抱裡！

给芳永存！

冶秋于故都。

31/7 16

一张是冶秋留给自己作纪念的。在寄给芳妹的相同照片的背面，冶秋写了这样一段话："露！我照得太不好了，假如不是我俩的影子，我就想撕了去！你还好，也不像秋那样凶！不论怎样，也算是我们的纪念吧！还是彼此保存着！保存着我们生活的纪录吧！秋。6月12日于育德。"这两张各自保存的同一照片一直珍藏到现在。

暑假过后，冶秋远赴大同，在山西省立第三中学教国文。暂时的远离，使仍在热恋之中的秋与露相互思念不已。天津女师管理严格，不允许学生谈恋爱，加之履芳属于"进步学生"之列，又是学生会干部，在学校小有名气，校方对她的信是要检查的，所以，冶秋寄往女师的信，收信人的名字用的是高志珉——她二妹的名字。志珉在校比履芳低两级，成了传递两人情书的红娘。虽然这时期没有情书佳作留下，却留下了几帧珍贵的照片及背面的题记，使我们能够领略到那份溶在艰辛中的柔情蜜意。有一张照片中，一只可爱的猫在花丛中寻觅（图三〇），冶秋在题记中写道："猫呵！沉醉在芬'芳'的怀抱里！给芳永存！秋于故都。"

而另一张自大同三中寄给履芳的照片（图三一），冶秋在背面写道："露！看看这小女婿吧！"冶秋抱着的孩子"小双"是静农的儿子。一年后，1932年7月2日，秋与露完婚，三年后他们有了自己的第一个孩子，果真是个女娃，就是我的姐姐。这令我好奇，他怎么知道他们的第一个孩子是女儿呢？

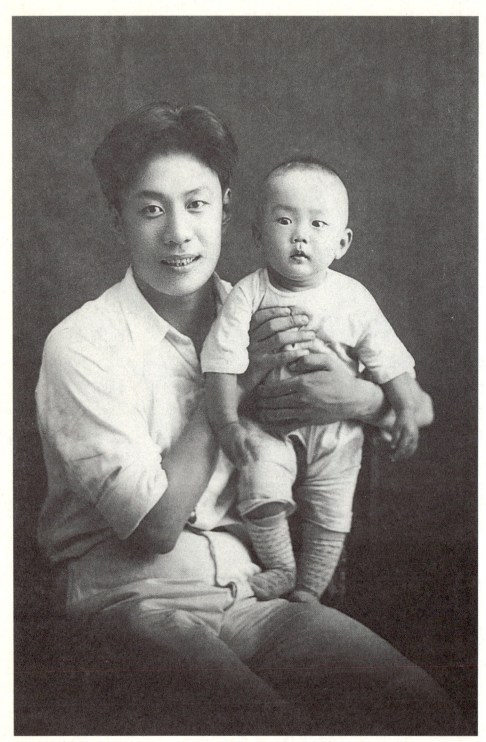

图三一　冶秋与小双，摄于一九三一年八月。

三 无言地送你们走上征途

冶秋自1930年初到1939年底，从河北、山西、山东、湖北到四川，辗转五省历时十年，先后在十所学校任教国文，以他深厚的文学功底和丰富的大革命经历，有意识地向学生们灌输反帝、反封建的革命思想，介绍和宣传鲁迅的作品与战斗精神，介绍和宣传苏联文学作品，使学生们在学到知识的同时，还学到做人的真谛。在他的影响下，许多学生走上革命之路。

（一）直隶两名校

1．大名七师

河北"大名直隶省立第七师范"（简称大名七师），是由革命教育家谢台臣创办的，20世纪30年代，曾有"南陶（行知）北谢（台臣）"之说，可见其影响。1923年谢台臣辞去河北省议员职位，受省教育厅之命，到大名创建省立第七师范，做第一任校长，以实践五四运动的科学与民主精神为宗旨，提出"以作为学"的办学方针，学校很快成为直南各地宣传新思想的教育阵地。1927年谢台臣加入中共，不顾白色恐怖的威胁，更加积极宣传马列主义，1929年派教务主任晁哲甫到北平市委求援，请选派共产党员去大名讲授马列主义课程。市委派了王冶秋、千家驹、王振华、李梦麟和贺培珍等人同往，于1930年春季正式在七师上课。冶秋讲授"普罗"文学，即无产阶级文学课程，同时还在大名县委担任秘书，在农村和学校组织少先队的工作。在这里他和好友杨廷宾在一起。杨廷宾解放后是中国美术馆第一任馆长。1935年，冶秋曾托其和王正朔为鲁迅收集南阳汉画像石拓片，得到鲁迅赞许（图三二）。冶秋在七师教学虽然很短，但他宣传马列主义和革命思想的热诚与执著，给谢校长和学生留下深刻印象，他为这个向直南各地输送革命人才的摇篮与革命策源地贡献了力量；同时，他的第一次教学实践，是在这个革命氛围浓烈的环境里完成的，冶秋自己从中也获益匪浅。

2．保定育德中学

育德中学是同盟会员陈幼云于1907年创办的，后来成为河北同盟会的总部机关。五四运动时期，育德中学与北京学联相呼应，是支持北京学运的重要力量；并

图三二　一九三〇年四月冶秋与杨廷宾合影，摄于河北大名七师。

图三三 一九三一年冶秋与履芳在育德中学

率先开办勤工俭学高等预备班，刘少奇、李富春、李维汉等人都在这里学习过，是勤工俭学的发祥地；在这里新文学盛行，《奔流》《萌芽》《北斗》《小说月报》《文学月报》等刊物十分受学生欢迎。

育德在20世纪30年代达到鼎盛，"文南开，理育德"，"要爱国，上育德"的口碑不胫而走。冶秋就是在这时候来到育德教国文的（图三三）。与大名不同的是，这次教学不是组织派遣而是由朋友推荐的。为了辅助教学，他编写了《新文学小史》。当时育德办有一份铅印刊物《育德月刊》，因为内容充实，形式新颖，深受师生欢迎。该刊1931年第5期上登载了冶秋的这篇作品。著名作家孙犁在育德上了六年学（1926～1932年）。孙犁回忆中学读的课外书时谈道："先读赵景深《中国文学小史》，王冶秋《新文学小史》（载《育德月刊》），后读杨东莼《中国文

图三四　1931年7月冶秋离开育德时学生欢送合影

学史》，胡适《白话文学史》，冯友兰《中国哲学史》。"由此，冶秋在育德的成绩可窥一斑（图三四）。

（二）三晋三名校

1. 大同省立三中（现大同师范）

1931年暑假后，冶秋有晋北之行，来到位于大同城西十里河畔的"山西省立第三中学"。这里是该校的新校舍，建于1921年。整个学校占地425亩，12幢单体教室，对称的图书馆和实验室，高耸的礼堂，宽敞的操场和生活设施等，布局合理，气势宏大，而建筑风格很特别（图三五）。原来，校舍是参照天津南开中学图纸建造的，是一位法国建筑师的设计。这样一个异国情调的建筑群，凸现在一片黄沙的塞北荒漠上，十分抢眼（图三六）。加之这里教职员的薪俸较高，教学水平也

图三五　大同三中单体教室

图三六　离校45年后，1976
年冶秋重访大同
三中。

较高，故学校有"北开"和"小清华"之称。然而，冶秋在这里只感到荒凉、冷漠和孤独。他在小说《边城往事》中写道："我在这里是唯一的他们想吞噬的'外省人'。因而我也就一个人享受荒凉，常常出了牛牢式的屋子，在空阔寂寥的野外，漫步高歌，想起过去那种热烈激昂的生活，真有点'化外之民'的感触。"他心底里思念的还是在天津女师上学的"露"，每天傍晚盼着，一辆破旧的骡车，从古城里向着夕阳，驶进学校，带来从远方寄来的报纸、杂志及信件。一天，送邮件的骡车把日本鬼子发动"九一八"事变的爆炸性新闻带进了学校。师生们群情激昂，齐声谴责。接着这个塞外边城也动员起来。冶秋为学校写了"讨日宣言"，参加了各校联合发起的游行示威。他在大革命时期的社会活动经验，使他很自然地成为大家的带头人。以后，他被邀请加入"教联"和"左联"，融到当地的革命活动之中，影响了一批教师与学生。寒假过后，他南下太原，受聘于进山中学。

2．太原进山中学

1932年春，冶秋到进山中学任教国文（图三七）。该校创建于1922年，名为私

图三七　太原进山中学老校门，摄于2005年9月。

立，经费却由山西"公营事业"的赢利中筹措，设校董会管理。阎锡山兼第一任总董并校长。由于有这样的来头，学校管理层大多由热心教育事业的有识之士担任。对教师的聘用重视专业才能，侧重于国文、数学和英语这三门主课的教学。据进山校史资料介绍，1930年前后，学校聘请了许多左派和知名学者如邓初民、张仲实、谢赞尧、王冶秋、杜心源、宋日昌、张依林等，对马列主义和民主思潮的传播起了重要作用。在这个相对宽松的环境中，冶秋凭借对新文学的研究和丰富的革命经历，授课不是简单的照本宣科，而是结合现实进行深入的解剖分析，鞭辟入里，深受学生欢迎。学生们听他的课不仅学到知识，而且从他对现实的批判与对革命理想的阐述中，提高了精神境界，产生了变革现实的冲动。很快，冶秋成了"当红"教员。

暑假，履芳从天津女师毕业，冶秋与他一道返回北平。1932年7月2日，他们在中央公园的来今雨轩餐厅举行了简单的结婚仪式。履芳的爷爷高静涛、老师范文澜和好友台静农等在座。他们在后门桥租了一间房子，暂时安了家。暑假后，履芳受聘于北平孔德学校，冶秋仍在进山中学任教，分居两地，无法团聚。

在进山中学，冶秋积极参加左联和教联会议，应邀参加学生们的进步社团活动。他向学生们介绍大革命经历，灌输反帝反封建的革命思想，影响了一批学生，带动他们走上革命之路。许多学生后来成为我党我军的高级干部。我记得在"文革"后期，《长征组歌》的演出受到热烈欢迎。一天，时任总政保卫部长的史进前将军派人送来演出票，并要陪冶秋观看演出，这才知道史将军是他四十年前在进山教过的学生。冶秋1973年为法国总统访问云冈做前期准备工作时，曾赴太原，他的两个进山学生王大任（曾任山西省委书记）和胡晓琴（曾任省委组织部长）与他相会，并陪他到故校旧址叙旧（图三八）。

1933年上半年，张静瑗等人准备介绍冶秋到女子文理学院任教。这时，一些右派人物开始攻击冶秋"宣传共产，阴谋颠覆政府"。加上他骂了赵承绶的儿子"不学无术，靠老子吃饭"，得罪了当时在山西炙手可热的晋军司令赵承绶。他不能在进山中学呆下去了，下半年转到山东济南高中任教，一年后又回到山西。

3．运城第二师范

1934年夏，冶秋来到远离山西中心的"荒城"——在一首诗中他曾这样称呼

图三八　师生四十年后合影，左起：王冶秋、王大任、胡晓琴，
　　　　罗哲文摄于1973年。

那时的运城。他在这里的第二师范教学。在这里，有两件事值得一提。其一，他与鲁迅先生的通信是从这里开始的。鲁迅给冶秋第一封信的复函，并未出现在《鲁迅书信集》里，可能已经遗失，但在《鲁迅日记》1934年11月17日记有："得王冶秋信并忆素园文一篇。"11月24日记："复王冶秋信。"在"居帐"中，留下了来信的地址"山西运城第二师范学校王冶秋"。其二，冶秋从太原到运城的艰难旅程。太原至运城全程四百多公里。2005年笔者曾自驾车沿大（同）运（城）高速公路重访家父曾经到过的地方，这段路程用了不到五个小时；而在七十年前，冶秋却用了约一周的时间。在一篇文章中他写道："由太原去运城，那时同蒲路刚刚通车到介休。路是窄轨，车厢就是拿些木板钉起来的，没有玻璃窗，就在木板上锯开一块长方孔，旁边有一块板子，可以推上拉开。车子走得极慢，坐急了可以像坐大车一

样，从车上跳下来，跟着火车走一段，再坐上。……我记得那时天刚亮从太原上车，一直弄到昏天黑地才到了介休。第二天雇了牲口还是搭了一辆破轿车，一直走了五六天才到运城。"在封建军阀统治下，原本富饶美丽的晋南被糟践得面目全非，留给他的印象就是这羸马破车和满目疮痍。

他在这里只教了一个学期。1935年春，冶秋应聘山东莱阳师范。冶秋多者一年半、少者半年便换一个学校，四处奔波，他曾自嘲这是"乞食者"的无奈。

（三）齐鲁三校

1．济南高中（现济南一中）

冶秋于1933年夏季，自山西进山中学来到山东省立济南高级中学任教。该校始建于1903年，直到30年代中期，仍是山东唯一的一所高级中学。1930年，著名学者张默生任校长，在政治上崇尚民主，学术上主张自由思考，延揽了一批进步人士如楚图南、胡也频等来校任教，为学校带来新的气象。1932年张默生调任省立烟台中学校长，接任济南高中校长的是宋还吾。此公曾因《子见南子》演出事件闻名全国。事情是这样的：1929年6月曲阜第二师范学校的学生演出了话剧《子见南子》，此剧为林语堂所写，发表在1928年11月出版的《奔流》月刊上。演出十分成功，却不料惹来大麻烦。孔府认为此剧侮辱了孔子，将曲阜第二师范学校和批准演出的校长宋还吾告到教育部，通过孔祥熙一直闹到蒋介石处。蒋批示严办，但曲阜第二师范的师生们并没有向高压屈服。学生会通电全国，怒斥孔府的污蔑，得到全国各地学生声援。政府最终慑于民愤，害怕事态扩大，便将宋还吾调走了事。此事闹得沸沸扬扬时，冶秋正在大名七师，他认得宋还吾，曾寄信表示同情和声援。原来，1927年他在西山组织侦缉队时，多次到香山慈幼院去发动学生参加，宋当时在那里当教员，他们打过交道。因为有这层关系，宋邀他到济南高中任教。

该校设施齐备，水平一流，还有不少志同道合的教师如李俊民等一起共事，冶秋心情很舒畅。该校薪资高，国文教员每月可拿到160元，远高于一般大学助教，这对于已经做父亲的冶秋来说十分重要。冶秋对教学一丝不苟，课外还帮助学生组织文学讨论会等活动，向他们介绍鲁迅作品和苏联文学，受到学生欢迎。同时，他继续进行编写文学史的工作。

1934年还有两件事需要交代。第一件事，1934年2月16日（农历大年初三），冶秋和履芳有了第一个孩子，我的姐姐王玉（现名高予），乳名叫莱地（来弟）。他们非常喜爱这个孩子。冶秋曾将母亲自霍邱接来帮助照顾履芳月子。不过，显然他们还盼着第二个孩子是儿子。1935年11月8日，冶秋曾把莱地周岁照片寄给鲁迅先生。鲁迅日记1935年11月23日记有："得王冶秋信并其子之照片。"鲁迅误把莱地当作男孩，在回信中说道："前一函并令郎照相，亦早收到，看起来简直是一个北方小孩，盖服装之故。"第二件事，冶秋第二次被捕。1934年暑假，冶秋为落实下半年的工作，请王正朔将妻子和女儿送回河北娘家，自己只身返回北平，住在台静农家。当时台先生是辅仁大学的教授，教文学史。一天，台夫人要打牌，冶秋、李霁野、赵赤坪陪她一起玩，直到次日两点多钟才睡觉。天刚亮，来了宪兵三团的一伙人，是奉市特别党部指令来抓捕静农的，在场的所有人也一并带走。在过堂时，冶秋坚持说自己是来北平找工作的，与台教授是同乡和朋友关系，昨天是凑手打牌。关了一个多月，静农等三人被押解到南京，而他与李霁野等人无罪开释。

1934年下半年，冶秋因为没有北大正式毕业文凭，未能通过教育部对教师资格的审查而被济南高中解聘。此事令他十分懊恼，仅仅因为没有"那张纸"，而丢掉在济南高中一个好的教学职位。以后经宋日昌介绍，他又折回山西去运城师范任教。

2．莱阳乡村师范

1935年初，冶秋离开运城师范来到莱阳乡村师范教国文。该校建于1930年，著名诗人何其芳、臧克家在此任过教，文学家吴伯箫曾在此当过校长。冶秋在此仅任教一个学期便离开了。他为什么离开？我查遍了现有的文字记载，没有找到答案，只在他1955年写的"审干"材料中看到，在莱阳乡师这一段的证明人一栏里，填的是"王哲（当时任山东省教育厅长）"。我推断是由于他的耿直性格，得罪了校方而突然被解聘。他没有时间找到下学期的"饭碗"，1935年下半年便失业了，遭受了人生中第二次严重打击。冶秋不得不把履芳和莱地母女俩先送回河北娘家，自己留在天津寻找机会。他曾这样描写落难的情形："天津英租界的边上，常有一个年轻人，替猎夫赶着鹌鹑，替野草传播着种子——仿佛所有的人都带着'有业'的气焰来威逼他，使他只有走上这寂寞的草原，向蓝色的天宇吐几口几乎喘不过来的气息。这心境是难以描述的。"后来履芳回津，在天津第三十七小学谋得个教员职位，两人一起共度难关。

3．省立烟台中学

1936年初，冶秋接到山东省立烟台中学的聘书，遂与履芳带着女儿一道从天津由陆路到达烟台（图三九）。这所学校建在毓璜顶山脚，依山而筑，环境优美，

图三九　冶秋与履芳初到烟台，1936年1月25日摄。

图四〇　原烟台中学教室，2005年摄。

设施完备，是一个理想的教学场所（图四〇）。登上玉皇阁，有楹联一副说明"毓璜"之来历："毓秀钟灵地不爱宝，璜琮璞玉山自生辉。"站在玉皇阁，市容尽收眼底，东眺大海，一望无际，令人心旷神怡，这是冶秋最喜欢来的地方。他一到烟台，便开始利用课外所有可利用的时间，编写《鲁迅先生序跋集》。在面海的一个小山顶上，在一座被强劲的、带着咸味的海风吹得颤抖的小楼上，他把在失业期间收集到的，从热心人士那里借到的以及鲁迅先生寄来的，包括鲁迅的全部著译作、鲁迅为别人校正和介绍出版的作品、海外出版的关于鲁迅的著作以及鲁迅虽然写了序而终未出版的书等等，逐一归类，分别编排，然后伏案抄写鲁迅先生的序跋。这一工作得到鲁迅先生的肯定。1936年4月5日鲁迅给冶秋的信中说道："序跋如果你集起来，我看是有地方出版的。"冶秋工作很努力，终于在6月的一个清晨完成了二十多万字的作品的最后誊写与校订。他抬起头望着那浩瀚无边的碧蓝大海，抚摸着花了半年心血完成的、自己生平中最大的"巨制"，自言自语道："鲁迅先生的伟大与无私，只有这大海可以比拟吧！"第二天，邮局一开门他就跑去，将这心血结晶用挂号寄往上海鲁迅处。7月11日接到鲁迅先生的回音：先生病得连文章也无力看了，寄去的稿子只好等秋末再说了。结果，这个"秋末"却变成了永远。

冶秋教国文就像讲故事，不拿讲稿，侃侃而谈。他善于启发和诱导学生深思和联想，所以学生一节课下来总是感到很充实。他还特别注意培养学生的写作能力，改作文时常写下批语，课外还给予辅导，并介绍书刊让他们阅读。学生们很喜欢这个高个子、仪表堂堂的老师。在这些学生中有一位女生特别引起他的注意。冶秋后来回忆道："有一个十七八岁的女孩子，上课的时候，非常文静，听讲的神态，是极其令教师感觉着有无上的安慰的。譬如我讲到《灯台守》那一篇罢，海上的孤独之感，她的明亮的眼睛有时就带着泪光，痴痴的望着我；《与幼小者》那一篇，我读到最后的一段：'幼小者呵，将不幸而又幸福的你们的父母的祝福带在胸中，上人世的行旅去。前途是辽远的，而且也昏暗。但是不要怕，在无畏者的面前就有路。去罢，奋然的，幼小者呵。'她听到这里，好像从压抑中逃脱出来，挺起胸脯，不好意思地拭着眼泪，坦然地笑着。她的诗文俱佳，是一个爽快聪明的孩子，文字的技巧上，有什么需要改正的地方，只要一说，下次就会很适当地改正过来；一本书看了以后，她会提出要紧的地方和有意义的疑问。"冶秋很喜欢这个悟性高的女孩，她成为冶秋创作的小说《青城山上》女主人公"鹰"的原型。在一幅装帧精美的冶秋与毕业生的合影照片中有六个女生，"鹰"很可能就是其中的一个（图四一）。

1936年暑假，冶秋与履芳迎来了他们的第二个孩子。我的哥哥王路于1936年8月1日呱呱落地了。王路生下来胖乎乎的，很得他们疼爱，乳名叫小龙。自1936年元月到1937年夏天，在这风景如画的烟台，他们度过了一段相对稳定和美满的时光。可是这难得的平静日子，又被万恶的日本帝国主义发动的侵华战争打破了，他们不得不又开始新一轮的颠沛流离生活。冶秋先将履芳及两个孩子送回霍邱，再返

山东省立烟台中学初级十五级毕业暨同级任王野先临别留影二十五年十二月

图四一 1936年11月，冶秋与烟台中学毕业生合影。

回学校，等新学期开学后处理自己的工资和未了事宜。这些事使他一直拖到1937年11月才回到老家。

（四）鄂川两校

1. 没有演过的戏

1937年冬，冶秋返乡，老家霍邱县城已经到处是难民、伤兵和从北边回来的各色各样的人群。自1928年"文字暴动"失败逃走后，冶秋离开这里已经近十年了。此次也不是荣归故里，他仍是一身黑布学生装，随身带的也只有书刊而已。他是避难逃亡回来的，这令他在母亲面前感到十分惭愧。不过他的身体变得高大结实了，并且引以自慰的是，给母亲带来了她企望已久的胖壮可爱的长孙（图四二）。

抗日的烽火，又激起他参加战斗的强烈愿望。他联络志同道合的人，打算组织抗日自卫队。听说西区要捉拿一个货真价实的汉奸时，他自告奋勇带着枪和几个青年人去执行。人抓到了，也按县长的要求押解到县城，却不料一些头面人物为汉奸说项，县长便以"证据不足"为由将汉奸放了。这个在抗战初期捉汉奸又被放掉的故事，在他的小说《没有演过的戏》中有生动的描写。冶秋彻底失望了。他看透国民党政权是不可能真正动员群众抗日的。他决定去武汉，找八路军办事处要求去延安，到抗日第一线参加战斗。

图四二　奶奶与孙子、孙女，抱着的是长孙，旁立着的是长孙女，1937年冬摄。

母亲流着眼泪对他说："你们走吧，留下我这个老婆子替你们守着这个家。鬼子来了，井有，绳子也有，你们走吧！"冶秋别过头去，鼻子一酸，眼泪禁不住掉了下来，敌人离这里只有两百多里路程，却把母亲一个人留在这里，他的心像被针扎一样疼。这时陈胡子催促他们赶紧走，要不然会误了船，他们才动起来。刚一岁多的孙子用小手向奶奶抓挠着道别。就这样，冶秋带着履芳和两个孩子以及妹妹之秀、之惠出发了。他们先乘船经城西湖到叶集，再西进河南，经固始，到潢川。在这里，之秀、之惠去投考军校。然后，他们继续西进，经信阳转到平汉线入鄂，于1938年1月终于到达武汉。很难想象，在那兵荒马乱、交通落后的30年代，这一千多里的流亡之旅，又是拖家带口，是如何度过的。

冶秋一到武汉，便兴冲冲地找到位于汉口长春街67号的八路军办事处。他满以为是"回家"来了，却遭到冷遇，工作人员以没有组织介绍信为由，不予接待。过了两天，他第二次去办事处，要求见李克农秘书长，并递上一封给李的信。信中谈到自己参加"阜阳暴动"和"霍邱文字暴动"的情况，谈到与鲁迅的联系。冶秋心想李对这些事是知情的，见信后也许会答应面谈。工作人员冷淡地说："过几天再来看看吧，现在首长不在家。"当冶秋第三次到办事处时，工作人员干脆说："已经请示过首长，你没有介绍信不能接待。"这种冷漠生硬的态度，令性格耿直的冶秋甚为气愤，没想到国共合作才半年，一些共产党人就变得官僚起来。他想去抗日第一线战斗的打算落了空，为了等待机会，便继续留在武昌，在安徽中学教国文。

2．安徽中学

安徽中学设在武昌，校长是徐昌颐。此公还在市政府任职，更关心的是仕途和"钱"途。老友张依林、李何林也先后来到这里。学校办得很糟糕，冶秋也顾不了许多，自己只是个匆匆过客。不过，有一件事他还是觉得很有意义，那就是参加"中华文艺界抗敌协会（简称文协）"。该组织是在周恩来的直接推动下，于1938年3月27日成立的。冯玉祥将军也是热心支持者之一。被大家推出来主事的，是文气旺、人缘好的老舍先生，他担任总务部主任。1934年，冶秋在济南高中教国文时，老舍正在齐鲁大学教书。冶秋喜欢老舍的平民化作品，"平"而不浅，更佩服其诙谐幽默的"说功"。他到文学院拜访过老舍，两人很谈得来。在讲到北平的一些旧事时，两人会开心地大笑。此次又在流亡途中相遇，自然别是一般滋味在心头。

日军的炮火已经逼近武汉，冶秋带着一家四口于6月到达宜昌，8月入川，在重庆作短暂停留，又西上自流井，到蜀光中学报到。这是在离开宜昌前安排好的，因为蜀光中学刚改成完全中学，急需教员。

3. 蜀光中学

自流井蜀光中学建于1924年，1938年改为完全中学，张伯苓为董事长，南开中学部主任喻传担任校长。学校建在釜溪河畔，背依亭子山，翠竹环绕，四季花香，是个名副其实的园林式学校。冶秋开始接手的班级是个毕业班。起初，学生们以怀疑的态度观察着这个"下江人"，有的甚至说，他是个逃难的乞食者！冶秋早已能够泰然自若地应对世态炎凉了，他认真地授课，以饱满的热情宣传抗日的道理。此时，正值国共第二次合作高潮时期，他讲起课来就更放得开了。很快，冶秋从学生们认真听讲的眼神和真诚的笑容看出了他们态度的变化，"下江人"再也没有人提起了。他的课不是经院式的，而是与时代的脉搏紧紧相扣，颇具感染力，影响了许多人。中央党校李公天教授回忆道："他向学生们讲大革命时期在北平参加火烧章士钊住宅（赵家楼），'八一'示威游行，跑交通等革命经历；讲他在监狱中遭受到的酷刑与被狱霸捉弄的狱中生活；他以亲身感受讲授鲁迅为代表的新文学；他充满激情地介绍中国共产党的抗日主张和行动。"马列主义哲学家、曾任过北京大学哲学系主任的黄楠森教授回忆道："王冶秋老师指导我们阅读课外书籍，撰写读书笔记，使我终身受惠。"学生们的理解和支持，给予他极大的安慰。中国的抗战需要有觉悟的生力军，冶秋在《赠八班同学》的诗中写道：

> 我将
> 无言地送你们走上征途，
> 我将
> 无言地看着你们勇猛地踏过我的顶际！

这是他真正的心声，是他十年教书育人的真实情怀（图四三）。然而，他并不

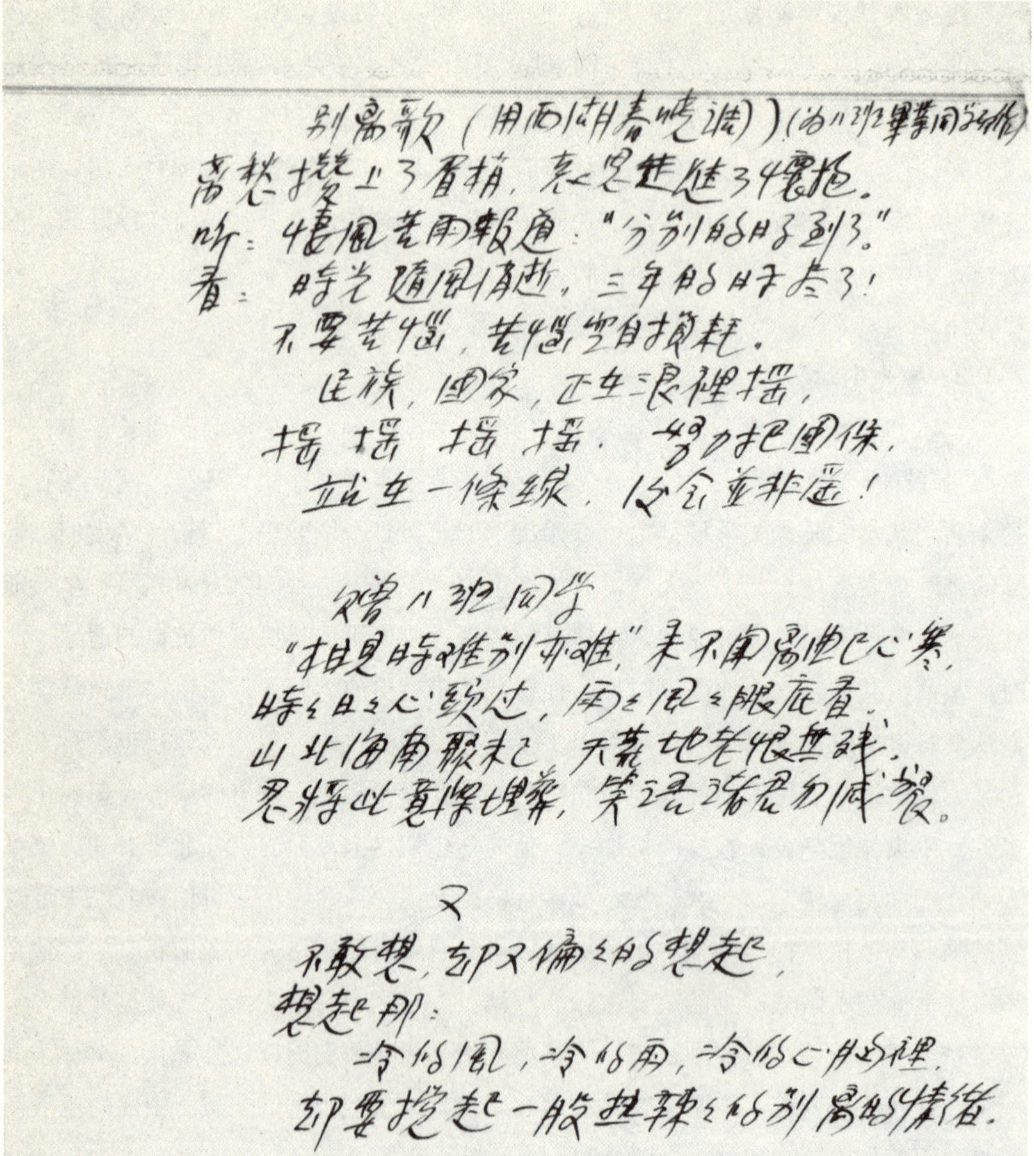

图四三 《赠八班同学》诗稿手迹

甘心于这平淡的教书生活，他需要更广阔的空间，他渴望战斗！在另一首诗里他怒吼道：

　　　　总之，是时候了！

　　　　　要燃烧——燃烧成一把焦土，

　　　　　长沙般的烈火！

　　　　　　烧焦掉，烧烂掉

　　　　　　　这臭不可闻的臭皮囊！

　　进入1939年，冶秋逐渐对环境熟悉起来，也结交了一些新的朋友。他的政治倾向也引起了地下党组织的注意。不久，中共川南特委负责人廖寒飞找他谈话，通知说同意恢复他的组织关系。暑假，冶秋去重庆看望在中苏文协任职的老友曹靖华。靖华告诉他："冯玉祥将军正托老舍聘国文教员，要求熟悉鲁迅及其作品，懂诗词，教学经验丰富，还要求是北方人，我已经推荐你，不知意下如何？"冶秋答道："最好再与老舍见一面。"老舍住处与青年会相去不远，三人见面后，靖华进一步介绍了冶秋与鲁迅的交往以及冶秋的人品与经历。冶秋与老舍也相互询问了一些细节。最后，老舍开心地说："这下我可以向冯先生交差了，有冶秋老弟在冯先生处，我就放心了，以后冯先生参加文协的活动就方便多了，与文艺界的交道也好打了。"

　　三人告别后，冶秋即回蜀光中学，不久就收到通知，要他寒假结束即到冯公馆报到。寒假一结束，冶秋自己先到重庆冯玉祥的歇台子公馆报到，由吴纾生带他先见冯先生，再见秘书、副官等人，到金刚坡下的"先生馆"安排办公地点。然后，冶秋又去郭沫若主事的三厅给履芳安排了一个职员工作。他决定把家安在青木关乡下，就在机关附近租住农民房子。一切妥当后，冶秋便返回自流井接履芳和孩子。临行前，他执教过的班级学生为他举行欢送会，并合影留念（图四四）。

　　在冶秋行将结束十年颠沛流离生活之时，有一件事要交代，那就是他们的第三个孩子，也就是我，乳名小虎，在1938年11月2日来到这动乱之秋，给父母亲平添了新的生活负担。

图四四　1940年1月5日，告别蜀光中学时与师生合影。

四　结缘新文学

冶秋自1924年在北平结识韦素园、台静农后，就与新文学、未名社以及鲁迅结下了不解之缘，这影响了他的一生。他从1928年向《语丝》投稿起，到1979年病倒前，半个世纪笔耕不辍。20世纪30年代，他结合教学，以写文学史为主，先后发表的有《新文学小史》《唐代文学史》，并编辑了《鲁迅先生序跋集》。40年代是他创作成熟期，先后出版的作品有传记体《辛亥革命前的鲁迅先生》、小说集《青城山上》及诗歌散文集《海天集》。新中国成立后，他利用公务之余，写了多篇回忆战友、亲人及革命经历的散文，表达了对新旧两重天的强烈感受。他还结合工作写了游记与考证文章，这些文章、诗歌结集出版的有《大地新游》《狱中琐记及其它》和《北京琉璃厂史话》等。1985年4月，安徽文艺出版社出版了由姜德明先生编选的《王冶秋选集》。1997年9月，文物出版社出版了由国家文物局编辑的《王冶秋文博文集》。据我粗略估算，冶秋创作的文字总量，属文学类的约一百万字，属工作类的约五十万字。

（一）我爱这干巴巴的连翘花

冶秋与鲁迅先生交往并成为先生晚年的忘年交，是与他结识韦素园和台静农分不开的。

1．压干的连翘花

韦素园是冶秋刚到北平结识的第一个同乡。素园那时是俄文法政学校的学生，也兼着教员，住在贡院附近的一所破旧民房里，在一间阴湿的小南屋中终日埋头译书。冶秋在附近志诚中学上学，常到素园处请教，听素园介绍在莫斯科留学的经历及俄国文学。当时冶秋才十五岁，而素园长他七岁，待他如自己亲弟弟一般。鲁迅那时还在世界语专科学校兼点课，素园的小同乡张目寒是鲁迅的学生，常听鲁迅说少见青年人从事译作，目寒便把正在发奋翻译的素园介绍给先生。之后台静农、李霁野和韦丛芜也加入他们的行列。素园常从东城根泡子河出发，先到沙滩约上静农等人，大家一起步行到西城根阜内西三条胡同21号拜访鲁迅先生。在鲁迅先生那里大家开始还有点拘束，时间久了以后就变得亲切随意，与先生的关系也变成亦师亦友了。素园头几次拜访鲁迅先生的时候，冶秋便给素园看"家"。素园回来时常常已是半夜，但他的兴奋劲还没有过去，冶秋便端来热茶和热水为其解乏。每当这个时候，素园总是感慨地说："你真是我的好兄弟！"

1925年，素园搬到沙滩红楼对面的新开路5号。同样是破旧的小南屋，潮湿的砖地。鲁迅先生在《忆韦素园君》一文里写道："现在留在记忆里的，是他已经坐在客店的一间小房子里计划出版了。"这一间小房子，就是当年8月未名社最初成立时的"社址"。有时，鲁迅先生在北大下了课，夹着一个灰布书包从红楼出来，走进对面的胡同来找素园，帮着他们筹措费用，出版书刊。这个由鲁迅、韦素园、台静农、曹靖华、李霁野、韦丛芜六人组成的文学团体和出版机构，在鲁迅的扶掖下逐渐发展起来。是年入冬，未名社的牌子还没有挂出来，第一本书——鲁迅译的《出了象牙之塔》就已经出版了。在素园住处隔壁刚租下来的一间小房子里，支了一张床板，上面铺几张报纸，摆上书，就算"门市"了。这时冶秋已经搬来与素园合住，就在"门市"充当"伙计"，帮着素园看摊卖书。几个书生原以为此书一出，买者会蜂拥而至，很快会销售一空，却不料几天下来只卖出几本。冶秋就帮他们想法子，在对面红楼的广告牌子上贴广告，去"号房"委托代售，到《国民新报》上刊登广告，慢慢地打开了局面。此间，素园由鲁迅先生介绍，先到《国民新报》副刊当编辑，后到开封当了几个月的翻译，于1926年3月回到北平。这时，未名社已成长起来，《莽原》已由周刊改为半月刊在未名社编辑发行，纸张改为当时最好的洋宣纸，办公地点也迁到西老胡同1号，有了玻璃书架和陈列书的台子，而且是撒满阳光的三间北屋。《莽原》在鲁迅先生主持下，成为当时青年最爱看的刊物之一。1926年"三一八"惨案后，鲁迅先生外出避难，8月出走厦门。这期间未名社的出书、校稿和《莽原》的编辑，大多是由素园负责的，鲁迅所说"其中的骨干就是素园"，即指这个时期。正如先生所言："他只是一个文人，又生着病，却这么拼命的对付内忧外患，又怎么能够持久呢。"是年冬，素园在一个夜晚忽然大口吐血。冶秋与朋友们费了很大劲才把他送进一家法国医院，过了春节又把他送到西山福寿岭肺病疗养院。在这里，素园与死神争夺时间，不停地翻译、阅读、翻译，度过了六个春秋。

冶秋只要有机会就会去看望素园，他也带履芳去过。最令素园开心的朋友聚会还有两次。一次是鲁迅先生于1929年5月30日早上，在朋友的陪伴下来到福寿岭看望素园。素园在头一天就把冶秋叫来帮忙打扫小屋子，又请厨房的大师傅来，告诉预备什么样的饭菜，还在自己喂的小鸡里挑了两三只大的，请大师傅做菜。鲁迅与素园聊得很开心，直到午后。先生回到旅店即给许广平先生写信，述说了这次愉快的聚谈。

另一次是1931年春节期间，冶秋、静农还有履芳，陪着临时从苏联回国的靖华看望素园。在向福寿岭去的路上，冶秋看着履芳头上戴的红毛线软帽十分扎眼，走过去一把将其摘下。履芳抗议说："难道革命者就应该像尼姑穿戴的一样素净？"静农与靖华就跟着起哄，戏说冶秋专制。朋友们说说笑笑地进了素园的院子。"笑影少"的素园见到他们进来，露出久违的笑容，孩子似的张开双手欢迎他们。靖华讲了苏联的变化，大家还不时地调侃正在热恋之中的冶秋与履芳。朋友们的笑声给这寂寥的院落带来生气，素园与好友们度过了开心的一天。

进入1932年的初夏，素园的病情开始恶化。一天，素园翻着书，看见了压干的连翘花，这是冶秋1930年春从大名七师寄赠的。这些花儿引起素园对曾经朝夕相处的小弟、好友冶秋的强烈思念。素园写下了感人至深的诗《压干的连翘花——呈冶秋》：

> 好几朵连翘花，都被压得干巴巴的。
> 这是朋友从远方寄来，算是一个小小的赠礼。
> 记得那时我很喜欢，轻轻地将他夹在书里。
> 不想日子过得久了，我竟将它忘记。
> 今朝无意打开书来，又见到这小小的美丽的东西。
> 我爱这干巴巴的连翘花，我尤爱朋友的甜蜜的厚意。

1932年8月1日，素园永远地离开朋友们去了。正在度蜜月的冶秋和履芳，与朋友们一起把素园葬在香山脚下的万安公墓。鲁迅先生写了墓碑题记（图四五）：

> 乌呼，宏才远志，厄于短年。文苑失英，明者永悼。

素园的墓和鲁迅先生题记的墓碑是冶秋生前时常挂念的好友遗迹。1947年清明时分，冶秋与两个朋友一起骑车去万安公墓扫墓。他看到素园的窄小墓地被几个"阔墓"挤到边沿，不禁想起二十一年前素园生前住的那间阴湿小房间，从而发出

韋君素園之墓

君以一九又二年六月十八日生
一九三二年八月一日卒烏嗥
宏才遠志厄于短年文苑
失英明者永悼弟叢燕友
靜農霽野立表鲁迅書

痛心的感慨："在坟墓里他还是住着'小南房'，还是被许多白玉般的石栏、朱字大碑所凌迫。"返城后，冶秋写了一篇《访墓记》（载北平《雪风》半月刊，1947年第5期），追思亡友素园。20世纪70年代的一天，冶秋与姜德明先生聊天时谈到素园。姜先生说："鲁迅题记的素园墓碑也应该算作文物吧，不知道还在不在？"一句话提醒了冶秋。次日，冶秋即跑到万安公墓，可是并没有见到那块碑，心里十分焦急。就在要放弃时，他突然发现垫路的一块石头很像石碑的一角。司机老顾找来工具把它刨出来，果然就是素园的墓碑。冶秋十分高兴，回来后便通知鲁迅博物馆将石碑运回馆里保存。

冶秋生前讲到未名社诸公时说，对他影响最大的除鲁迅先生外，第一个就是素园。那么这些影响具体是什么呢？是品质，是素园对朋友的厚道；是态度，是素园对工作认真负责、一丝不苟的作风；是精神，素园为把俄国经典名著和苏联文学介绍到我国，付出了不懈努力乃至生命。鲁迅先生评价素园最为中肯："是的，但素园并非天才，也非豪杰，当然更不是高楼的尖顶，或名园的美花，然而他是楼下的一块石材，园中的一撮泥土，在中国第一要它多。他不入于观赏者的眼中，只有建筑者和种植者，决不会将它置之度外。"从素园的身上我们可以看到冶秋的影子。

2．我们的血一点也不能爱惜的

这句话是静农短篇小说集《建塔者及其它》中的一句话，是短篇《昨夜》中那个十九岁的"秋"说的。"秋"说："死又算什么？冰等自然不会幸免的，要知道时代属于我们以前，我们的血一点也不能爱惜的。"这里"秋"的原型就是冶秋，述说的事就是他在1927年11月被张作霖的侦缉队追捕，后在静农的帮助下，化装逃到天津乘船，两个人在船上的谈话与回忆。静农用平淡的笔触和简洁的语言，道出了对革命者的敬重之情。开始读这篇文字时，我曾不能理解该文末的一段对话，究竟反映了静农那时什么样的心境：

> 秋向我说："希望我们再见时，能够比现在好。"
> "时代么？"我问。
> "自然罗！"秋自信地说。
> "未必罢，恐怕终于是希望了。"我微微叹息着说。

"怎么，你又在弹你的旧调子？"秋阴森森地笑了。"这个时代还容许我们悲叹吗？"

　　我惭愧地笑了。我们仍旧紧紧地握着手。舟子忙着收锚，我们撒手别了。

　　我不能理解，冶秋为什么对比他大七岁、像兄长一样待他的静农，说话竟如此生硬。后来我读了冶秋写的从未披露过的有关静农的材料，才有所领悟。冶秋写道：静农在1925~1927年期间，曾十分积极地参加示威游行等各种革命活动，还一度加入了组织（介绍人很可能就是赵赤萍或冶秋）。后来，有一次组织让静农晚上去散发传单，静农"害怕"没有去，从此也就脱离了组织。但静农从未停止过战斗，静农的小说集《建塔者及其它》后记中有这样一段文字："以精诚以赤血供奉于唯一的信仰，这精神是同殉道者一样的伟大。暴风雨之将来，他们热情地有如海燕一般，作了这暴风雨的先驱。"冶秋正是这样一只海燕，随时准备以自己的血肉之躯，献给他们正在建造的新时代之塔。那时他受"左"倾盲动路线的影响，热衷于搞武装暴动，对革命会很快成功充满信心，所以把静农老成持重的态度看做是胆小、怯懦；而静农深知"我们塔的建成，是需要血作基础的"，因此要"永久地用我的力和血和汗去作我的工"。

　　冶秋与履芳是静农小说的忠实读者，这些小说大多发表在《莽原》和《未名》半月刊上。他们喜欢这些带着乡土气息、直面时代弊病，而又毫不掩饰作者心灵深处想法的作品。他们的相识、相恋是从履芳阅读《昨夜》开始的，他们的大媒也是静农。因此，静农既是他们敬重的兄长，又是他们学习写作的榜样。他们在回忆二三十年代经历时总要说到静农，特别具体的是两件事。

　　其一，就是曾轰动平津的"新式炸弹案"。1932年12月22日国民党特务以在静农"家中的秘密室里查获共党宣传品和一枚新式炸弹"的罪名，逮捕了静农，企图借此收集鲁迅在北平活动的"罪证"。因为鲁迅11月来平后的五次公开讲演，多半都由静农陪伴。事发后，常三爷（常惠）帮了很多忙，沈尹默先生也托人到市党部疏通，终于澄清了事实。原来所谓共党宣传品，只不过是曹靖华寄存的译作稿《第四十一》和《烟袋》，而"新式炸弹"却是履芳寄存的一件父亲遗物。事情是这样的：履芳父亲早年教过化学，去世时履芳留了一件有拳头大小、亮光光白铜颜色的实验器皿作纪念，寄存在在静农家。而报纸上宣传说，这是一枚新式炸弹，只要一拉上面的小拉手就会爆炸，威力无穷云云。履芳当时在孔德学校当教员，见报后即以孔德学校教师的身份致信警察局说明真相，并表示可以当众试验。警察局知道闹了个大笑话，不得不放人了事。

其二，就是前面已经讲过的冶秋在静农家第二次被捕的事。事实上，一年多前，静农被捕又被放出后，特务机关并不死心，常年派人在静农家外蹲守。因为有与会人供出，上次鲁迅在北平召集的两次座谈会，一次是在范文澜家，另一次是在静农家开的。1934年7月25日，刚被保释出来的共产党员赵赤萍、从济南回来找工作的冶秋、从河南回来的李何林，还有从天津来的李霁野，凑巧都在北海五龙亭后的静农家相聚。晚饭后陪静农太太打牌，大家有说有笑，都很珍惜这难得的朋友聚会。特务们却认为时机已到，可以人赃俱获了。他们在第二天凌晨动手，先派两人以有人偷电查电表为名，进院清点人数，然后宣布都不许动，全部带走。当冶秋他们声言自己是来凑手打牌的，特务冷笑着说："不要跟我们耍这一套，打牌掩护开会，是共产党惯用的花招！"

经过两次庭审，冶秋等被释放了，而静农则被押解到南京，同时押解到南京的还有范文澜等人。显然，敌人的矛头对准的是鲁迅及其战友，从这件事亦可看出，静农同样是用自己的血，凝结成血块，充实着"我们的塔"的基础。鲁迅说，台静农"贡献了文艺"，"在争写着恋爱的悲欢，都会的阴暗的那时候，能将乡间的死生，泥土的气息，移在纸上的，也没有更多，更勤于这作者的了"。

自1946年冶秋与静农天海相隔近四十年后，履芳终于联系上了静农，此时冶秋已经病倒多年，而静农也已八十高龄不良于行（图四六）。这两位二三十年代的好兄弟终未能劫后重逢。1987年冶秋逝世后，静农以一幅自作梅花图赠给履芳，并题词曰："无以慰芳妹，以此寄意，千万保重。看儿孙长大是兄所望也。丁卯冬，静农八十六矣。"字句平淡虽无奇，深情厚意不言中。

解放后第一版的《鲁迅全集》关于王冶秋的一条注释中，将他写为"未名社"成员，冶秋曾专门致函更正说："我与未名社关系很深，但我不是成员。"从上面记述的历史片段，我们可以清晰地看到这样的关系。非但冶秋如是，他的哥哥王青士自1928年秋到1929年末还做过未名社的"店伙"。青士学过美术，还参加

图四六　台静农晚年在书房留影

过北大的美术研究会，便帮助未名社画招贴画和封面（图四七），同时帮助照看门市，景山东街40号——未名社的售书处一度门庭若市。但是经理李霁野担心青士和冶秋从事革命活动会给社里带来麻烦，便给兄弟俩写条子，要他们以后不要再来社里。二人很知趣，从此便离开了未名社。他们曾在未名社门市前合影（图四八）。这是一张从未发表过的与未名社有关的照片，可惜不甚清晰，但大体还是可以识别。前排左第二人起分别是瞿云白（？）、台静农、王青士、李霁野；后排左起常惠（？）、王冶秋；两个小孩可能是静农的孩子，其他人未能识别。照片后有冶秋意味深长的题记："还有这样的欢聚吗？1929年摄于未名，冶秋志于1930.11.21。"以后，未名社开始走下坡路。

图四七　王青士在未名社设计封面和
　　　　创作招贴画

图四八　未名社前的最后合
　　　　影，1929年摄。

（二）鲁迅给他端了一盘瓜子

1．鲁迅先生的教诲

　　1926年春天的一个傍晚，素园约上静农，带着他们的小弟冶秋去访问鲁迅。他们开动自己的"11号车"，边走边谈。今天他们想向先生请教的是关于《莽原》周刊的宗旨以及对"整理国故""尊孔读经"的批判。待他们到达西三条胡同时，已经是两眼一抹黑了。在胡同拐角处的墙上挖有一个凹坑，放着一盏火苗摇曳不定的小油灯，但是油灯的光亮实在是太昏暗了，道路也凹凸不平。他们摸到21号，轻轻地拍着门。女工出来开门的时候，鲁迅先生已经从北房拿着马灯站在院子里等着了。他们向先生介绍了冶秋，一个热爱新文学的有志少年，是他们的小同乡。鲁迅就问冶秋的岁数及在哪个学校读书，他一一作答。这时鲁迅对他说："小王，你在院里等一下，我先把他们带进北屋。"不一会儿，先生左手举着灯，右手端了一盘瓜子走到院子里来，把他带进南屋坐下，又拿了两本杂志让他看。那时，在先生眼里，十七岁的他还是一个半大小子。可就是这次简单的相见，却结下了一生的情缘。

　　在回家的路上，素园和静农谈论着先生对《莽原》办刊宗旨的指示："批评社会、批评文明"。冶秋问道："'批评社会'容易理解，但'批评文明'是什么意思呢？"素园答道："简单地说，就是要批判那些妄谈'中国文明'，在故纸堆中搜求'国粹'，在孔孟之道中发掘文明的虚假文明；就是要揭露他们维护北洋军阀统治，投降帝国主义的反动本质。"冶秋觉得，一扇深入观察社会的大门打开了。原来，在形形色色的美丽论调与言辞后面，还有如此见不得人的勾当。他们又谈到，先生说写文章要"率性而言，凭心立论，忠于现世，望彼将来"，这实为我辈应该遵守的原则。冶秋更有"与君一席话，胜读十年书"的顿悟。

　　1934年夏季，冶秋来到山西运城第二师范教国文。在这远离中心城市的"荒城"，在严寒的冬夜里，冶秋想起了亡友素园给予自己的温情，拿起笔写道：

　　……

　　　　为了纪念亡友，我向
　　　　先生写了第一封信。

盼着，盼着，

向着这仿佛没有人烟的荒城，

投来了诚挚的回音。

从此我常得到先生的鼓励；

也看到先生愤激的心情。

……

从鲁迅日记中查到，自1934年11月17日至1935年11月23日，冶秋寄给先生的信共有十一通，其中包括一次从运城寄赠先生糟蛋和百合；而记录的先生复信有六通（图四九），其中只有两通出现在《鲁迅书信集》（人民文学出版社1976年版）

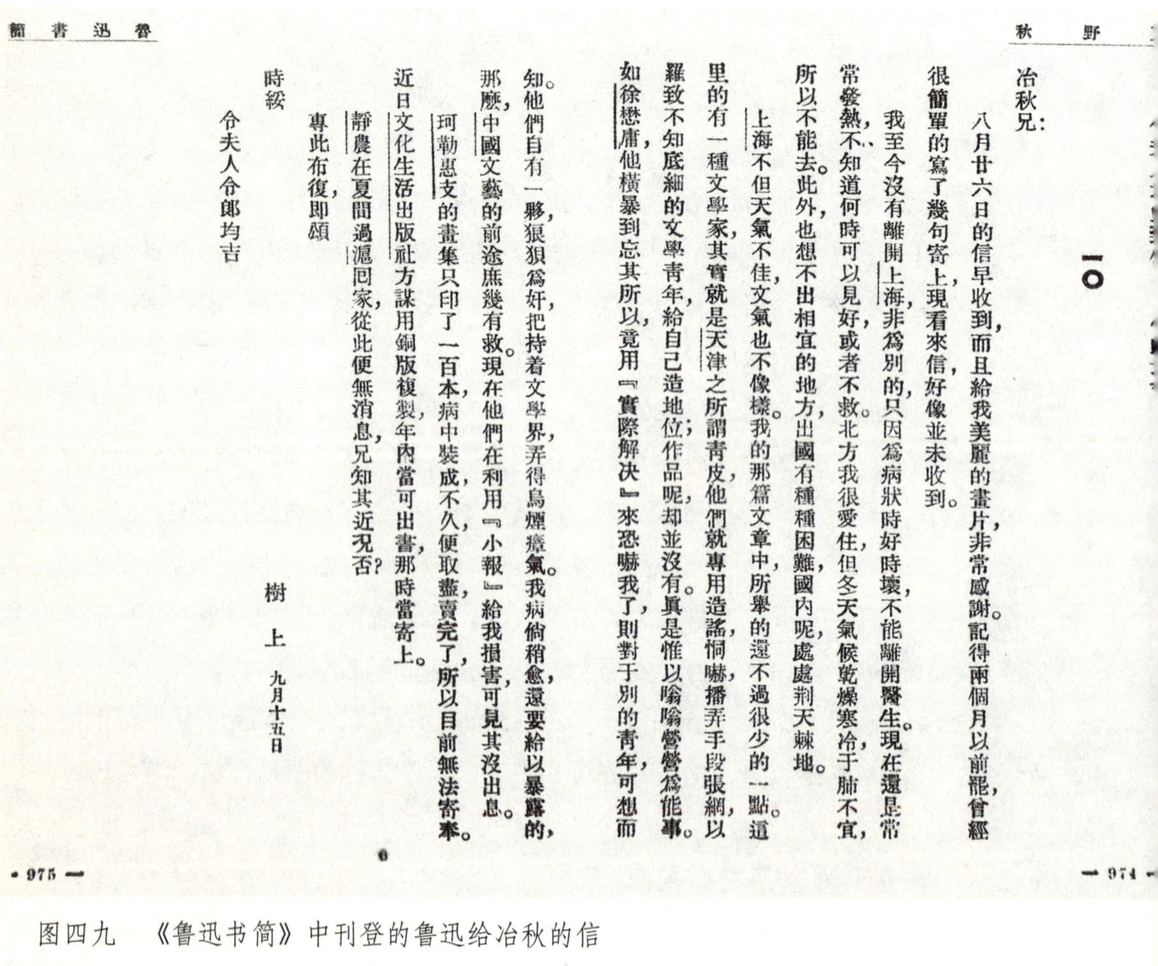

冶秋兄：

八月廿六日的信早收到，而且給我美麗的畫片非常感謝。記得兩個月以前罷，曾經很簡單的寫了幾句寄上現看來信好像並未收到。

我至今沒有離開上海，非爲別的，只因爲病狀時好時壞，不能離開醫生現在還是常常發熱不舒，不知道何時可以見好或者不救北方我很愛住但冬天氣候乾燥寒冷于肺不宜，所以不能去此外也想不出相宜的地方出國有種種困難國內呢處處荊天棘地。

上海不但天氣不佳文氣也不像樣我的那篇文章中所舉的還不過很少的一點這里的有一種文學家其實就是天津之所謂靑皮他們就專用造謠恫嚇播弄手段張網以羅致不知底細的文學靑年給自己造地位作品呢卻並沒有眞是惟以嗡嗡營營爲能事。

如徐懋庸他橫暴到忘其所以竟用『實際解決』來恐嚇我了，則對于別的靑年可想而

知他們自有一夥，狠狠爲好把持着文學界弄得烏煙瘴氣我病俏稍愈還要給以暴露的那麼，中國文藝的前途庶幾有救現在他們在利用『小報』給我損害可見其沒出息。

珂勒惠支的畫集只印了一百本病中裝成不久便取盡賣完了，所以目前無法寄奉。

近日文化生活出版社方謀用銅版複製年內當可出書那時當寄上。

靜農在夏間過滬回家，從此便無消息兄知其近況否？

專此布復即頌

時綏

令夫人令郎均吉

樹 上

九月十五日

图四九　《鲁迅书简》中刊登的鲁迅给冶秋的信

里。从日记的字里行间看出，去信的内容大多是请先生指教诗文写作的，其中可能包括已收入《王冶秋文选》的《无题》和《葬寇前》两首诗；而没有出现在书信集里的几通先生的复信中，起码有一封是谈写作的真实性问题。冶秋在小说集《青城山上》的后记中有这样一段话："记得在运城寄了两篇东西给豫才先生看时，他的回信中说，你的东西真实是真实的，只是真实到记账的程度。"先生这切中要害的直率批评，对冶秋以后的创作有醍醐灌顶之功效。

收入《鲁迅书信集》的两通先生复信，一通是回答冶秋寄给先生《唐代文学史》（图五〇）所附信（1935年11月5日）中关于写文学史的问题。鲁迅说："讲

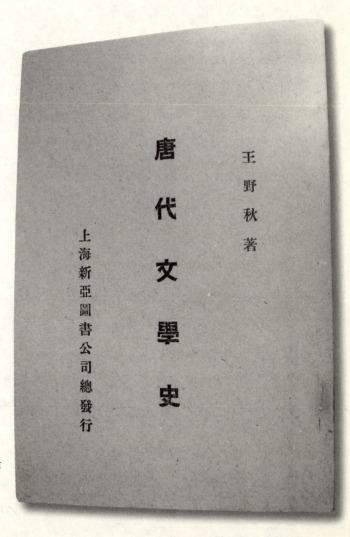

唐代文學史

王野秋 著

上海新亞圖書公司總發行

图五〇　鲁迅保存的冶秋著作
　　　　《唐代文学史》

文学的著作，如果是所谓史的，当然该以时代来区分，'什么是文学'之类，那是文学概论的范围，万不能牵进去，如果连这些也讲，那么，连文法也可讲进去了。史总须以时代为经，一般的文学史，则大抵以文章的形式为纬，不过外国的文学者，作品比较的专，小说家多做小说，戏剧家多做戏剧，不像中国的作家，什么都做一点，所以他们做起文学史来，不至于将一个作者切开。中国的这现象，是过渡时代的现象，我想，做起文学史来，只能看这作者的作品重在那一面，便将他归如那一类，例如小说家也做诗，则以小说为主，而将他的诗不过附带提及。"先生的见解十分精辟，冶秋终生受益。在以后讲史、写史，甚至在"文革"中驳斥"历史要以农民起义打头"的谬论时，他都秉持先生的观点。

另一通复信（1935年11月18日），是缘于冶秋给先生寄去了两篇小说，并请求先生指教写作。先生回答说："指点做法，非我所能。我一向的写东西，却如厨子做菜，做是做的，可是说不出什么手法之类。"这是先生一贯主张的写文章应该"率性而言，凭心立论"的通俗表达。冶秋的写作正是在先生的鼓励、引导和耐心的帮助下，逐渐走向成熟的。

冶秋在1935年下半年曾一度失业，他回忆，先生曾"许多次的寄书，寄信，使我看到一幅极美丽的画图，这画图中是彩绘着一位慈祥的老人，拯救着一个陷落在生活的泥淖中的孩子，是黎明之前，是暮色苍茫的时候呢？冷风飘动着他的发丝，是荒原，是海滨，还是闹市呢？他向着一个不大熟识的孩子，伸出援助的手。——这情景我永远地忘不了，将要随着我葬进坟墓为止"。为了纪念这一时期先生对自己的援助和爱护，从1936年春冶秋开始编辑《鲁迅先生序跋集》（以下简称《序跋集》）。鲁迅先生对这本《序跋集》给予了积极的支持，先生在1936年4月5日夜给冶秋的复信中写到：

> 序跋如果你集起来，我看是有地方出版的；不过有许多篇，只有我有底子，如外国文写的，及给人写了而那书终未出版的之类，将来当添上。至于那篇四六文，是《淑姿的信》的序，初版已卖完，闻已改由联华书店出版，但我未见过新版，你倘无此书，我也可以代补的。
>
> 《文学大系》序的不能翻印是对另印而言，如在《序跋集》里，我看是不成问题的。他们和我订约时，有不另印的话，但当付稿费时，他

们就先不守约。

而在同年5月4日的复信里又写道：

> 五月一日函收到。此集我至少还可以补上五六篇，其中有几篇是没有刊出过的；但我以为译序及奔流后记，可以删去（《展览会小引》，《祝〈涛声〉》，《"论语一年"》等，也不要）。稿挂号寄书店，不致失落；印行处我当探问，想必有人肯印的，但也许他们会要求删去若干篇，因为他们都胆子小。

> 我没有近照，最近就是四五年前的，印来印去的那一张。序文当写一点。

从这通信里可以知道，《序跋集》已经完稿，先生在信中答复了冶秋最后的意见征询，并答应探问印行处及写序，还随信寄去了所说的照片（图五一），照片上的字为鲁迅亲笔。然而到了7月，先生的健康状况已很不好，在11日的复信中说道："冶秋兄：事情真有凑巧的，当你的序跋集稿寄到时，我已经连文章也不能看了，字更不会写。静兄由厦过沪，曾托便中转达，不知提起过否？……现在还不能走动，你的稿子，只好等秋末再说了。"在先生9月15日的最后一封复信中，没有再提书稿的事。一个多月后，先生与世长辞了。

2. 《鲁迅先生序跋集》六十年沉浮记

《序跋集》书稿就此失去了消息，直到1940年冶秋得到景宋（许广平）先生的通信地址，写了信去，才知道景宋先生一直在与书局联系出版的事。1941年秋，景宋先生一连给冶秋写了几封信说，已决定交"文化生活出版社"印行，言及年底或可出版。冶秋在9月又重新写了《后记》寄给景宋先生，在《后记》的结尾，他写道："这书，此次得以印行，不得不感谢景宋先生，她补充了鲁迅先生答应补入的文字，且愿为此书写序，接洽出版，辛勤校稿，我只能于此遥遥致谢，实在是一桩极不安的事。"可是到了年底，书的消息没有来，香港沦陷和景宋先生被捕的消息却来了。从此，这本为纪念先生的《序跋集》便音信全无。这对一直想以此来回报鲁迅先生爱护和帮助的冶秋来说，是一次令他痛心疾首的损失。但他想报答先生关怀的心愿并没有因此稍减。冶秋在1942年出版了《民元前的鲁迅先生》，这本书被

鲁迅　一九三〇年九月

图五一　一九三六年五月，鲁迅为《序跋集》所寄个人照。

李何林先生称为"中国最早的鲁迅早期生活（青少年时代）的'传记'，并开解放后几本大型《鲁迅传》的先声"。冶秋曾打算以此为基础，最终完成《鲁迅传》。他1947年于《知识与生活》杂志发表的《五四时代的鲁迅先生》（图五二），就是向这一目标继续迈进的一步。冶秋后来公务缠身，再无精力和时间写作"巨制"了。然而他为纪念这位文化巨匠与良师益友做点事的行动，却从未停止过。

在冶秋去世十九年后的2006年，奇迹出现了。这年8月初，笔者忽然接到鲁迅博物馆文物资料部于静女士的电话，询问冶秋为《序跋集》写的前两个"后记"是否发表过。我有些奇怪地问："那两个'后记'不是随书稿一起遗失了吗？""没有，我们馆里收藏着一部《序跋集》校样稿。"她平静地说。"什么？你说什么？你说《序跋集》有样稿？"我简直不敢相信自己的耳朵。"是的，该书曾经付排，这是经陆蠡（圣泉）初校的样书。"我迫不及待地跑到博物馆，想亲眼看看这本早已被认为是消失了的作品。于静介绍了这部校样的收藏经过，听了令人感慨万分。它虽然命运多舛，却又得逢贤人，因而得以保存至今。

原来，1946年巴金由渝返沪，在文化生活出版社积存的校样中发现《序跋集》的校样，便拿回家放着。1974年5月初，巴金把它交给人民文学出版社的王仰晨，请其代转给鲁迅博物馆保存。不知什么原因，这本校样又在王仰晨处搁置了二十多年。1998年1月，王仰晨把校样交给鲁迅博物馆副馆长陈漱渝。陈先生收到后即写了说明，转给该馆的文物资料部作为文物收藏。又过了八年，该部的于静在整理资料时发现了这部样书（图五三），于是撰文向世人介绍这部六十多年前已经初校而未能面世的《鲁迅先生序跋集》。于静介绍了样稿的结构："这部样稿共三册，封面原无字，现红色圆珠笔字《鲁迅先生序跋集》为巴金先生后来亲书；书为铅印稿，第一册与第三册均有红色钢笔、蓝色钢笔、铅笔校对过的字迹，显而易见为校对未完成稿。书为白色面线装订，上下边未裁。第一册书前首位《序言》为许广平先生所作，第三册书后末位为王冶秋先生（署汪洋）作后记（一）、（二）、（三）。鲁迅序跋按年代排列，共收有1903～1936年121篇（附录的后记不单独计算），包括译文序跋、著作序跋、古籍序跋、为他人著作作序跋四个部分。"

这部校样稿的出现给予人们许多有益的启示，由此可以知道，许广平先生把出版这部《序跋集》当作实现鲁迅先生一项遗愿的认真负责态度，以及她所付出的

图五二　《五四时代的鲁迅先生》文影

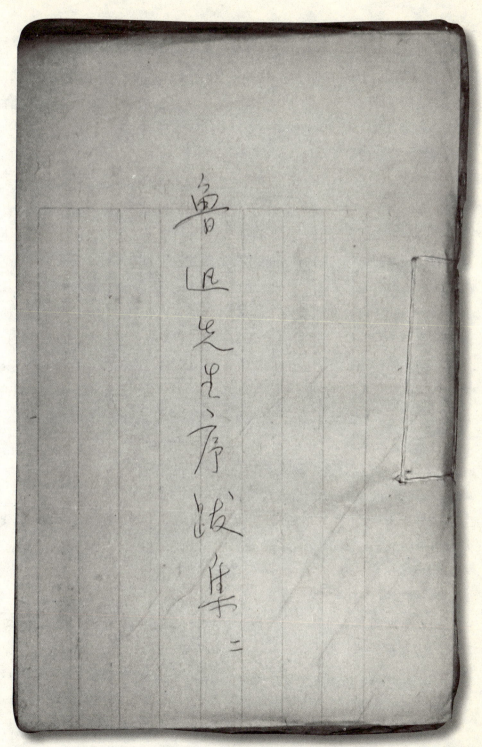

图五三　巴金题字的《鲁迅先生序跋集》校样稿

艰辛劳作。一是她补充了多篇序跋后记，二是代先生写了序，三是联系好了出版的地方。许广平在序言中写道："这百数十篇的序跋后记，经历了好几个人的抄写，设计，而又经过好几次的波折，可见一书之成，亦颇不易。"她又写道："而每一篇序跋即可以概括那书的精要，我们读了这集之后，不但对于许多书有了概括的认识，同时对于鲁迅先生的博学精湛，也随之增加深一层的认识，这是首先应向编者致谢的。"许广平另在《鲁迅全集编校后记》中专门说到，在编辑鲁迅著作时，"借助于王冶秋先生所编之鲁迅序跋文集的稿本者不少"。《序跋集》凝聚了冶秋半年的心血，许先生说，后记里"有他的血的活记录"。至关重要的是，其内容结构、篇目取舍是由鲁迅先生亲自审定的，之后许广平先生又根据鲁迅先生生前的遗愿补充了相应的篇目。这部样稿的出版者陆蠡在抗战中被日寇逮捕后不知下落，多亏巴金先生把它从险遭遗弃的厄运中挽救回来。在给王仰晨的信中，巴金说："我觉得许先生的序是重要的，冶秋同志的两篇后记也很好。"所以，这部校样稿不仅使我们看到了六十多年前许多人引领相盼的《鲁迅先生序跋集》，而且使我们知道了多位文化名人对它的厚爱与付出，开启了认识鲁迅先生的一个新视角，其价值是难以估量的。令人鼓舞的是，北京鲁迅博物馆馆长孙郁先生告诉我，他们正在筹划出版这部延宕了一个甲子的《鲁迅先生序跋集》。

（三）海静得似春江

冶秋自20世纪30年代中期到40年代中期创作了多篇小说，其中前期的代表作是短篇《猫阎王》，后期是《青城山上》（图五四）。

1．张二猫子

冶秋早期的作品因为拘执于"真实"，而流于事实的顺序排列，如鲁迅向他指出的"真实到了记账的程度"。到了30年代后期，情况有了很大的变化，他在人物塑造、心理活动描写和语言运用等方面有了长足的进步，不再使人有读"作文"的感觉，如《夜》（1935年11月）、《笼中记》（1936年5月）、《猫阎王》（1936年7月）和《边城往事》（1937年5月）等短篇小说，特别是那篇《猫阎

图五四　冶秋部分著作书影

王》堪称佳作。

　　冶秋在监狱里遇见一个身份猜不透的囚犯，其笼子外面名牌上写着奇怪的名字"张二猫子"，在注着"盗窃"两字的下面是监狱里生造的一个字"钎"，表示此犯人是戴着脚镣的。冶秋写道："无疑他是个盗窃犯。然而疑问还真多，要是'盗'，他一点那种强盗的风采都没有，强盗们照例进门拱拱手，有时来个罗圈揖，然后王大胆卖膏药式地说道：'哥儿们！多关照！'要说是'贼'吧，小偷们是不会戴着脚镣的，而且小偷们到这来那种嬉笑活泼，有如走姥姥家那种姿态，他一点也没有。"

　　"一张油腻昏黑的脸，鼻、眼虽然长的都是那个地方，而同时又像长得都不合适，又像零乱，又像太紧凑。总之，上帝造他的时候，一定也是正在打盹，所以马马虎虎造出这一幅肮脏平庸的睡相。""他的皮肤似乎被油漆过一样光滑，这里的蚊子、臭虫、跳蚤、虫子、蜈蚣、白蛉，在他的皮肤上像是不起一点作用，从来没有看见他抓一抓他的大腿或胳膊。"

　　这人到底是哪座庙里的"神"呢？一天放风时，冶秋好不容易抢到毛巾和肥皂，正在拭脸时，肥皂却被人一把抢走了，一看是张二猫子。这时，一位据说"能通六国话"的巡长，笑眯眯地走到脸盆前蹲下，冲着张二猫子说：

"吓！少见哪！"

只见张二猫子用毛巾拭了拭眼睛，红眼珠子微微向上一翻：

"哦！哦！你这位老爷贵姓哪？我实在眼生，我是在天桥乘凉，侦缉队的老爷们给抓去了，硬说我是'图财害命'，把这只手砸得这样，这又送到这里，老爷！我实在冤枉死啦，我家里还有八十多岁老娘哇！你行行好，放了我吧！"

"吓！眼生！扒拉皮，骨头烧成灰我都认得你，别他妈装蒜啦！好，猫阎王！北平独一份——他伸出大手指头——连这回你进来三回啦！再不逮住你，北平的猫完蛋啦！

你这份手艺也真不离，一根绳套，一根棍子，臭鱼臭肉就能逮住猫，再鬼的猫遇到你也没个跑！好嘛！猫阎王嘛！绳套套上啦，嗨，是越拉越紧，这份'研究'的精神，真他妈够瞧的！"

啊！张二猫子原来是个偷猫的贼！难怪一进笼子就是睡，那是夜里的活，还有不缺觉的！

"您别说着玩，我真是做小买卖的！"

"'说着玩？''小买卖？'一张大皮卖八角，小的也得卖个四角、五角的，徒弟们卖的也得交你个份，猫阎王嘛。……队上们说，再不逮住你，有一个月，北平的猫就光了！耗子就反了天了！"

巡长越说越来气："好！三民主义啦！（这是北平革命后，洋车夫、警察、小市民常用的一句话）不判你个图财害命还行吗？您想想，吃九辈子斋，才能托生一个猫，您这好，专跟猫'研究'上啦！他妈妈，耗子是你爸爸呀！"

冶秋听了这段对话心里感到异常痛快，古今中外"猫"总是被描写为"维持次序，镇压叛逆"的卫道士，而今猫儿有了这么一个克星。

在回牢房的路上，张二猫子像是对他说，又像是自言自语道：

"他妈的！眼真毒！许他妈的逮人，不许我逮猫吗！"

"他妈的孩子、老娘要吃饭哪！"

"有'家当'！有家当谁干这个！三更半夜的！"

精彩至极，短短数言道出了社会的根本矛盾所在。冶秋在结尾有一段"梦"中的幻觉描写，实为绝妙之笔，或可引为经典：

"忽然，天微明了，我看见他赶着无数的猫，有如牧童放着他的羊阵。正在这个时候，一队查夜的警察过来了。

"抓住！抓住！不是好东西！"

"我是放羊的！我是放羊的！"

"放羊的怎么赶着猫哇！走！带他走！"

……

好一句"有如牧童放着他的羊阵"，使我们仿佛看到一幅美轮美奂的图画；而"我是放羊的！我是放羊的！"又是多么无助的申辩！

我在想，如果美国百老汇《猫》剧中的猫们，遇见了这位北平的"张二猫子"，会生发出什么故事呢？我又进一步想，或许会有个慧眼识珠的人，能以《猫阎王》为脚本，演绎出别具一格的、中国土味的"猫剧"来，也未可知，我真诚地期待着。

2．《青城山上》

20世纪40年代初，冶秋先后在报刊上发表了几篇小说，其中《她》（1940年12月16日）、《青城山上》（1942年12月）和《走出尼庵》（1943年3月5日）等三篇，1944年9月由商务印书馆结集《青城山上》出版（图五五），这本集子奠定了他的"作家"地位。当时，吴组缃曾有一篇《人名诗》，其中一段是这样写的：

城望

蒲城王冶秋　郭沫若洪流　碧野张天翼　胡风陈北鸥

这时冶秋的写作，已经能够自由地贯彻"率性而言，凭心立论，忠于现世，望彼将来"了，尤其是那篇《青城山上》深受读者欢迎。2005年10月我在南京拜访原南京博物院副院长宋伯胤先生时（图五六），宋老说，1943年曾自编了一本《新国文》，其中选的有冰心、朱自清、臧克家和关露等人的诗文名篇，还有一篇是取自《东方杂志》的《青城山上》，作者是"冶秋"。当时并不知道"冶秋"是何许人，只是觉得文章写得情致淡泊，隽永有味，特别是在用字造句，写人的内心世界和山山水水的知人解意方面，会对学生启发良多。宋老还说，前几年到台湾访问，

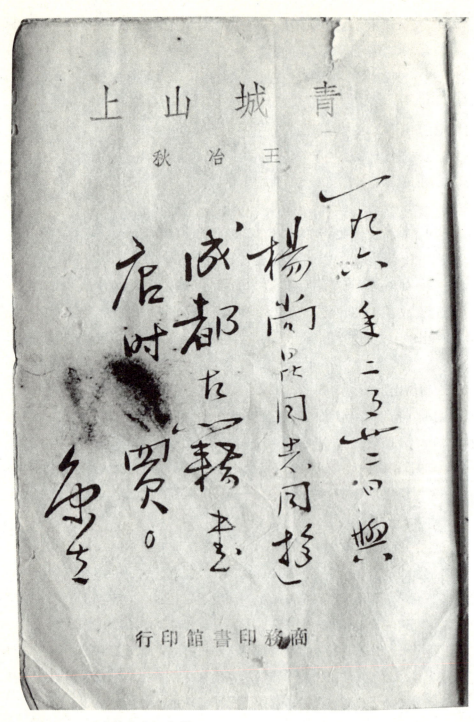

图五五 《青城山上》书影

图五六　2005年10月访宋伯胤

遇见一位在重庆教过的学生，拉着宋老的手说："老师，还记得你教过的一首诗吗？我背给你听：

　　　　　　'海静得似春江，

　　　帆船却像载着无限的凄凉，

　　　　　不要讲话吧，

　　　静静的想，

　　　　　默默的注视着那春江。'"

这就是《青城山上》中的一首小诗，却成了他们师生数十年天海相隔念想的纽带。

听完宋老动情的话，我突然间意识到，冶秋六十年前写的《青城山上》还有这么多的"粉丝（Fans）"。此前我在河南拜访一位文物界前辈贾峨先生时（图五七），他也曾对我讲过，1945年还是一个学生时，买了一本短篇小说集，如饥似渴一口气读完其中两篇，就是冶秋创作的《青城山上》和《走出尼庵》。贾老说，对作品中表现出的爱国思想、艺术感染力和写作技巧由衷敬佩。我回想到在北京时，也曾从不同人群那里，听到过类似的谈话。有的人说，解放前我就一直在找那个写《青城山上》的冶秋，却不知道原来就是令尊。这些发自内心的话，说明《青城山上》对40年代的青年曾有过广泛影响。

《青城山上》女主人公"鹰"的原型，在前一章已经提到，是冶秋在山东省立烟台中学教过的一个学生。1942年8月，冯玉祥将军邀请老舍同游青城山，冶秋一同前往。时隔月余，老舍曾有《青蓉行》一文记叙这段愉快的旅游。而冶秋却经历了一次奇遇。

一天，他正在大殿前椅子上闲坐，看着院里有许多滑竿放下来，有三个男的伴着三个女性向殿上走来，其中有一个年轻一些梳着长辫子的，引起冶秋的注意，似

图五七　2005年9月访贾峨

乎在哪儿见过她；"她"呢，似乎对一切都感到新鲜，明眸四望，突然，两人的目光交汇了。冶秋几乎站了起来，他已肯定是见过她的，可是却怎么也记不起时间、地点和名字；她呢，皱一皱眉头，笑着，好像是打招呼，然后这三男三女说笑着进殿去了。

晚饭后，有知更鸟伴奏的山中月色真是如诗如画。冶秋在廊子上散步，有一位白色胡须的火工道人递给他一方手帕，说是那边一位女先生要转交的。冶秋在手帕上读到这样的句子：

秋师！

该是你吧？我想你也会记得我的，刘公岛上的'鹰'，等一等，我就来，……没有纸……

"我好像得了一把钥匙，把记忆的门打开了。这能是那个孩子吗？"冶秋写道。

由此，时空一下转换到六年前，烟台毓璜顶下的省立烟台中学，转到那个十七八岁、聪慧好学的女生身上了。为了秋师曾答应假期去威海看她，最后却爽约，她给秋师写了这样一封信：

秋师，……我为你擦干净每一块玻璃，洗净了每一块台布，换上了新的床单；我把我心爱的书都放在桌头的书架上，墨水、稿纸、信笺，……总之，这房间里的每一件东西，都是我亲自布置的，亲自安排的。我天天在屋里坐着（虽然这本来是我的住室），拿起一本书来，我也轻轻地唤着你的名字："这是秋师高兴看的一本书吧？"拿起一叠稿纸来："这是秋师高兴用的吧？"

母亲有时走过来，……说是对你的印象好得很……

其实，母亲是误会我的意思了。我想误会的还不止她一人。在我，我只是敬X着先生，而丝毫没有XX先生的心。我曾经在你的案头，看见一张照片，那就是师母同弟妹吧？我一样的爱着他们，而且我以为他们也同样爱着我。我最高的希望，是您永远作我的师长，因为我是像白纸一样的孩子，父亲总不回来，母亲是溺爱我，从前我就是这样舒适地过着所谓"小姐"生活，自从遇到先生后，我才晓得这样生活下去的可怕，——吃饱了玩，玩够了，又吃，糊里糊涂的生，又糊里糊涂的死。这不是猪一样的生活吗？我每一想起，就厌恶得要死。先生！我敬X的先生，挽救一个人的沉沦，在您，还要有什么选择吗？这次的盼着你来，也就是想着可以听到您在课堂上以及您的屋子里所不能说的话。我企望着的，几天来时时刻刻企望着您的，不就是这点孩子似的痴想吗？……然而，你吝啬着这点给予，当我知道希望已经破灭的时候，我就索性糟踏自己吧。

　　先生！近两天我的生活，完全在烦躁，作践中度过去了。差不多整夜的在表兄弟他们那里胡混，我不能有一时容我静想。……

　　秋师！我觉得你是冷酷的，比海水还要冷；你是否厌恶我的生活，而在我从来没有过的，烈火一样的心情正在燃烧的时候，你一点也不……，便浇上一瓢冷水呢？我觉得你太残酷了。……

冶秋寄出了复信，他后悔不应该让她这样失望，他想有一个解释的机会。十多天过去了，信又退了回来，看来她是搬到青岛去了，从此便失却了消息。

知更鸟又辛勤地叫了起来，冶秋回到了现实。随着一阵月桂清香飘来，一个人影跑了过来，他们六年后重逢了，她高大了许多，已出落成一个亭亭玉立的女子了。她向他讲述了别后的经历和现在的生活："你大约已经看见，那个肥猪一样的人，是我的姐夫，那一个小流氓，就是他的弟弟，他们跑汽车，卖五金材料，带私货，囤粮食……没有一样不干的。那个小流氓在重庆就囤积了一万双胶鞋、一万双皮鞋，他像狗一样地追着我，骂他，也是那个样子；不理他，也是那个样子。我再也没有心情上学了，就住在这样人家里，我已经死了，先生，你不要以为我还活着，我能跟他们一块打牌，看戏，吃馆子，你说我还是活着吗？"他安慰她，鼓励她重新站起来："鹰！为了死去的，为了活着的，为了无数境遇不同，可是苦痛的人，你应该还像以前痛痛快快地，好好地活下去。……"接着就劝她复学，脱离开现在这样可怕的，比死还可怕的环境。她都答应了。

五天后，秋师到成都，陪着"鹰"去医学院办好了复学手续。回到重庆不久，他接到她的航空快信：

　　秋师：

平安地到了吧？我时刻在为你祝福。

我已经搬到学校来了，明天注册，后天便可上课。许多地方，使我流泪，可是一想到那群人，那几个月的生活，我无论如何不会再走近他们一步了，那真是腐烂了臭得腥臭的人群。

秋！请你放心，既然听了你的话，在我的一面，就不会使你失望或伤心的，我还有再忍受一次的力量，为了你，再试这最后的一次吧。

迈着这样的脚步，痛苦可又是流着眼泪的欢欣。……

只剩下这一点奢望了，祈求着你：

分给我些温暖，分给我些热——那怕是一点点也是好的。……

《青城山上》最初发表在胡愈之先生主编的《东方杂志》上，反响热烈。在抗战处于艰苦阶段的时候，"鹰"毅然地与那个发国难财的腐烂圈子决裂，重新站起来走向新的生活，无疑是对青年人的无言启示。我们现在重读这篇作品，仍能感受到那强烈的青春激荡。

（四）笔耕不辍

1. 业余作家

解放初期，冶秋在参加完第一次全国文代会后，中国作家协会曾寄会员表给冶秋，要他填表加入作协，他没有填写。什么原因呢？在他写的一篇材料中写道："解放后才知道，周扬部长就是三十年代被鲁迅骂过的周起应，此后便一直采取敬而远之的态度。"那时周扬还兼着作协书记，冶秋怕周扬整自己，就放弃了参加作协的机会。但是他从来没有放弃写作。因为，他是那些一起抛头颅、洒热血的"建塔者"中的幸存者。现在，新中国这座"塔"已经矗立起来，有太多的感触，太多的新生事物，激发着他的创作热情。他也像郑振铎先生那样"笔不停挥手不闲"。自20世纪50年代到1979年12月22日最后一篇散文《一枚小石子》，冶秋共写了百篇以上的回忆录、游记、考证文章和诗歌等，分别在《文物参考资料》《文物》《考古》《人民日报》副刊、《旅行家》等报刊上发表，大部分已分别收集在《大地新游》《狱中琐记及其它》《王冶秋文博文集》等书中，其中不乏佳作，有的诗文被

图五八　苏三监狱虎头牢，2005年9月摄。

图五九　《访洪洞"苏三监狱"》诗的碑刻，2005年9月摄。

广泛引用。例如，2005年9月我到洪洞县访问"苏三监狱"博物馆，该县文物局长董爱民先生与该馆馆长向我介绍说，1961年老局长来此考察，写下一首诗《访洪洞"苏三监狱"》：

> 虎头牢里羁红装，一曲搅翻臭水浆。
>
> 王三公子今何在？此地空余丈八墙。

董先生说：这首诗给我们带来了荣耀，洪洞县博物馆在全省讲解员比赛会上拿了第一，讲解词就是用这首诗作的结尾。现在，此诗已制成碑刻，置放在"虎头牢"（图五八）前院子里的"丈八墙"下（图五九）。

1961年8月，冶秋随范文澜、翦伯赞为首的历史学家访问团赴内蒙古访问。这是一次十分愉快的旅行，沿途随时可以听到这些大学问家们引经据典的宏论，他们博大精深的学术素养令冶秋折服。《人民日报》副刊上曾发表过冶秋与范文澜在包头赵长城畔的合影（图六〇）及题诗《题包头赵长城与范老合影（并有小记）》：

图六〇 冶秋与范文澜在赵长城畔的合影，一九六一年八月。

跟跄垢面出牢门，今日长城留笑痕。

数度欣逢非易事，回看"难友"几人存？

这两位经过三十多年风风雨雨的师友，笑得是那么灿烂；而诗及小记道出的纯真友情，也着实感人心扉。

在这次内蒙古之旅结束不久，冶秋进行了一次晋南文物考察游，历时月余，留有佳作多篇。1961年11月初开始，第一站是侯马，在这里考察了曲沃古城遗迹。根据乾隆年间曲沃知县张坊考证，这里是"晋成侯所徙之都，桓叔所封之国也"。冶秋认为："他所考证的"沃国"，同现在地面的考查以及探测的情况是很为符合的。很可能就是公元前七百多年的'沃国'遗址。"冶秋十分推崇张坊，认为其修刻的县志"不是东抄西袭，人云亦云。这位张坊不但自己作了许多考证文章，如《晋综》《曲沃征》《新田征》等，而且录入了别人论证的文章，如《曲沃辩》（李延宝）。并且把有关曲沃的历史资料都辑录出来，很便于参考"。之后冶秋到新绛，目的是去看"碧落碑"，却不料意外地看到一座花园遗址。"碧落碑"是一块唐高宗时期的篆书碑刻，据说唐代篆书大家李阳冰看到这块碑，徘徊不忍离去。看完碑刻进入后院，"亭台有致，池沼清凉，园池的规模还依稀可见。……北面有一座高台，可以登临远望，也可以俯首近观。我们上去一看，西北是姑射山雄峙，东南面有汾河浍河环绕，城中房屋栉比，好一座繁华的城市。这就是古绛州的所在。在这山川城市之间，有这么一处园池点缀，设计是很好的"。冶秋此次晋南访古后，在《人民日报》副刊上发表了一篇文章《拨开"涩"雾看园池》，引来一阵对这个隋代花园遗址的稽考热。冶秋在文中说道，这座园池"从唐代起就弥漫着一片'涩'雾，弄来弄去，几乎把它埋没了。可是也正因为有这片'涩'雾，倒还保留着这座园林的最早史料"。原来，这个园池的开创者是隋文帝开皇十六年（公元596年）时做临汾县令的梁轨，当地人曾立碑纪念，但碑上有姓无名。直到二百多年后，唐穆宗长庆三年（公元823年），绛州刺史樊宗师作了一篇《绛守居园池记》，对水和池的缘起作了考证，才将这园池的初创人梁轨的名字写出来。樊宗师是韩愈的老朋友，作文不肯用前人一言一句，皆要独造，"所以他的文体，在当时就号称'涩'体。有向韩学'奇'，向樊学'涩'的说法"。樊宗师的《绛守居园池记》一共777个字，"不知历代花费了多少好奇人的心血为它句读，为它注释，结果还是不能全部通读了解"。其文字之"涩"由此可见一斑。冶秋在文中记述了此园池的演变。今天，园内亭台已修茸一新，成为旅游景点（图六一、六二）。

接着，冶秋一行翻过中条山来到芮城永乐宫新址（图六三）。他对永乐宫营建的时间作了考证，提出与徐苹芳不同的结论；他讴歌了完成永乐宫整体拆迁和壁画揭取壮举的人们，写了《神宫变异记》。随后他又访问了蒲州（图六四），看了因《西厢记》闻名的普救寺。一千多年前，蒲州是异常繁盛的，有歌谣道："一巷三阁老，对门九尚书。站在鼓楼往南看，二十四家翰林院。"冶秋写道："这里又是当时河南、山西去唐代京城——长安的大道，普救寺就在蒲州城东约六里，赶考的士子住在蒲州，到这里玩耍或者寄居在这里是完全可能的。至少元微之是到这里来过，他的《莺莺传》正是以此处为背景写出的。……从这一篇著名的传奇——《莺莺传》，又演成《西厢记》杂剧，一直流传到现在。"最后，冶秋来到洪洞县，看了保存"赵城藏"的广胜上寺和明代"苏三监狱"，写下了那首脍炙人口的诗《访洪洞"苏三监狱"》。

此外他还有《丽江行》《大理访古记》《大理漫记》《东游琐记》和《东游记忆新》等游记、散文见于报刊。

2．《琉璃厂史话》

这本书是冶秋在解放后所写的引起广泛关注和常被引用的作品。琉璃厂是冶秋再熟悉不过的地方了，20世纪20年代末他就到这里来看书，一生中除了"文革"中关牛棚与病倒后没来外，从未间断过。他参加1930年的"八一"示威，被侦缉队抓捕后的唯一供词，就是"去琉璃厂买书"。说是买书，其实是个借口，在解放前常常因为"囊中羞涩"而"有所不为"；解放后他确实常去买书，中国书店的雷梦水先生还常骑车到黄化门39号，将他想买的书用一块蓝布包着，夹在车后架子上送来。

他由于爱书而"爱屋及乌"，爱这已存在几百年的文化街市。他知道在乾隆、嘉庆的所谓"承平盛世"时期，特别是"四库开馆"，学人群集京师时，这里的书铺、古董等业曾得到巨大发展；他更知道，民国初年到20年代，著名学者钱玄同、刘半农、马隅卿等人，每到旧年初五，多以厂甸书摊为"安身立命"之所，鲁迅也

图六一　新绛隋代花园，2005年摄。

图六二　绛守居园池，2005年摄。

图六三　永乐宫中吕洞宾的百字碑，2005年摄。

图六四　蒲津渡牵拉渡桥的铁牛，2005年摄。

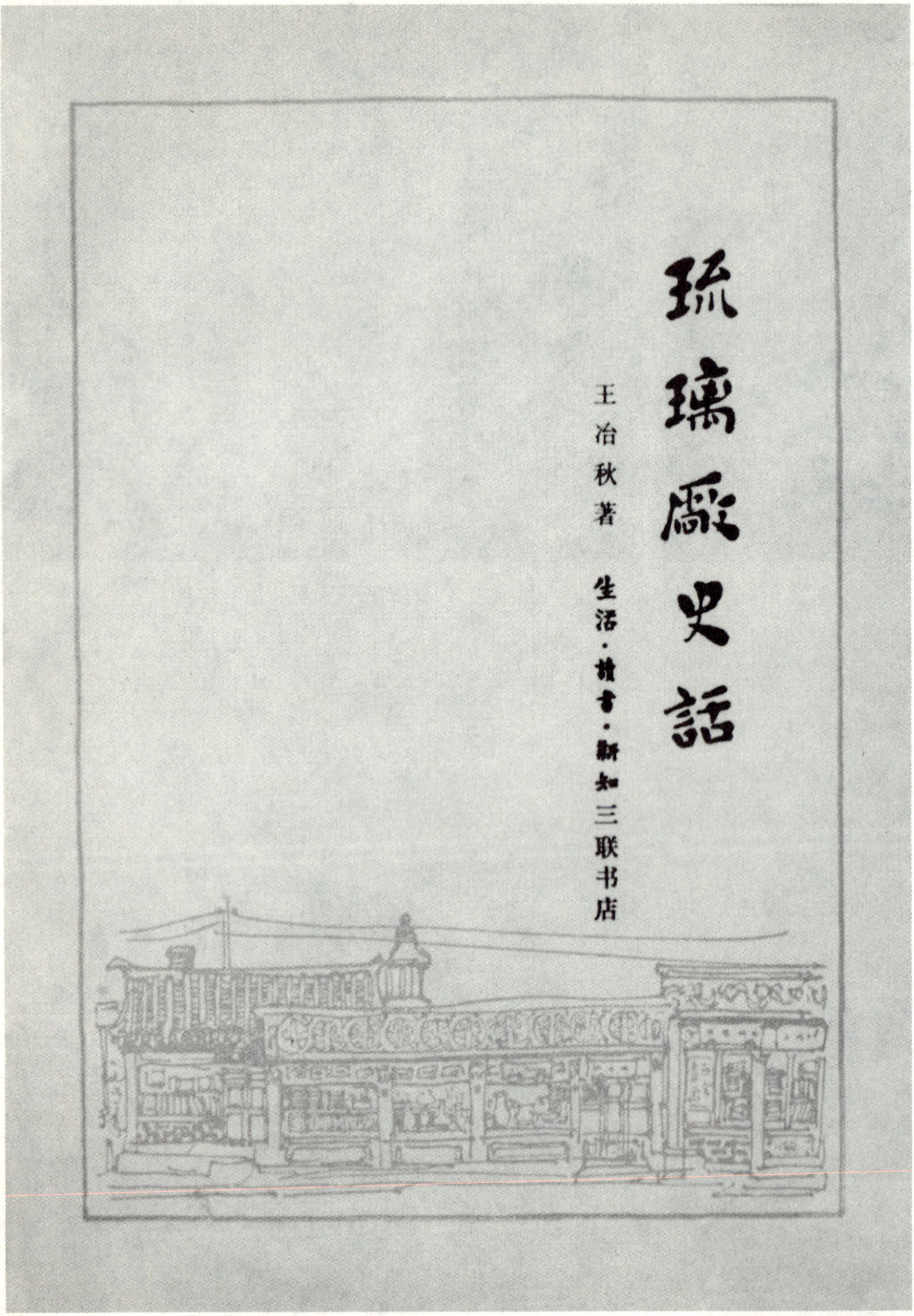

琉璃厂史话

王冶秋 著

生活·读书·新知 三联书店

图六五　《琉璃厂史话》书影

是这里的常客，《鲁迅日记》中就记载有每年在厂肆购书及文物、碑帖的账目；作为文博事业的一个领导者，他很清楚，自1900年八国联军攻陷北京到解放前，这里曾是帝国主义掠夺中国文物的一个中心；解放后，经过脱胎换骨的改造，琉璃厂已成为享誉中外的旅游文化街市了。因此，他对琉璃厂的缘起、变迁和人文贡献产生了兴趣和写作的冲动，开始积累素材。

于是，由常三爷等几位热心朋友帮助搜借书籍和提供线索，在1961年元旦后，冶秋利用二十多个夜晚，写了《北京琉璃厂史话杂缀》一文，用"老外"的笔名在《文物参考资料》上发表，意在抛砖引玉。文章发排后，冶秋听说前年故去的琉璃厂通学斋孙殿起先生有部关于琉璃厂的稿子，就找到其外甥雷梦水，看到了这位"琉璃厂圣人"所辑的《琉璃厂小志》书稿，共有十巨册。冶秋认为这是一部十分有用的资料总汇，遂鼓励雷梦水进一步整理，自己代为联系出版社，后由北京出版社于1962年出版。在确定该书即将问世后，冶秋才参考和引用该书的一些素材，在1961年发表的文章基础上作了增补和修订，写成《琉璃厂史话》，1962年由三联书店出版（图六五）。《琉璃厂小志》和《琉璃厂史话》这两本书，对恢复和发展琉璃厂文化街市起了重要作用，也成为了解琉璃厂历史沿革的基本参考资料。

3. 暮年之作

周总理逝世对冶秋的打击是难以用语言形容的（图六六）。他变得沉默寡言，常常陷入沉思之中。对总理深深的怀念使他又提起了笔。但这时他的写作状态与60年代初的创作高峰期是无法相比的。那时他才思敏捷，文如泉涌，每到一地必有新作。现在，他感到文思已经枯竭，剩下的只有对最为怀念的人的追思了。他写了《难忘的记忆》《版画〈富士山之绘〉——难忘的记忆》《台湾厅》等三篇怀念总理的文章，以及《一枚小石子——忆中岛健藏先生》回忆与中岛健藏先生交往中的点滴趣事。

1975年9月的一天，总理秘书到红霞公寓向冶秋转述总理的一件托付："总理说：请你告诉上海的辞海编辑部，辞海上若有杨度辞目时，要把他最后加入共产党的事写上。"秘书补充说："当年袁世凯称帝时，'筹安会六君子'的第一名扬

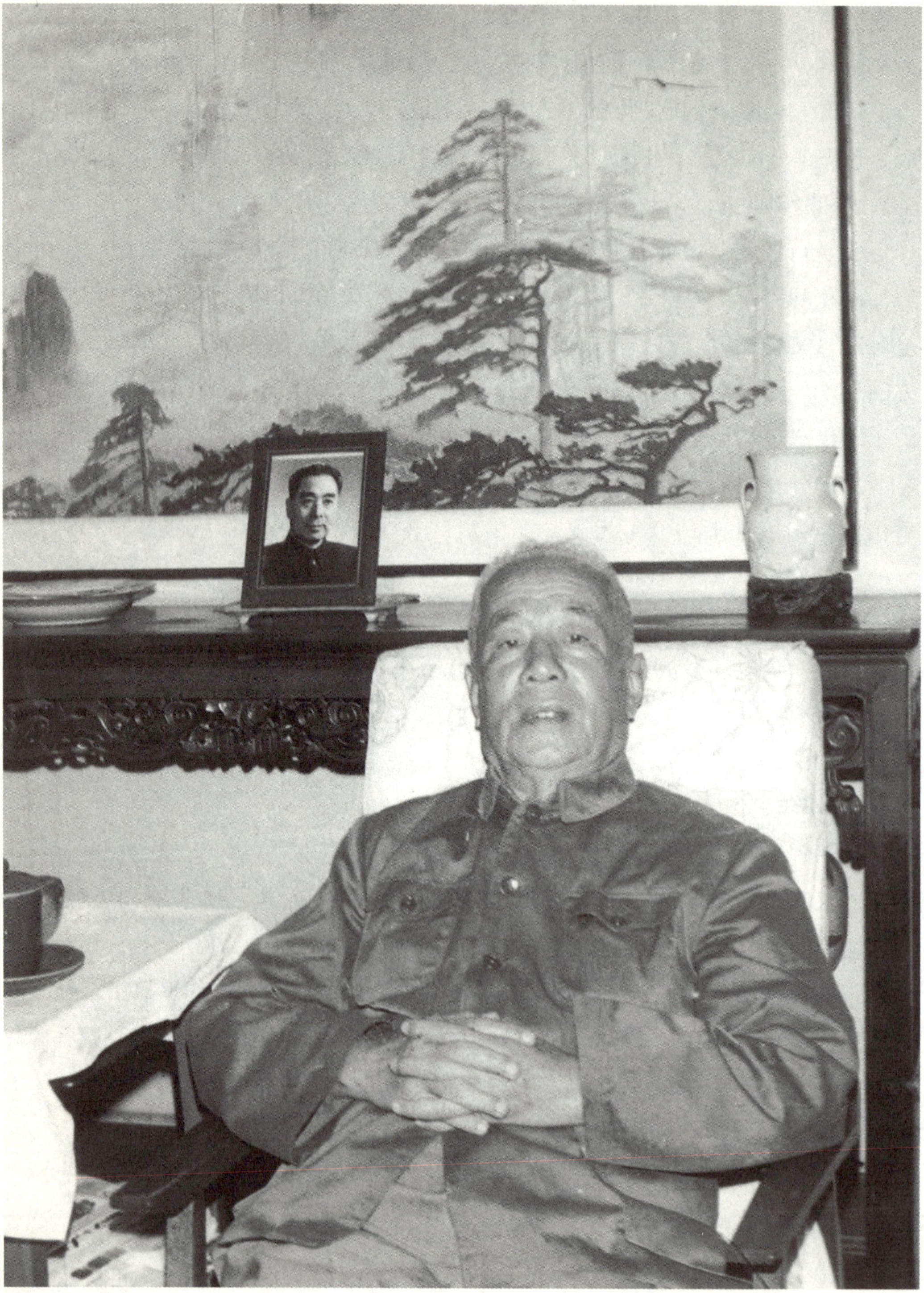

图六六　周总理逝世后的冶秋

度，最后参加了共产党，是由总理介绍并直接领导的。"冶秋听了既感动又新奇，总理总是不忘提醒周围的人"我们是幸存者"，对凡是为革命做过一些好事的人，我们都不要忘记。冶秋把总理这一最后的嘱托告诉金冲及通知有关方面。历史上，就是由于这位杨度的积极劝进，才演出了一场袁世凯称帝的闹剧，杨度遂成为民国早年臭名远扬之人。然而在风云剧烈变化的时代，敌友换位的事时有发生。1927年，就在共产党人惨遭血腥屠杀的恐怖年代里，杨度由总理介绍毅然地加入了中国共产党，以毁家纾难的精神为党工作。冶秋在《难忘的记忆》一文中记述了这件总理最后的托付。

　　1974年11月间，正是"四人帮"阴险地恶毒攻击总理的时候，冶秋十分挂念病重的总理，他一直在想怎样才能使总理稍得宽慰呢？他想到总理青年时代曾在日本住过，便在探望总理时，将一幅日本版画《富士山之绘》带给总理欣赏，想让总理看看画以引起年轻时的回忆，总比听那些无耻的狗叫好得多。过了一些时候，总理派人将画送回来，并附总理亲笔信，信是用铅笔写的：

　　冶秋同志：

　　　　谢谢你的好意。日本版画已欣赏多次，今晚得到池田大作送我另一副画，现将你得到的赠品送回。

　　　　我仍在治疗中，情况尚好，请释念。

　　　　　　　　周恩来

　　　　　　　　一九七四、一二、五。

　　冶秋在《版画〈富士山之绘〉——难忘的记忆》（图六七）一文中记述了这段感人的革命情谊。总理回信中所说"谢谢你的好意"，表明总理充分理解冶秋的用心和对自己健康的牵挂之情。而这幅总理"欣赏多次"的版画，又是中日人民友谊的见证。原来，1973年"中华人民共和国出土文物展览"在日本东京展出时，冶秋再次拜访了他的良师益友原田淑人先生。1929年冶秋在北大二院曾旁听过原田先生的课，这是他们第二次在日本见面。冶秋送给原田先生一本中国青铜器图录，老人一面仔细观看图样，一面一丝不苟地问着青铜器的问题，那种专注、那种对中国文物的热爱之情令冶秋十分感动。临别时，原田先生将一幅版画《富士山之绘》送给冶秋。回国后，这幅版画就一直挂在冶秋房间的墙上。每当他抬头望着这幅画

人民日报

版画《富士山之绘》

——难忘的记忆

王冶秋

一九六三年，我第一次到日本举办文物展览会，见到了日本考古界元老原田淑人先生。他来到迎送没有布置完的展览厅，观察每件文物，都细致入微。那时中日还未建交，我们从旅馆一上车，就有警视厅的人保卫着，人挺乱，可是原田淑人先生来了，很高兴地看展览。展览厅在一个百货大楼上，人很乱。当我说一九二五年左右在北京大学二院听过他讲考古学的时候，他回忆在中国的往事，微微地笑着。问起我是不是北大学生，我说不是，那是蔡元培先生的德政，不是北大学生，也可以到北大旁听每个教授的讲课，毫不加以限制。连外国学者来讲学也不例外。从此以后，我同原田先生就成了良师益友的关系。那时他已经退休(在一所私立女子大学教课。我每次去日本，他总是我先要拜访的一位。一九七三年在日本举办铜器展览时，我又去拜访他，他这时已不良于行，只能在家里坐在手推车里见客了。我去见了他，还送了他一本图录，他一面仔细观看着图样，一面一丝不苟地问着一些铜器，那种热爱中国、热爱中国文物的情景，令人感动。临走时，他特别让人取来一幅版画《富士山之绘》。美丽的富士山，山下绿树成荫，一条碧绿的河流，看了令人心爽。回来以后，一直挂在我的墙上，每次看到它，都引起一些美好的回忆。

一九七四年十一月间，周总理病重的时候，我想到他青年时代在日本住过，把这幅画送给总理在病中看看。总比听那些无耻的狗叫好得多了。这时正是"四人帮"极其阴险地恶毒攻击总理的时候，我送去后，过了一些时候，总理亲自用铅笔写的信，是总理嘱人把画送回，并附一封信：

冶秋同志：

谢谢你的好意。日本版画已欣赏多次，今晚将到池田大作送我另一副画，现将你得到的赠品退回。

我仍在治疗中，情况尚好，请释念。

周恩来

一九七四、十二、五。

我又把这幅画挂在原来的地方。总理逝世以后，我很想写写高短文纪念这件事，但是苦于不知道版画作者的情况。今年三月到日本去，想请日本文化交流协会同一间原田老先生的儿子，知道不知道画的作者，谁知原田正已先生竟然到旅馆来看我，写了详细的情况，并送了我这位作者另外一幅画，也是刻的富士山。他知道我把这幅铜画送给周总理亲手刻过，十分感慨与欣赏。他现在是早稻田大学中国哲学教授。看了他写的说明，我知道画的作者是川瀬巴水、铃木清方的弟子，伊东深水的同年，江户版画流派中比较著名的版画家。一九四五年死去。

版画题目，也可译为："富岳图"（富士山之绘）。原田老先生已去世了，我上次去看望井上靖先生，他同我说，你去原田老先生最后见面的一个中国人了。

现在我得知版画作者，但是送画的人与一位特别的看画人都逝世了，令人不胜悲伤。看着画面上的苍翠山色河流，让人感到中日人民之间的友谊正象这河流，万古常青。富士山也是永存的。昆仑山也是永存的。

富士山之绘（版画）　川瀬巴水

（周恩来手迹）

冶秋同志：

谢谢你的好意。日本版画已欣赏多次，今晚将到池田大作送我一副画，现将你得到的这幅画送回。我仍在治疗中，情况尚好，请释念。

周恩来

一九七四、十二、五。

时，那美丽的富士山，山下绿树成荫，一条碧绿的河流，总让他心旷神怡，引起一些美好的回忆。后来原田先生之子原田正己告诉冶秋，版画的作者是川濑巴水，江户版画流派中比较著名的版画家。冶秋在回忆文中感慨地写道："现在我得知版画作者，但是送画的人与一位特别的看画人都逝世了，令人不胜悲伤。富士山是永存的，昆仑山也是永存的，看着画面上的苍翠山色河流，让人感到中日人民之间的友谊正像这河流，万古常青！"

《台湾厅》记叙的是关于周总理的一段愉快的回忆。1972年在总理的运筹下，中国外交取得历史性的突破。美国总统尼克松访华在世界范围内产生的"冲击波"，对日本政坛的震撼尤为巨大。日本各政党纷纷派团到中国就恢复中日邦交问题拜会总理，总理曾经为此两天三夜未眠。就在尼克松访华后，总理交给冶秋一项紧急任务，在人民大会堂布置一个台湾厅，这是因为在与美国和日本进行建交谈判时，都会涉及台湾是中国不可分割的领土问题。可是，人民大会堂里具有各省风格的省厅都有，唯独没有台湾厅，这显然与我们的主权宣示不符。冶秋接受任务后找来王天木、陈大章进行设计，并与林丽韫及机关事务管理局的同志们一道，把东门厅两侧的房子布置成台湾厅。在中日建交达成协议签字后，冶秋写道："他（周总理）很高兴地向东大厅走来，走进台湾厅，把刻在郑成功漆画大屏风后面的台湾历史简介，从头到尾看了一遍，然后说：这个介绍很好；又看到郑成功画像的摹本，我说这是郑家第多少代后人捐献的，是最接近真像的。他说这个好。这张郑成功像画的正是收复台湾的景象。然后三间房子都走了一遍，就对林丽韫同志说：'这个台湾厅很好，你是台湾人，就当台湾厅厅长吧！'然后非常愉快地离去。"接着又写道："那一天，总理特别高兴，他是为中日两国人民几千年的交往又得以恢复而高兴。但遗憾的是，总理生前没能看到中日友好和平条约签订。"

冶秋生前写的最后一篇文章，是悼念日本友人中岛健藏先生的《一枚小石子》（图六八、六九），这篇千把字的短文竟然写了几个月。他写道："最近有人从东京回来，告诉我说：中岛健藏先生病危的时候，一直要拿着你送给他的一枚石子，后来手也不能握住了。他的夫人就把这枚石子用布包着，捆在他的手上，直到他停止呼吸的时候。遗体火化时这枚石子裂成白色的两块，一块保存在日中文化交流协会，一块同中岛健藏先生的骨灰放在一起。"冶秋在文中并没有写他和中岛先生一起如何开创

图六八　1974年10月5日，冶秋与中岛健藏夫妇在故宫合影。

图六九　与中岛健藏夫妇观看古代佚籍，1974年10月5日。

图七〇　冶秋与中岛先生的最后一面，1979年3月。

中日两国文化交流新局面的"伟绩"，只是回味他们之间的愉快交谈，中岛先生的爱酒及乡情（图七〇）；他佩服中岛先生的博学多识，并举例说明，中岛先生是因为凡事追根究底，所以"懂得很多，也很深"。冶秋最后写道："暂时就这么一点吧，病好了再写。愿他长眠在安稳的地方。"之后他自己病情加重，"再写"成了未能实现的愿望，而冶秋于中日文化交流的功绩将与"石"长存（图七一）。

图七一 一九六三年十月三日，冶秋登箱根山顶远眺富士山。

五 八年统战与情报生涯

冶秋自1939年底到1946年秋这七年间，作为冯玉祥先生的国文教员和秘书一直在冯将军身边工作，是周恩来、董必武领导的隐蔽战线之一员，从事对国民党高级军政人员的统战与情报工作。在1946年9月冯先生赴美考察前，冶秋为张克侠将军在南京秘密会见周恩来副主席作了安排。在送走冯玉祥将军后，冶秋北上北平，以国民党第十一战区长官司令部少将参议的身份，作为中央社会部直接领导下的一个情报小组成员，继续从事隐蔽战线工作。

（一）先生、好友、同志

重庆金刚坡的山脚下，有一排用竹竿和芭蕉叶搭建的十多间简易房子，这就是冯玉祥将军在1939～1943年间所请的文化人工作与休息的地方，俗称"先生馆"。常住这里的有五六人，如教英文的董志城，教数学的武纡生，山东大学教授钱中继，冶秋也在其中。教员生活清苦，月薪百元左右。冶秋住到"先生馆"已是1940年初。他针对冯先生的具体情况，提交了一份中国文学史的讲授提纲，内容涵盖诗经、楚辞、汉代的赋与乐府（附南北朝乐府歌辞）、三国六朝的诗、唐代文学（附五代词人）、宋代文学、元代文学、明代诗文和清代文学；关于现代文学，主要是讲"五四"以降的新文学运动，重点讲鲁迅及其作品。这些对于已有十年执教经验的冶秋来说，可以说驾轻就熟，游刃有余。这份六十多年前的提纲既通俗易懂，又结构严谨，梳理剖析言简意赅，他在文学史方面的功力由此可见一斑（图七二），例如：

唐代文学

1．"初唐四杰"

王勃、杨炯、卢照邻、骆宾王，诗文均脱离不了六朝之骈偶绮丽气。

2．"燕许大手笔"燕是指张说（封燕国公），许是指苏颋（封许国公），为文浑茂壮伟，惟仍有骈丽藻饰的句子。

3．陈子昂的复古运动

志欲"夺魏晋之风骨，变齐梁之俳优"。

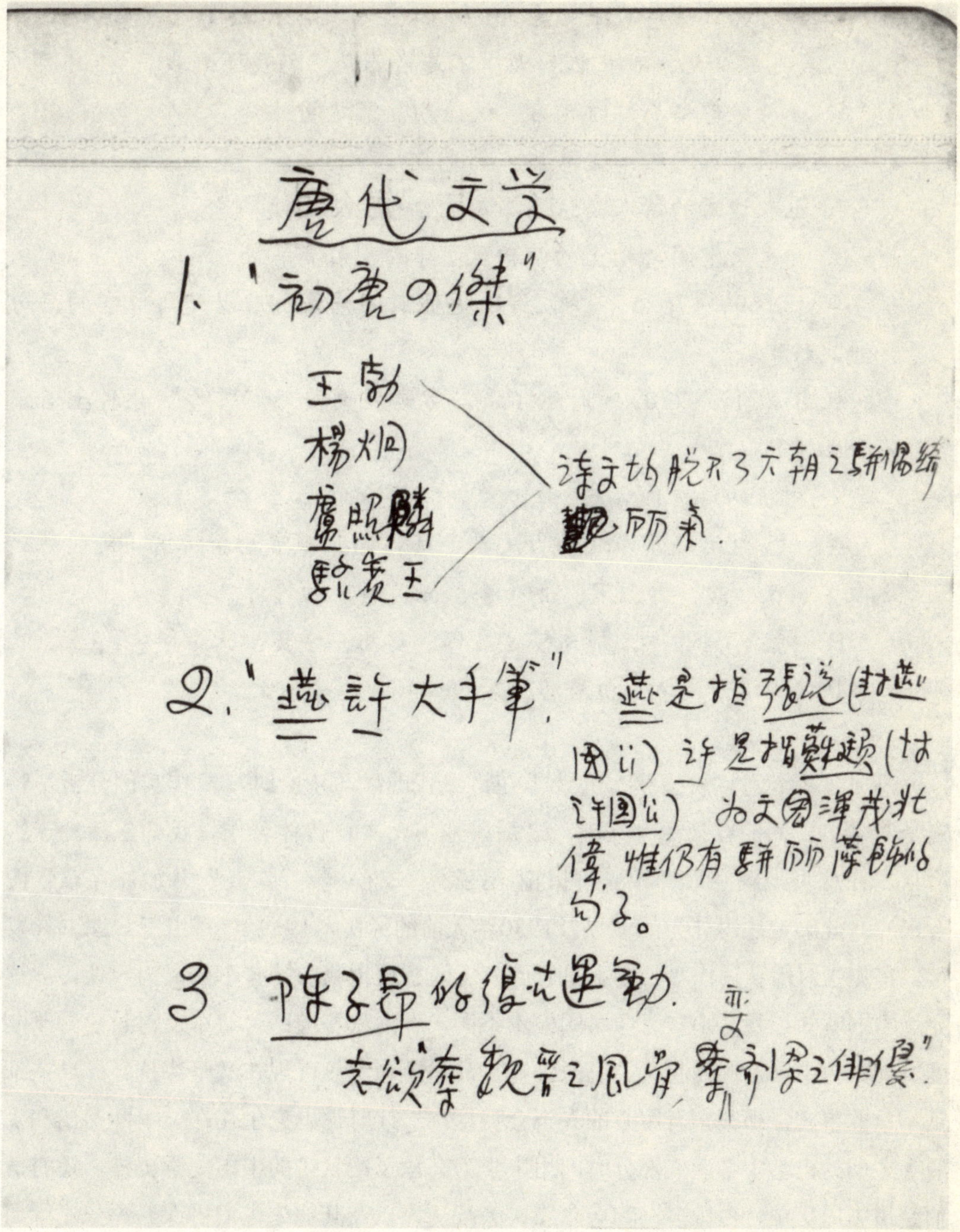

唐代文学

1. "初唐の傑"

王勃
楊烱
盧照鄰
駱賓王

> 諸文皆脱不了六朝之駢偶綺艷而氣.

2. "燕許大手筆" 燕是指張説(封燕國公) 許是指蘇頲(封許國公) 為文宏渾茂壯偉 惟仍有駢麗而藻飾的句子。

3 陳子昂 的復古運動.

志欲奪魏晋之風骨, 奮齊梁之俳優.

图七二　中国文学史讲课提纲手迹，1940年。

4. 初唐的白话诗人王梵志

"我见那汉死，肚里热如火。不是惜那汉，恐畏还到我。"

5. 律诗绝句格局的订定者：沈佺期、宋之问

6. 田园诗人王维、孟浩然、储光羲

7. 讴歌边塞的诗人高适、岑参、李颀、王之涣

8. 开元天宝间诗坛上的两颗巨星李白、杜甫

李白（699～762） 满腔雄伟抱负不得施展，乃以天马行空的语句发泄此种牢骚。

杜甫（712～770） 时运不济，穷老潦倒，乃"苦吟"此种生活，以舒心境。

9. 中唐的诗文作者

A. 文 继承陈子昂之复古文人，有韩愈、柳宗元等所谓"文起八代之衰"（汉、魏、晋、宋、齐、梁、陈、隋）的作者。

B. 诗 有刘长卿、刘禹锡、孟郊、贾岛、李贺、张籍等。

10. 所谓平民诗人白居易（772～846），字乐天。

冯先生很满意这份提纲，并要求在讲汉代的赋与乐府时，多作实例分析，特别是对采自民间的歌词更有兴趣。之后，他将一本自传体著作《我的生活》送给冶秋，在扉页上题字"野秋先生指正 冯玉祥 二九、一、二五"并加盖名章（图七三）。此书记述冯先生的家世及1930年之前的经历，1939年7月由三户图书社发行。冯先生对冶秋说："社会上总有人有意无意地把我与那些军阀混为一谈，你读完这本书就知道我与那些北洋军阀根本不同。"冶秋答道："将军反对封建专制制度，拥戴孙中山，滦州起义、五原誓师，高举革命义旗，现在又坚决抗日，这些都是不争的事实，那些别有用心的人不会得逞。"此时，冯先生住在位于两路口和上清寺之间的巴县中学，大部分时间用来学习，除了冶秋讲的中国文学史外，还有翦伯赞讲中国历史，白俄多马和布尔霖讲大战史，以及其他先生们讲课。冯先生学习认真，带着老花镜，拿着一支毛笔，边听边记笔记。

冯先生在这里还经常会晤许多社会贤达，如于右任、孙科、张治中、沈钧

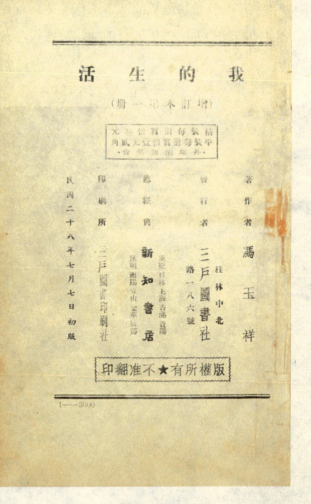

野秋先生指正

冯玉祥

一九、八、二五、

图七三　1940年冯先生赠给冶秋的《我的生活》书影及题字

我的生活
（增订本一册）
著作者　冯玉祥
发行者　三户图书社
　　　桂林中北路一八六号
总经售　新知书店
　　　昆明　衡阳　宜山　桂林　贵阳
　　　重庆　桂林　上海　香港　贵阳
印刷所　三户图书印刷社
民国二十八年七月七日初版
精装每册实价贰元　平装每册实价壹元
　　　外埠另加邮费
版权所有★不准翻印
T──3000

儒、郭沫若等，周恩来不时也来拜访；此外，总与冯作对的何应钦，还有陈诚、白崇禧等国民党大员以及冯的旧部也来造访。冯先生对来访的客人亲疏远近各有分寸。周恩来来时，先生总是让到楼上自己的书房里，老友沈钧儒、老舍来时也是如此。每逢文人造访，冯先生便安排冶秋参加，渐渐地先生与文化界的联系和活动的安排都交由他来办理。由于冶秋的大革命经历和在各地的十年任教生涯，他与文化界的许多人或是直接认识，或是间接知晓，特别是鲁迅晚年与他通信往还，使很多人知道他。这为他的工作带来极大的方便，做起事来常常是事半功倍。例如，1940年6月18日是苏联文豪高尔基逝世四周年纪念日，中苏文协要举行纪念会，邀请冯先生出席讲演。事前，在中苏文协工作的老友曹靖华（图七四）找冶秋一起商量讲演稿的准备工作。他们首先听取了冯先生的意见，冯认为要借这个活动赞扬苏联援华抗日的功绩。他们两人也补充道，不能只讲高尔基的文学

图七四　冶秋与曹靖华，1974年。

成就，还应该突出谈高尔基与中国的联系。这样，讲演的调子就定了下来。然后由冶秋起草，他在稿子中引用了高尔基致孙中山及中国作家的信。那次在中苏文协召开的纪念茶会开得很成功，冯先生的讲话受到热烈欢迎，《新华日报》于次日作了详尽报道。由于冶秋在文化界的人脉深广，工作富有成效，冯先生十分满意，遂正式向国民政府提出由王冶秋做秘书。不久，冶秋得到"国府"的正式委任状，这样，秘书工作成为他的主要业务。

这样的工作环境对于冶秋来说，无疑是为他搭建了一个施展抱负的舞台，是革命征程中的一个新的驿站。他全身心地投入到新环境之中，白天多在冯公馆处理冯先生交办的事务或授课，夜间回到"先生馆"，伴着昏暗的灯光，抽着廉价的烟卷，伏案写作或备课，即使周末也很少回到青木关乡下自己的家。那时，履芳在郭沫若先生领导下的文化工作委员会工作，一个人带着三个孩子（图七五），租住着农民的房子，孩子们盼了又盼也难于见到爸爸一面。当夜幕降临的时候，在山城郊外的金刚山脚下，万籁俱寂，深蓝的天幕上点缀着数不清的星星，一闪一闪的萤火虫在空中游弋。冶秋思绪万千，那些遥远的人物与情景，都从夜空深处涌向自己，创作的灵感喷涌而出，他开始创作小说并回忆鲁迅先生，上一章所提到的那些奠定他作家地位的作品如小说集《青城山上》，就是这个时期在这里创作出来的。

1940年3月，鹿钟麟将军辞去河北省主席职务返回重庆，住到巴县中学的冯公馆内，向冯先生请教下一步的进退。冯对鹿说：把河北发生的事先搁一边，静下心来听听课。鹿遂与冯一起听翦伯赞先生讲中国历史。在巴县中学校舍被炸毁后，冯搬到上清寺康庄2号，鹿则搬到附近的特园24号，仍到康庄听讲，后因空袭频仍，乃迁往歌乐山云顶路1号。这时，冯又对鹿说：我给你安排几位老师武装武装头脑。于是便由冶秋为他和鹿钟麟讲授文学，赖亚力讲授政治经济学，董志诚讲授三民主义。参加学习的还有鹿将军的机要秘书梁蔼然（解放后曾任全国人大常委会副秘书长）及副官等。每星期一、三、五各讲一课。此外，蔼然另从《大公报》和《新华日报》上选一些文章读给鹿听。这样一直坚持了三个多月，鹿的知识水平大有提高。在冶秋上第一课时，冶秋对鹿将军说："十六年前，我十五岁，跑去参加您在故宫演讲的集会，就是要亲眼看看您这位反清废帝的大英雄。我们在台下拼命鼓掌喊口号，对您十分敬佩。"鹿将军和蔼地笑道："过奖过奖！戎马倥偬，

图七五　履芳和三个孩子在赖家桥，一九四〇年。

斗转星移，十多年了，现在又是一番天地。'您'现在是老师，我在台下听课，是'您'的学生。"大家都会心地笑了。几个月下来，冶秋的学识和干练给鹿钟麟将军留下了深刻印象，彼此建立了信任。鹿曾对冯讲："你那位王先生是个人才。"在以后的岁月里，冶秋在许多方面都得到过鹿将军的关照与帮助。鹿钟麟和梁蔼然两位先生与冶秋以后的统战和情报活动有重要关系。

鹿钟麟，字瑞伯，河北定县人，曾是冯玉祥的五虎将之一，担任过国民党政府军法执行总监，河北省主席，后又由冯提名担任了兵役部部长，上将军衔。鹿是冯先生的忠实拥戴者，既是冯的旧部，亦是冯的老友。1944年底鹿出任兵役部部长，给了冶秋一个上校的虚职，但领一份实饷，这对已有四个孩子的冶秋来说，不啻为雪中送炭。梁蔼然，河北人，1936年担任西安绥靖公署交际科长，西安事变后与张学良的高参高崇民一起在北平赋闲，抗战爆发后任鹿钟麟秘书，1939年在邢台贺家坪由申伯纯介绍加入中国共产党，1940年2月受鹿派遣，到重庆国民党中央训练团受训，3月随鹿住进巴县中学冯公馆。蔼然为人豁达，喜欢唱戏且善交际，很快便和冶秋、倬如（王倬如，北平人，时为冯玉祥的机要秘书，新中国成立后曾担任外交部首任礼宾司长）以及冯的参谋周茂藩、副官赵力钧等成了好朋友。有时在工作之余，几个人凑在一起，蔼然主唱，倬如操琴，其他人附和，热热闹闹来几个段子。冶秋不谙音律，但也热心参与，有时吹吹笛子，有时拉几下胡琴，偶尔也喊几嗓子，不过因为调门儿把握不准，总也成不了"角儿"。蔼然不但戏唱得好，对待这几个新交的朋友也十分热诚。

1941年底，冯玉祥的旧部赵守钰将军交卸了军队后，由行政院长孔祥熙任命为黄河水利委员会委员长，到重庆时住在鹿钟麟的上清寺特园24号。此公身高体壮，酷爱昆曲，亦好美食豪饮，每次吃饭必邀人作陪。蔼然是常客，并把过着清苦生活的冶秋和倬如拉进来，很快大家都熟识起来。赵知蔼然会唱京剧，更是喜出望外，便用京剧念白对蔼然说到："昆曲乃京剧源头之一，尔不可不会，吾愿为尔的师傅。"就这样，蔼然又多了一桩随赵守钰学昆曲的事体。由于他对戏曲悟性颇高，不久即可随赵唱昆曲经典曲目《长生殿》中的"九转货郎""醉打山门""林冲夜奔"等，令赵守钰十分高兴，引为知己。一天，赵守钰请鹿钟麟吃饭，当着蔼然的面对鹿说："我马上要回西安任上了，有一事请瑞伯兄相助，我拟请蔼然老弟兼作我的办事处主任，不知您意下如何？"鹿钟麟欣然应诺道："友琴（赵守钰的字）兄的事就是我的事，你只管安排就是。"这样，梁蔼然便在临江门海关巷二号挂起"黄河水利委员会驻渝办事处"的牌子，成为赵守钰与国民政府各机关打交道的代表。海关巷二号也成为蔼然、冶秋、茂藩等人的情报中转站，冶秋曾将重要情报缝进女儿王玉的衣服里带到这儿，转送到八路军办事处。他们在这里还以朋友聚会的形式掩护情报活动。这一群志同道合的朋友在事业上相互配合，在生活中彼此照顾，既有革命的原则，又有人间情谊。20世纪50年代，我在地安门黄化门39号院子里，亲耳聆听过他们一起唱昆曲《长生殿》和《十五贯》的段子。他们的交往可算是君子之交、道义之交，在现今的名利场中，这种友情是少而又少了。

冶秋在忙完纪念高尔基的活动后，老舍就同他打招呼说："今年秋天鲁迅先生逝世四周年的纪念会，'文协'已确定请冯先生做大会主席，冯先生业已回应肯定参加，届时国共两党都将有头面人物出席，你我担子不轻，得卖些力气。"冶秋答道："请老哥放心，您就瞧好吧！"老舍长冶秋十岁，两人十分投缘，这时已是无话不谈的知心朋友。7月份以后，冶秋开始为冯先生讲授鲁迅生平，分析鲁迅的主要作品，并结合演讲内容，提炼和概括了鲁迅的精神及其平凡而伟大的人格。

纪念鲁迅逝世四周年大会于1940年10月19日如期在巴蜀小学广场召开，周恩来、叶剑英、郭沫若、老舍，以及国民党的宣传部长梁寒操等出席了会议，冯先生担任大会主席并发表了演说。尽管那时蒋介石已经开始密谋第二次反共高潮，政治空气凝重，但冯先生仍以洪钟般的声音喊出自己的心声："鲁迅有许多升官发财的机会，可是他不要，他宁可苦到底；他要说他应说的话，他要做他应做的事。……他始终是一个反帝反封建的大旗手！……鲁迅先生的伟大精神有三个主要特点。第一是'真'，他对于大众，对于国家，他从来不说一句假话；第二是'硬'，他真正做到威武不能屈、富贵不能淫、贫贱不能移的地步，他一生从来没有向恶势力屈服过；第三是'韧'，他愈失败愈不屈，愈困难愈战斗。我们就应该学习这三种精神，来争取我们抗战的胜利，来完成反帝反封建的任务。"次日，《新华日报》刊载了讲话内容，并在纪念鲁迅专刊上发表了冯先生题为《纪念鲁迅》的诗歌。当月，冯先生还与郭沫若、老舍等一百五十人起草了《中国诗歌界致苏联诗人及苏联人民书》。冯先生成为重庆许多文化活动的倡导者，他对鲁迅先生的热情讴歌和对鲁迅精神的倾心传播，使国民党大员们心生诧异。为此，国民党中统大员张道藩派人秘密调查，结论是冯新聘了一位国文教员和秘书王冶秋。从此，冶秋便进入国民党中统的视线。一次，老舍随冯先生外出归来，张道藩就找老舍谈话，告诫说："王冶秋是什么人！你怎么老跟他混在一起？"

是年，冶秋还为冯先生讲解诗的韵律与四声，并开始整理冯先生在1939年期间所写的诗歌。这些诗作共计149题，最后汇编成《抗战诗歌》第三集。诗集开篇是冶秋写的"序冯玉祥先生二十八年诗歌集——《漫谈丘八诗》"。他这样评价冯先生的"丘八诗"："古今中外，能以这种丰富的丘八生活、丘八性格来写诗篇的人，也许我见识不足，我还找不出同样的第二个人来。岳飞也许可以算一个，可是他留给我们的诗歌是太少了。"关于诗集的内容，他在序中也有一段介绍："二十八年，正是抗战第三个年头，敌寇'速战速决'的战略碰了壁；又想出'速和速结'政略的办法来。二十七年底，近卫来个诱敌的声明，汪逆兆铭便应声出走，冯先生紧跟着就是一棒，这就是一月三号的那首《菜花黄》。这时候，他正负着督练新兵的责任，所见所闻，都记录在诗篇里，其中充满了血和泪，经验和教训；间或也因旅途之便，写了几首凭吊古迹的诗，可是里面充满了新的抗战的内容，与一般的凭吊者的'伤今怀古'不同。"此诗集1941年6月由三户图书社出版发行。诗集出版后好评如潮。名人赞丘八诗者多矣，如周恩来说："丘八诗体为先生所倡，兴会所至，嬉笑怒骂，皆成文章。"董必武称赞"语妙并州快剪刀"，郭沫若夸奖"丘八诗章石点头"。在抗战诗歌史上，冯先生的丘八诗占有一席之地。

1940年是冶秋人生转折的里程碑。他以率直真诚的人品、严谨踏实的工作作风和博学多识的才华，赢得冯玉祥先生的信任与尊重。先生于1941年4月16日亲笔题赠冶秋的条幅《对于冶秋先生的印象》（图七六）说：

　　冶秋先生　好苦用功　生活淡泊　不重功名　文章写作　爱国爱民　内外一致　真诚言行　既是我的好友　亦是我的先生

这对冶秋来说无疑是最好的褒奖，"好友与先生"的关系拉近了他们之间的距离，为冶秋开展统战与情报工作奠定了良好基础。

青城山是冯先生喜欢去的地方（图七七）。1942年8月，冯玉祥先生又邀请老舍游青城山。这是一次愉快的旅行。老舍曾记述说，一路上同行的还有赖亚力、王冶

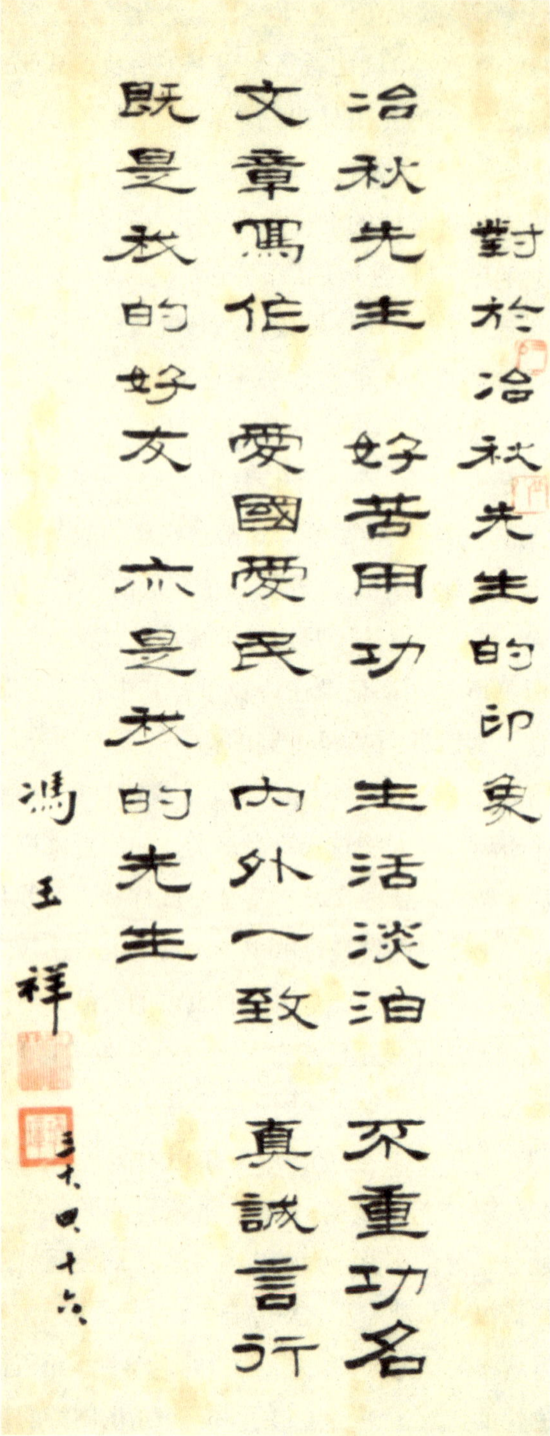

対於冶秋先生的印象

冶秋先生　好苦用功　生活淡泊　不重功名

文章寫作　愛國愛民　内外一致　真誠言行

既是我的好友　亦是我的先生

馮玉祥

图七六　冯玉祥题赠冶秋的条幅《对于冶秋先生的印象》

图七七　冶秋与冯玉祥、张公干在青城山天师洞大殿前，1941年3月。

秋，都是老朋友，谈笑甚欢。他们住在青城山上的天师洞，这里道士自酿的百花酒是老舍的最爱，虽没有大鱼大肉，却有新炸的花生米。冶秋在《忆舍予兄》一文中写道："四两酒下肚，舍予兄的真面目毕露，几年来的穷气、'鸟气'，发泄无余。"这里冶秋说的"穷气"，是我们现在的人很难想象的。老舍那时已是中外知名的作家，一年四季却几乎就穿一件灰平价布的制服。一次为了请从云南来的罗常培和梅贻琦先生吃饭，老舍把在济南教书时挣下的一件皮袍送进了当铺。老舍住在北碚时与冶秋时有书信往来，而信中经常提到的，一是疾病缠身，二是穷困不堪。例如"……头晕见好，只是药有轻泻之剂，日来拉肚子。……甚盼来碚，苦闷得像一条锁在柱子上的狗！……""……头晕，心情恶，老想死了个干脆！……"老舍在回答冶秋关于跳江之计的问讯时，回信说："……跳江之计是句笑话，也是实话。假若不幸敌人真攻进来，我们有什么地方、方法可跑呢？……不用再跑了，坐等为妙；嘉陵江又近又没盖儿！……很想入城一游，惜钱与车都不方便耳……"一次冶秋去北碚看他的两个因无力供养而送进慈幼院的孩子王路和王可（当时一个六岁多，一个四岁多），然后又去看望老舍，谈到想"卷铺盖"的事。冶秋回城后不久，收到老舍的信，老舍写道："……北碚别后，极不放心！函询倬如与组细，昨始得细兄复信，得悉我兄已不卷铺盖，甚慰！这年月，只好穷混吧！一挪动非拉帐不可！，近中仍时时患头昏，写作时停，颇为闷闷！……"由此我们大概可以找到"穷气"的感觉了。

有时候，老舍就趁着酒劲从上清宫下到山脚下，去喝一位老隐士泡的玫瑰茶。还有一次，老舍从山外峭壁的荆棘丛中爬到山里来。在青城山上的那些天，老舍犹如脱缰之马，尽情地撒欢儿。老舍还突发奇想，声言要把青城山中的知更鸟带回几只加以训练，使其能够打五更。下山后，他们一行到成都参加"文协"成都分会的三周年庆祝活动（图七八）。冯先生这时身穿布衣，脚踏布鞋，老舍则手持折扇和雨伞。冯先生调侃老舍："老舍先生爱说相声，你看他到哪儿都离不开扇子。"冶秋也附和道："君不闻，扇子一扇，笑话连篇嘛！"老舍回应道："如将军令下，说相声不用扇子，我便遵命照办。"将军便笑道："谁敢给老舍先生下命令，你那支笔横扫千军呐！"几句话引得大家哈哈大笑，旅行的劳顿似乎一下子全消失了。

在此次旅行中他们谈到了一个严肃的话题：抗日战争进入了相持阶段，前线浴血奋战的将士们生活极其艰苦，后方为抗战奔走呼号的文人也苦不堪言，去年还发

图七八　1942年9月冯玉祥（最高者）、老舍（冯左一）、王冶秋（冯右一）参加文协成都分会年会。

生洪深先生一家服毒自杀的事，能做些什么事来减轻一点他们的苦痛呢？冯先生想到去年"文协"组织的抗战卖字活动，由郭沫若和老舍挑头，收到不错的效果，自己何不也来一试呢？老舍与冶秋都说是个好主意。回重庆后冶秋开始筹划这件事。他想，此事做起来起点要高，才能形成大的气势。他去新华社谈了自己的想法，得到报社的支持。1943年初，《新华日报》刊载了冯玉祥将军卖字筹集资金支援抗日前线将士的《启事》，反响强烈，募集了一笔资金，冯先生很受鼓舞。

这时有人建议冯将军到各处讲演宣传，义卖义买，捐献也不限定就是现钱，凡是有助于支援前线的物品都欢迎。冯先生觉得是个好主意，要冶秋安排。第一站到了合川，冯先生把当地的乡绅先请到台上，自己再登上台演讲。讲完后冯先生拿出预先准备好的画，还有一方砚台，由乡绅们认购。首站因为缺乏经验，气氛不够热烈，献金数量不大。第二站是自贡，这里冶秋是熟悉的，除了联系当地政府外，还联系了川康盐务局，得到他们的大力支持，三天演讲共募得二百万元。募集资金首

图七九　　1943年，冶秋（左一）陪同冯玉祥（右一）参观自流井
　　　　庸之船闸。

次超过百万，冯先生感到十分满意，遂把自贡视为献金运动的发祥地（图七九）。
冶秋也摸索到了组织地方献金运动的方法与程序。在回程中到了荣县，由于有了经
验，效果明显，百姓群情激昂，县虽不大收获却与自贡相当。这时，献金运动经过
报刊、电台的宣传，已在全国兴起，冯将军出任"全国节约献金运动委员会"主
任，献金运动的大潮到来了。1944年将军到各处讲演，会见地方各界人士，其宣传
抗战的演说发自肺腑，常常催人泪下。将军说："凡我中华国民要本着良心，有钱
出钱，有力出力，效法苏联、英国的国民献金运动，大力供给前方将士，他们在前
线用血肉筑成了一条新的长城，堵住了日本鬼子来犯，我们在后方才有这样的安
宁。每一个国民要培养良心，前方战士献出了他们的性命，我们要自愿的献出我们
的金钱，争取民族的生存，国家的独立。"在较大的城市如成都、自贡，冯将军要

分别在各界讲演，多达十场。将军一到，常常是万人空巷，十分热烈。在献金过程中发生了许多动人的故事：一个小女孩把自己的糖果钱150元捐献出来，一位老婆婆把珍藏几十年的结婚首饰拿出来捐献，一位盐商捐出1500万……在这一年内，冶秋陪着冯先生几乎跑遍了四川主要县市如成都、江津、合江、泸县、隆昌、自贡、富顺、威远、内江、万县、乐山、宜宾等地，共募集资金上亿元。这笔钱对整个抗日战争虽然只是小补，但这一运动却起到了动员后方百姓、凝聚民心、鼓舞抗日士气的巨大作用，是冯玉祥将军在抗日战争时期最有实绩的一项活动，极大地提高了他在广大民众心目中的声望（图八〇）。

图八〇　冯玉祥接受儿童献花

在人们赞扬冯将军发起献金运动的功绩时，将军总不忘记向人们介绍说："到各地与省府、市府和县里接头的人就是王冶秋先生。王先生门出北大，对于国家的事非常热忱，说出话来很有条理，所以同人家接头办事情，人家都喜欢他，愿意同他接头。"冯先生这一评价，既是对冶秋工作的肯定，也表示他们之间的关系发生了微妙的变化。在此之前，将军敬重冶秋的才华与工作认真负责的态度；而经过这一年多的献金运动，将军看到冶秋在真心实意为自己办事，真诚地帮助自己，因此对冶秋的态度从尊重演变成信任。通过观察冶秋在营救周茂藩和处理王梓木事件（见下一节）中的表现，将军已觉察到他是"共产党的人"，对他反而更放心了。从此以后，将军在参加军事委员会会议后谈自己的看法时，并不避讳冶秋在场。有时在车上，冯先生有意识地讲一些机密情况，接着示意冶秋说："你可以把这个透给'那边'"。冶秋就会及时地把这些机密情报送到南方局军事组或中共代表团的王若飞、齐燕铭、王炳南等人处。这时，冶秋一家六口已搬进市区李子坝居住，有

图八一　40年代的全家福，后排中立者是王之秀（乃禾），1944年摄。

了难得的一段全家团聚的时光（图八一）。

1944年，冯将军对于蒋介石攘外必先安内，欲借抗日消灭共产党的贼心看得越来越清楚，抗战初期对蒋抱的幻想开始破灭；而蒋对冯真联共的思想也彻底失望了，蒋冯的矛盾日益表面化。1946年5月18日博古、王若飞等人在黑茶山罹难，冯将军即亲笔写了吊唁函，派冶秋代表自己面呈周恩来副主席。冶秋乘坐冯先生的公务车去曾家岩50号，周副主席亲自下楼接受冯将军的吊唁信。冶秋向周副主席致礼，并代表焕章先生向五烈士致以沉痛的哀悼，对家人表示深切的慰问。最后，冶秋表达了自己的心愿，请周副主席千万保重。周副主席要冶秋转达对焕章先生的谢意，并请焕章先生保重身体和安全。这是冶秋第一次，在这样一种特殊的环境中，与周恩来副主席面对面讲话。

抗战胜利后，蒋介石对冯先生"联共，和平统一"的意见置若罔闻，反而倒行逆施，一心想发动内战，企图消灭共产党。冯先生忍无可忍，乃下定决心与这位"兰谱结义"近二十年的"义弟"分道扬镳，遂向蒋介石提出赴美国考察的要求。蒋也早想送走这位与自己过不去的"义兄"，便顺水推舟委了一个水利考察专员的名义。1946年5月27日，冯先生全家，随行人员及其家属，文化界名人徐悲鸿、民主进步人士李济深等人以及他们的眷属，还有冶秋一家六口，共约3000人，乘交通部安排的专轮"民联号"起程东下，于6月10日到达南京，住在上海路240号。此前，冯先生曾找冶秋谈过话，要他一起出访。冶秋十分感谢先生的好意，但自己上有老母，下有年幼子女，不便远行。几天之后，冶秋托亲戚把王路和王可送回老家霍邱，而王玉和王堪则随履芳去了北平，自己留下全力协助处理冯先生赴美前的遗留事宜。冯先生在去上海前，将刚由南京光华照相馆拍的个人照片赠与冶秋，亲笔题记并加盖名章（图八二）。在照片题记中，冯先生直呼冶秋为"同志"，表面上看这不过是称呼上的一个变化，然而此处"同志"者，志同道合之谓也，蕴涵着两人七年相处成知己的深刻含义。照片上虽然没有写任何话语，却一切尽在不言中，显示了先生决心与共产党合作，彻底与蒋介石决裂的志愿。另外，先生还赠送冶秋母亲一架精致的座钟，并亲笔写了"寿"字中堂，两旁附对联"萱草北堂争上寿，梅花南园占三春"。这些在今天仍然引起我们对冯玉祥先生无尽的思念。

冶秋同志

馮玉祥

一五六二二、

图八二　一九四六年六月二十二日，冯玉祥先生题赠冶秋的照片。

（二）隐蔽战线的战斗

1. 拜青帮头子张树声为师

1942年初夏的一天，冯先生的副官赵力钧匆匆忙忙跑到冶秋办公室，焦急地说："出事了！周茂藩被军统的人抓走了，董（必武）要我们立即确定其下落及表现。"冶秋当然知道问题的严重性，因为周也是"八办"（八路军驻重庆办事处简称）军事组的高级军政情报人员。周早年在西北军官学校学习，与赵力钧同窗，1931年加入共产党，抗战初期曾到延安抗大学习，后来担任冯玉祥的参谋，一直跟随在冯的身边。1940年，周受冯派遣到国民党中央训练团受训，在此期间，茂藩广交朋友，特别是与那些来自国民党军事情报部门的学员主动结交。结业后，茂藩被安排到军令部二厅从事国际情报分析工作。在这里，茂藩获得了许多有份量的国际情报，不仅提供给延安，也为苏联情报机关所用。茂藩所在的处编印有一份国际情报分析资料，一周一份。此份资料通常先呈冯先生阅，后交梁蔼然摘抄转送"八办"。一天，茂藩得到一份有关日军在太平洋战区动向的机密情报，感到十分重要，便亲自送到"八办"。那时"八办"周围布满军统特务，军统得到密报后，乃决定对茂藩下手。茂藩回到机关后，处长通知他在中午12点之前缴回该文件。茂藩只好托词刚才去医院看病忘记拿药，请假外出。处长准假，茂藩立即去"八办"取文件。但文件已送到乡下翻拍去了，两个多小时以后茂藩才拿回文件。茂藩立即返回机关，刚刚踏进大门，几个特务一拥而上，不容分说将他铐上带走了。

此前，蔼然、茂藩和力钧三人是"八办"军事组同一个情报小组的成员，如果茂藩变节投敌，"八办"的军政情报网将遭受重创，冯玉祥和鹿钟麟的政治生命也可能由此结束，后果不堪设想。冶秋思考片刻后对力钧说："此事只有找老头子，才可能砸实。"冶秋说的老头子不是别人，正是青帮头子张树声。那时，冶秋的公开身份是"国府"委任的冯玉祥秘书，隐蔽身份却是周恩来、董必武直接掌握的国民党高级军政统战与情报人员，开始由王梓木单线联系，后直接与徐冰及董老联系。为了隐蔽工作的方便和安全，他与赵力钧一同加入了青帮，在以后的隐蔽工作中疏通渠道、打通关节，都得到过张的帮助。特别是一次冶秋险遭军统毒手时，张树声亲自出面干预才化险为夷。张树声是冶秋敬重的一位传奇人物。

张树声（1881～1948），字骏杰，河北沧县人，早在新民府第十八混成标当骑兵连长时，就结识了冯玉祥，参加冯发起组织的"武学研究会"。1912年初滦州起义失败后被逐，逃到上海，加入青帮；1914年后在冯玉祥军队里当过团长、交际处长，常代表冯处理一些棘手问题，对冯尊敬有加，忠心不二。抗战时期，对冯先生发起的献金救国运动倾心尽力，只要是冯所托之事不讲二话，被冯视为莫逆之交。他对冯先生身边的人如王冶秋、赵力钧也是有求必应。

青帮的辈分决定其在帮中的位次，而辈分是按"派字"排列确定的，派字排列如下：清净道德，文成佛法，仁伦智慧，本来自信，元明兴礼，大通悟觉（注：有文将"觉"记为"学"）。民国初年"大字"辈分最高，比较有名气的大字辈人物有四位，即张之江、张树声、袁克文（袁世凯的次子）、钱宝亨。其中张之江还拜过"祖师爷的衣冠"，较其他人更多一层经历，但早已关了山门。按青帮帮规，关山门者不准重设香堂收徒弟。依常规，张树声也早应该关山门，但其从未停过香火，抗战时期，张树声成为辈分最高的青帮帮主，在重庆继续开香堂广收徒弟，而且大收特收。按"派字"辈序，黄金荣自封为"天"字辈，实际上等于无辈分；杜月笙拜"通"字辈陈世昌为师，应为"悟"字辈；而蒋介石曾是黄金荣的徒弟，辈分更不足道。因此，他们的辈序都在张树声之下。帮规有所谓"字大人不大，字小人不小；一师皆师，一徒皆徒"的训条。因此，张树声在重庆虽无一官半职，却被称为无冕之王。据说在1940前后，其徒子徒孙仅在重庆一地就有9万人，上至蒋介石侍从室，下至中统、军统、政府各机关、水旱码头都有徒弟。以至于蒋介石恐惧帮会乱政，专门针对张而下了手令，禁止公务人员入帮会。杜月笙到重庆后也劝过张树声："你老人家不要再给我们收些小祖宗了。"

张树声的影响何以如此之大呢？除了辈分最高及环境动荡等因素外，其素养与经历确有一般在帮之人不及之处。首先，张开创了一套启发帮会抗战意识，号召青帮徒众奋起抗日的青帮新教义，先后编写了《民族精神》（又称《通漕道义》）和《民族精神续录》，分别于1941和1943年出版发行。国民党中央监察委员张群和组织部长陈立夫分别为两书写序，陈立夫赞扬《民族精神续录》一书"孕大涵深，贯微洞密，诚清门不朽之书也。刊行问世，必将不胫而走"。冯玉祥先生也题诗道："家国伤心万念侵，一生低首拜亭林。梨州老去船山古，逸韵流风何处寻。"这些大人物的捧场，更使张树声的名气大增。张每次开香堂，都照例讲一套帮会的历史，说的却是"反清扶明"的一套。对于"安清帮"有一些新的解释。例如说帮会是顾炎武等创始的，帮会中用的"手式"，屈着食指是"九"字，拇指代表"十"，剩下三个手指代表"三"，合起来就是三月十九日崇祯上吊的日子。供的祖师爷姓"潘"，是代表明朝最后的三个藩王。张大约是受到冯玉祥一些影响，常常讲到这里，就讲一些爱国爱民道理，反对日本侵略。张树声这种与时俱进的宣讲，在当时的大环境下很受欢迎。其次，张树声平易近人，十分推崇"义气"，常言："民族精神团结之根本，在'义气千秋'四字。"张穿着朴素，喜穿一身灰衣服，裤子后面补两块大补丁，胖身材，留着两撇小胡须，说起话来慢条斯理，有很强的亲和力。这也是其声名远播、信徒广众的重要因素。

张树声在重庆常住在两家饭馆的楼上，这半年住在上清寺一家河北饭馆，那半年就住在校场口附近一家天津菜馆。他就在这两家饭馆开香堂，隔几天就一场，开过香堂便大摆酒宴。冶秋和赵力钧安排冯先生的社会活动，为了安全，常知会张树声派人暗中保护，故与张本人及其"副官"十分熟识。1941年初的一天，张树声在天津菜馆设香堂收"通"字辈徒弟，在场的约三十人，都是"国府"公务人员及军官，其中就有王冶秋、赵力钧二人。这次是特别隆重的"满堂"香堂，先由张树声率众拜祖师爷，唱焚香歌，接着，副官宣布拜"本师"，众徒三叩首向张礼拜。然后张树声开始"布道"，宣讲前面提到过的、有所发展的青帮教义。这天，张帮主还亲自传授了帮规，专门讲授"潘门"的十大禁条。在传授完基本的帮规之后，张帮主又开始传授具有操作性的帮内规定，也称为"海底"，这是关于如何不用说话，通过"招牌"来辨认同帮，如何用"切口"对话识别双方的"派字"和"山门"的规则。这样在各地跑码头时，利用这些帮内的交流、识别约定，便可得到同帮人的接待和照顾。帮规传授完后，张帮主再次率众焚纸送祖归山，整个拜师仪式到此结束。最后，大家下楼聚餐，冶秋、力钧还得到张帮主的特别关照，与其同桌共饮。

拜完师后冶秋和力钧二人甚觉新鲜，很想试一试，检验一下张帮主传授的"切口"是否灵验。一日，二人随冯先生外出经过万县，便抽空选了一家酒馆，挑了一张靠窗户的桌子坐下。于是二人挂起"招牌"，各把一双筷子横在各自的酒杯前方。店小二见二人身着官服，又挂了招牌，知来头不小，随趋上前来言道："请二位老大稍等片刻，我去请当家的。"不一会，一位身穿黑绸长衫的中年人走近桌旁，正襟躬身道："敢问二位老大在门槛没有（即是否在帮）？"按规矩，二人起身离座，正襟躬身应答道："不敢。沾祖师爷的灵光（即在帮之谓）。"那人接着问道（这是在探明"海底"）："贵前人是哪一位（前人即师父）？"冶秋答道："不敢。在家，子不敢言父；在外，徒不敢言师。敝家师姓张，名上树，下声。"（徒弟说师父名讳，须分三次说出）"声"字尚未说完，只见那人纳头便拜，口中不停念道："小人有眼无珠，有眼无珠。"弄得二人有些不好意思，便将其拉起，说道："老板不要客气，我们只是路过此地，请弄些新鲜酒菜，吃完还要赶路。"那人坚持把二人让进雅间，说道："今日前辈光临敝店，晚辈三生有幸，定要敬前辈几杯。"于是一番吩咐安排，并进屋抱出一坛陈年老酒，三人谈天说地，交杯换盏，好不痛快。经过这次"实践"，冶秋对青帮有了新的认识，对张树声的影响力有了切身感受。

2．营救周茂藩

冶秋拨通了张树声先生的紧急电话说："冯先生的周副官遭人陷害，在二厅被人捕走不知下落，也不知是何事由，冯先生有话，劳师傅驾查一查。"张很爽快一口答应道："我当着是多么大的事，这事好办，你等信吧。"不多久便有了回音：人是军统捕走的，现关在军统南山看守所。张说："周副官犯的是通八路重罪，人赃俱获，但周老弟很是硬气，一口咬定是有人栽赃陷害。"末了，张又主动提出写条子给看守所长，让冶秋去探监。

冶秋在得到关于周茂藩的确切消息后松了一口气，让力钧把了解到的情况马上通知蔼然和报告"八办"。董必武请示周恩来副主席后，决定让冶秋和蔼然借重冯玉祥和鹿钟麟的关系，全力营救周茂藩。冶秋立即买了一些食品和衣物到南山看守所探监。所长见到张树声的条子，马上让出自己的办公室，把周茂藩带出来相见。十分憔悴的茂藩见到冶秋就说："请放心，我什么也不会说，他们用橡皮棍打我，我的口供只有一句'特务栽赃'。"冶秋对茂藩说："'家里'正全力救你出狱，你要坚持住，保重身体，后会有期。"随后，一场营救行动秘密展开了。

　　茂藩供职的军令部是何应钦主管的部门。何应钦与冯玉祥一直是冤家对头，两人经常在国防委员会开会时隔空交火。现在冯的副官犯在何的手里，后果可想而知。所幸鹿钟麟做过军法总监，对何曾有所照顾，完全说得上话。蔼然说服鹿钟麟出面调解。鹿到何府拜访，开门见山地从何与冯的关系事关党国利益入手，劝何大事化小，不要为周茂藩这件事进一步加深二人之间的芥蒂。何应钦当即表示："周茂藩通匪证据确凿，实属不赦。不过有你瑞伯兄说话，我将从长计议此事。"这样一来，周茂藩不会被秘密处决，但牢狱之灾不可避免。要使他脱离魔窟，绝非易事。

　　1942年8月下旬，冯玉祥先生邀请老舍一起游青城山，冶秋也随同前往。他们在天师洞庙堂安顿下来。一天，冶秋到庙外散步，迎面与一对中年夫妇相遇。对方主动上前来打招呼，彬彬有礼但表情凝重，不远处还有一个便衣跟随。冶秋根据经验判断，此非一般人等，定有隐情，似知道冯先生住在附近，有备而来。在交谈中，知对方曾担任重庆防空司令，（注：家父同我讲这段经历时曾说此人是空军司令，但当时未问名字。现据我所查资料，有可能是刘峙，做过防空司令。望知情者教正。）因为重庆防空洞大惨案而获罪。蒋介石曾下令将其军法处置，后经何应钦力保才软禁在此，等候处理。谈到这里，一个解救周茂藩的方案在冶秋的脑海里逐渐成形了。他对中年夫妇说："请你们做两件事：第一，将申述理由与简历写成材料；第二，每天做一两样新鲜小菜送到冯先生处。"第二天吃中饭时，冯先生看见桌上新添了大头菜烧肉等几个对自己胃口的菜就问道："今天是什么日子，打起'牙祭'来了？"冶秋便答道："是防空司令仰慕先生，由太太亲自烧好送来的。"在冯先生夸赞其厨艺时，冶秋便把那位防空司令的遭遇向冯作了简要报告，并说："如果我们能救其不死，便可以此为交换条件，让何应钦释放周副官。"冯即发话："给老蒋发电报，就说这人是个人才，抗战时期正是用人之际，咱们保了。"可是连发两通电报，也不见回信。快下山时，冯有些急了，要求把话说得重些再发一次。第三次老蒋作了批示，将那位防空司令交军法总监部酌处，这意味着无性命之忧了。之后，鹿钟麟出面与何应钦说项："冯先生已将你的人保下，请何部长高抬贵手释放周副官。"何只好将周茂藩开释。1943年春，茂藩重见光明，但身体已受到严重摧残。他解放后曾担任重庆市委统战部副部长。

3. 劝阻王梓木出走

1943年初的一天，冶秋正在乡下的歇台子冯公馆办公，接到力钧从城里打来的电话说，有要紧的事赶快回城里康庄2号办事处。原来是"八办"的高级军事参谋王梓木（其内部身份是中共南方局军事组负责人）离开"八办"跑到冯先生那里，声明不干共产党了，要冯收留自己。起因是在"八办"的整风会上发生争论，有人指责王是"西北军军阀余孽"（注：王曾毕业于冯的西北军干部学校，在西北军当过参谋长，早年参加过国民党），王梓木一怒之下便出走了。冯玉祥听完其陈述后十分气愤，因为冯先生一生最耿耿于怀的就是被称为军阀。冯玉祥于是马上打电话给国民党中央党部秘书长吴铁城，让其把"八办"的高参、一个老国民党员"收"回去。力钧还说，冯先生已经让王梓木写脱离"八办"的登报启事，"八办"派人来劝他回去，但无济于事。冶秋认为事关重大，便找来蔼然一同与王梓木谈话，但无论是晓以大义，还是动之以情，王梓木就是坚决不回去。到了晚上，冶秋与蔼然假借外出吃晚饭，到"八办"向董必武汇报情况。董必武指示，要想尽各种办法将其弄回来。他们回到康庄2号后，晚上11时左右蔼然回去了，冶秋留下继续做工作直到天空现出晨曦。这时听到楼下有吵嚷声，冶秋推开窗户，见是王梓木的夫人郑德芳抱着孩子要进大门，办事处长戴树勋不让她进来。冶秋便立即下楼将郑接进院内，自己马上跑到三楼，义正词严地对王梓木说："你这样做，对不起党，也对不起你的太太和孩子！"接着故意放出一些话说："昨天下午冯先生在二楼骂你：'让他写登报启事他不写，我这里又不是旅馆，不能收留这个混蛋！'"冶秋又说："过去你来这儿，冯先生高接远送，因为你是'八办'的人。现在冯先生要把你交给吴铁城，实际就是交到特务手里，这不就是投敌叛党的行为吗？你是准备当叛徒吗？现在，你太太和孩子就在楼下接你回去，你若再不回头，特务来了，你就走不掉了。"王梓木用力把桌子一拍说："好！党的利益高于一切，我回去，请你冒险去办事处一趟，让他们来车接我。"冶秋赶紧跑到办事处向董必武报告，董立即作了安排，由龙飞虎带上一个卫士，神不知鬼不觉地从康庄2号的小侧门把王梓木接了回去。接着董必武立即叫龙飞虎用车把冶秋送到乡下去，并嘱咐冶秋近期不要进城。

王梓木事件在国共两党内都引起不小震动。就在王梓木返回"八办"几个小时后，有两个少将军官到康庄2号要见王梓木，自称是王的朋友。冯先生让戴处长上三楼叫王梓木下楼会见朋友，结果连人影都没有看到。两人只好悻悻地走了，他们是戴笠派来"接"王梓木的。原来，吴铁城并没有把王梓木出走当作什么了不得的急事，上午很晚才将此事告诉戴笠。戴见二人扑了空，便大骂吴铁城是臭官僚，耽误党国大事。冶秋回到歇台子不久，突然接到冯先生的另一位副官郑继栋的电话，要他无论如何去见张树声一面，有要事相告。此时正值大年初五，郑继栋陪着冶秋来到位于七星岗的天津菜馆见张树声。一见面张帮主就说："我得到可靠消息，特务要在你从歇台子到重庆的途中绑你的票，绑去后就把你拿硝镪水化掉啦！说是你把一个重要共党放跑了，可有此事？"冶秋立刻答道："我有两个月没有进城了，城里出了什么事，我完全不知道！"张树声采信了他的话，马上叫来副官刘俊三说："告诉他们那边，这个人我们这边保了！"，然后又嘱咐郑副官绕小道护送冶秋回乡下。这一次如果没有张树声出面保护，冶秋是在劫难逃了。

王梓木出走后，董必武立即密电当时在延安的周恩来，周恩来又向毛泽东作了报告，毛泽东对王梓木出走一事作了批示。这是因为王梓木单线联系的有十数人，构成共产党在重庆的高级军政情报网，它是把握国民党及国际动向的重要耳目，是高层决策须臾不可离开的一个情报来源；另外，造成王梓木这样身份敏感而重要的人出走的原因，也需要作内部检讨。周恩来电告董必武，要不惜一切代价弄回王梓木。王梓木回来后，国民党派特务到曾家岩50号和红岩村聚众闹事，叫嚣共产党把王梓木秘密处死了。"八办"为此还召开记者招待会让王梓木现身。半年后，周恩来再次返延安时把王梓木带回延安。解放后，王梓木曾担任辽宁省副省长，"文革"中被迫害致死。

冶秋对张树声先生仗义保护自己一直心存感激，在张先生得了"搭背"（背上生的痈疽）住在上清寺宽仁医院开刀期间，冶秋曾代表冯玉祥先生去看望，并感激他对自己的关照和保护。张树声先生于解放前夕病逝。

（三）张克侠在南京秘密会见周恩来的联系人

1946年6月冯先生到达南京不久，他的"担儿挑"张克侠将军借送冯先生出国的名义，从徐州驻地秘密赶到南京住进冯公馆。张将军是1929年入党的共产党员，当时担任国民党第三战区中将副司令，是属于周恩来领导的隐蔽战线棋局中的"闲棋冷子"一类。九年前在武汉，周恩来要他继续留在国民党军队里，并说这比回延安发挥的作用更大。现在内战已不可避免，国民党的和谈只是战争爆发前争取民意所玩的把戏。张将军这枚"冷子"要活起来了，但如何与周恩来取得联系而不至于暴露呢？冯先生点拨道："你找冶秋帮忙。"这天，冶秋要陪冯先生去梅园新村，张克侠抓住这一机会对冶秋说："你到那里见到周公，就说我要见见他，请安排一次见面。"到了梅园新村后，冶秋在冯先生与周恩来谈话之际，把张克侠的要求向董必武作了汇报。第二天，冶秋告诉张克侠："明日傍晚六时，在五台山下公园门外等候，会有一辆黑色小轿车接你。"

次日，张着便服如约前往，果然一辆黑色小汽车准时停在面前。车门开后，他看到周副主席镇静地坐在后座上向其点头。上车坐定后，周副主席说："克侠同志，你辛苦了！"张克侠顿时感到浑身一热，多少年了第一次听到这样亲切的问候，真是激动不已，有许多话想讲，但马上意识到时间宝贵，便扼要地向周副主席报告了徐州驻军的部署情况，并谈到今后工作和组织起义的问题。周副主席指示道："现在要多向国民党官兵，向那些高级将领和带兵的人说明共产党的政策，指明他们的出路。蒋介石是一定要打内战的。……要争取策动高级将领和大部队起义，这样可造成更大声势，瓦解敌人的士气。"张克侠表示："自己所在部队的大多数官兵都认识到，跟国民党走是没有出路的，他们与自己多年相处，彼此了解和信任，起义条件是具备的。只要党一声令下，我可以率部随时起义。然而斗争是复杂的，部队里有反动军官及特工人员，为保证起义顺利进行，请求解放军在进攻前派联络人员，以便配合。"周副主席赞同地点点头，并紧紧握住张克侠的手摇动起来，两人就此告别。在中国两条道路、两种命运决战的前夜，在国民党首都南京的街道上，一辆行进的汽车中，周恩来副主席又走了一步棋。第二天，冶秋向张将军转达董老的指示说："你在车上的谈话很重要，也很有价值，但当时干扰太多，还有一些问题不十分清楚，最好写一个详细的说明材料。"张又把徐州敌人布防情况及自己的要求，写了一个详细的材料交由冶秋转呈周副主席。

1948年11月初，在淮海战役刚刚打响之际，张将军所在部队共两万三千余名官兵，于贾汪、台儿庄成功起义，使徐州东北大门洞开，并切断黄伯涛兵团的退路，阻断邱清泉、李弥兵团东援的通道，造成国民党军队上下混乱，对淮海战役取得胜利作出了贡献，在解放战争史上留芳。毛泽东在代中央军委起草致陈毅的电文中称：张克侠、何基沣起义是淮海战役的"第一胜利"。

（四）北平电台事件的幸存者

1. 中央社会部直接领导的情报小组

1946年9月中旬，冶秋到上海送别了冯玉祥先生以后，抽空回霍邱看望母亲以及将要久别的两个儿子。我记得他带给奶奶的东西除了冯玉祥先生送的礼物外，还有一尊观音菩萨，因为奶奶是一个虔诚的佛教徒。冶秋一直关心长子王路的绘画，当年在重庆时，晚上常陪着王路画画，给予指点，直到王路困了他才休息。现在王路的画比在重庆时大有进步，尤其是画鹅，活灵活现，他甚感欣慰：自己少年学画未得正果，而今后继有人了。他看到王可除了热衷于斗蛐蛐外，别无长项，看不出将来会有什么出息。冶秋只在家住了月余，便匆匆走了。从这次离开霍邱直到去世，四十年里，冶秋再也没有回去过。

冶秋回到南京，会见了董老及徐冰、薛子正，开始投入新的隐蔽战线工作。他当时的公开身份是第十一战区长官司令部少将参议兼华北设计委员会资料室主任。11月，冶秋应鹿钟麟将军之邀，担任由鹿将军为团长的国民党中央军事慰问团的秘书长，随鹿将军乘机飞抵北平。这个慰问团涉及的主要是保定和张垣两个绥靖公署所属的部队，覆盖平津、河北、山西、热河和绥远地区。作为慰问团秘书长，冶秋看到了两个部队的建制、布防、装备、长官姓名等机密资料，可是慰问团的副秘书长是军统派来的一个处长，寸步不离地跟着监视，他无法复制或摘抄，更不能在现场记笔记，只能凭脑子记住那些番号、驻地、兵力、武器装备、长官姓名以及后勤保障等。冶秋曾说，感到脑子从来没有这样累过，有时几近麻木。一个多月后，慰问团工作结束了，他回到华北设计委员会，把整个华北国民党军队的部署情报整理出来，送交军调部中共代表团顾问徐冰。这份情报的完整性和准确性受到中央重视，《毛泽东选集》第四卷中，关于1947年初解放战争华北前线国民党军队的番号、兵力部署等资料，基本上来源于此。

1947年2月，在"军调部"中共谈判代表团撤离前的一天，徐冰约梁蔼然、王冶秋、朱艾江（朱红）和丁行到王倬如家吃饭，召开最后一次会议。席间，徐对五人说："国共谈判已经破裂，内战不可避免，代表团将全部撤离，你们正式成立小组，可以过组织生活。"大家推举梁为小组长。徐又说，以后会有人与小组接头，通过秘密电台直接向中央发报，不与北平地下党发生横向关系。会开完后，冶秋对这样的安排有些不理解，便私下问徐冰："在重庆时我们都是单线联系，另外，倬如与丁行还没有入党，现在你怎么把大家都弄到一起了？"徐冰说，这是形势发展的需要，这次要解决丁与王的党籍问题。实际上，这个小组就是中央社会部直接领导的北平情报组织的一部分；另一部分是由李克农组织的，包括华北设计委员会委员余心清、十一战区长官司令部少将作战处长谢士炎、二处少校参谋石淳、代理作战科长朱建国和北平第二空军司令部参谋赵良璋等。两部分共用社会部的北平秘密电台。前一部分的几个人以前都在西北军系统工作，抗战期间除丁行外都在重庆。那时，冶秋、倬如在冯玉祥处任秘书，朱艾江是冯玉祥研究室主任赖亚力的夫人，梁蔼然是鹿钟麟的秘书，他们常采用朋友聚会的形式，邀请八路军办事处的徐冰或薛子正参加，利用这样的场合传达党内指示，交流工作情况。为了给外人造成是真正朋友聚会的印象，一般都带着太太和孩子参加。记得曾有一次，一位我不认得的叔叔来到我的面前，对我说："你想坐飞机吗？"我说："当然想了！""好，你闭上眼睛，不许睁开！"接着他指挥我把两只脚踩在一个什么地方，然后就说："飞机起飞咯！"我顿时感到飘飘然，上下左右晃动，好像是真的在飞。"飞机"降落后，我才知道，原来那叔叔是让我踩在一个小板凳上，然后端着板凳上下晃动，产生失重感，形成"飞"起来的感觉。

　　当时他们每个人都是单线与"八办"的王梓木、薛子正、徐冰、董必武发生关系或与中共代表团的王若飞、齐燕铭、王世英、张友渔、王炳南等人个别联系。到了北平，冶秋在孙连仲长官司令部任少将参议，蔼然任保定绥署少将参议，倬如任河北省政府参议，丁行任孙连仲机要秘书、军法处少将副处长，而艾江在敌产处理局工作。他们这样的任职与工作机关，使他们能够直接获取有关军事会议、部队调动、番号改换、补给状况、作战部署、战后检讨等高质量的准确情报。他们还通过朋友如十一战区参谋长张知行等获取动态的绝密情报。如国民党第三军罗历戎部队偷偷北上，后在清风店战役中被围歼，关于这个部队行动的秘密情报就是由该情报小组提供的。这些情报先交给小组内的联系人，开始是冶秋，后来是倬如司此职，再由联系人把情报转交给小组与电台的联系人董肇筠。董肇筠（董明秋）即是徐冰撤退前安排的小组与电台的联系人，当时的公开身份是女师大的教授。她是履芳在"天津女师"的同学，常到冶秋家走动。

2．北平秘密电台被破坏

1947年夏，解放战争进入新的阶段。当时中共中央总部已离开延安，中央社会部要求北平情报组不仅提供秘密情报，还要提供公开情况。所以电台的日发报时间都在四小时以上，有时长达七小时，这样电波很容易被发现和锁定；另一方面，该小组的电台活动频繁，这一现象又与国民党军队不断失利相对应，引起了敌人的警觉。军统从美国采购了两台电波侦向车运抵华北前线，加大侦察力度，最终导致秘密电台的破坏。

这个电台是在1947年9月24日凌晨出的事。9月25日无线电广播报道："北平报载东四北宏达电料行破获电台器材，当场捕获四人，两男两女，并牵连市政府某局长。并谓牵连颇广。"又据"合众社北平二十七日电：河北孙连仲部下政治部主任余兴钦（译音）与人事组主任谢子延（译音）在二十七日黎明前被此间中央政府当局逮捕，政治观察家认为此事乃在加强中央政府对华北内战区之控制，剪除未能热心支持南京作战之份子。"

同年10月10日出版的上海《时与文》二卷五期刊登的重要消息称："在九月二十五或二十六，忽然传说破获了一个中共电台，余心清被捕，他下面有两人被捕，一个逃走，逃走的是王冶秋，他的妻子代他进了监狱，后三者都是少将参议，却不是挂名的。"

11月24日天津《益世报》的一则报道，引用了"国防部"发言人的谈话，指明破获的间谍组织是"属于共匪康生领导之中共情报部系统"，并公布了被捕人员的姓名、化名及在电台的代号。报道称："中央社"南京23日电，"据国防部发言人谈，本年九月间北平行辕破获共匪秘密电台及间谍组织。……北平行辕于九月二十四日清晨派员开始行动，将北平京兆东街24号秘密电台破获，当场搜得电机及文件，并当场捕获负责人李政宣，报务员孟良玉及译电员张厚佩（李妻）李毓萍（孟妻）等四人，经严密审讯，并就收获文件详加研究获悉，此项秘密电台及间谍组织系属于共匪康生领导之中共情报部系统。……李政宣等被捕后，计先后根据其提供的线索与所获文件，捕获重要共党分子有北平市政府地政局第一科科长兼代局长董剑平（匪方号码第311号），北平贝满女中教员田仲严（匪方号码123号），北平女子师大教授董肇筠（匪方号码128号），保定绥署处长谢士炎（匪方化名刘复），保定绥署设计委员余心清，保绥参议梁蔼然（匪方号码133号），保绥副处长丁行（匪方号码134号），保绥秘书周启祥，保绥天津指挥所参谋朱建国（匪方号码120号），保绥参谋石淳，北京大学学生李恭贻等……"

上述报道提及的事件就是轰动一时的"北平电台事件"。当时正是蒋介石发动全面内战、疯狂向解放区进攻的时期，这个中共中央社会部直接领导的北平电台突遭敌特破坏，电台台长、报务员及联系人被捕后均变节，供出情报小组成员，并供出西安总台台长王石坚。此案告破令蒋介石兴奋不已。蒋于10月5日飞抵北平行辕，亲自部署后续行动。随后在国民党特务头子郑介民、毛人凤的直接指挥下，中共的西安总台以及保定、兰州、热河、沈阳等秘密电台均遭破坏，百余人被捕，多人被杀害，重创了共产党在白区的情报系统。然而，这一迟来的胜利对于病入膏肓的蒋家政权已无济于事，中央社会部"北平情报组"此前提供的有关国民党在华北、东北兵力部署的精确情报，已为解放军歼灭敌人有生力量、完成战略反攻抢得了先机。

据冶秋事后向中央社会部写的总结报告（图八三）分析，电台与情报小组相互独立没有隶属关系，是系统被破坏的原因之一。当时情报人员已经察觉敌特锁定了我们的电台，但无权改变电台的运行，两者是靠联系人发生关系的。北平电台属于西安总台，北平电台持有商业电台执照作掩护，而西安台则以业余电台执照作掩护。北平电台被破坏后，敌特令李政宣仍以原方式与西安台联系，持续几天，导致西安总台被破坏。

3．进入解放区

冶秋从年轻时就从事秘密工作，尤其是自1940年在周恩来、董必武领导下从事隐蔽战线工作以来，养成严格遵守秘密工作纪律、对周围环境保持高度警惕的习北平事件经过报。　1947.12.5——12.21.

1. 当前的人员，组织，工作。

我们这五个人，王，梁，丁，扶，朱。王抗战时期都在陕甘宁北军科学工作一样干外，都在电交。梁起以修或在正式组织关系。朱在北京也作组织关系。王，丁，进行加入组织。

在色彩情况上好为王样本等待以后，都一个别的。以王等的B的笔名、薛工作、徐冰及代表团。作工等联系选钱。王世英，班主使。工丙本等完七个别以后，给军统给克政军情况及进行上层联络，而北军工作。文化界活动等工作。……

陆到心以空工商业备各工作动，梁，王班要工作处，学生宿处，物营业，用副书记，工丙本，寄选钱，作或期，等经常有联系，直进行以上它指工作。

以空工北平者在徐及女，丁，行，刘们执行部作徐冰薛起等处联系。梁王的会年十二十向来到北平，工化十一线已有完全部少数参工家等派去，工计并充会工作。梁化徐海来议。工化首有参议。丁化好工作处，以工期军作处副书员。朱在殿考委记局工作。

2. 成立小组经过及当时如何等发生关系。

军调部特拍工退前，徐冰已集我们主人用会，议以后，可或立正式小组，正式组织生活，立为也有工交体联合，徐冰或薛工正参加，工级的生联系，等工以股要读多式，立次提出我正式小组，会议我们是上尚徐冰。"丁及王之组织关系改毛等解决了吧。"他也作通，信书说，"这次回去一定解决。"在这以前，苦营营（一扶如工）等到我等处，因的我女入回回事，她看到我们情形，窑向执行部基人退后，并传工个人来，徐说当等执行部的人答收（这工以后徐答收，他和通）他们工个人，以惯。1947年9月20日有宪兵到王家住地派出所，询问东总布胡同的顶银胡同7号有无叫王之纮的，警察随后到家查问。冶秋感到蹊跷，他想起曾告诉过董肇筠用王之纮的名字在电台登记号码。9月24日下午，他即就此异动询问董是否与电台有牵连，董答绝对不会，电台只有你的号码没有你的名字。9月26日中秋节前夕，冶秋代表孙连仲给教育文化界张奚若、雷洁琼、朱自清、吴晗等人送米，从早上9时一直忙到晚上10点才到家。一进家门，履芳就告诉他，余心清通知说，孙连仲找了多次，谈及有一中共电台被破获，中有一女说认得王，军统的人要孙问问他，保绥二处的处长也要问问。余还说，孙长官表示看来问题并不严重。晚10时半，冶秋到余心清处商议，冶秋认为去见孙会被交给特务，余说孙长官不会这样出卖朋友。11时多回家，余通知说，孙命次日9时到长官部见面。此时冶秋思绪万千，他想，如果去谈，根据以往的经验肯定会被羁押；如果不去又会以违抗军令被捕。翻来覆去，一夜未眠。

次日晨6时，冶秋到梁蔼然处商议是否去见孙连仲，梁主张见，冶秋也想先观察一下，尽可能坚持下去。8时，他到达铁狮子胡同办公地点，至大厅前，看见自己的勤务兵康永亮惊慌地站在那里，便问道："余委员起来没有？"康答："出事了，天刚亮来了七八个人拿着手枪，到处逮人，已经把余委员与几个勤务逮去了。"正在说话的时候，余心清住处的角门开了，冶秋的另一个勤务兵刘宝璋带着一个美式装备的人向外走来，冶秋与其对视，还以为是长官部派来的人，而刘宝璋却佯装不认识冶秋，低着头继续往前走。待他们走过后，冶秋小声问身旁的勤务兵："是他们逮的吗？"勤务兵变色答道："就是他们。"说完，几个勤务兵就都向后跑去。冶秋立刻意识到，刚过去的家伙原来是来逮捕自己的特务，看来军统已经提前下手了，现在留下来的想法已经毫无意义。他马上也跟着往后跑去。在后院他要康永亮留在岗位上，并嘱咐不要讲任何看到的情况，然后迅速走出后门。这时他已经理清了头绪，必须抢在全城搜捕之前离开北平去解放区。但由于此前"情报小组"并没有对出事后应如何撤退做出安排，怎么走呢？他忽然想起吴晗先生有向解放区输送学生的关系。于是冒着大雨，出了府学胡同便雇辆车直奔骑河楼，在此登上清华大学的校车，来到清华园旧西园12号吴晗家。真是有如神助，恰好北方大学负责接学生的汪行远正在城里，近日要返回解放区。吴晗教授要其晚上到清华园有要事相商，冶秋与汪会面后商定，第三天在天津法租界中心公园见面。

第二天，冶秋脱掉少将军服，换上吴晗先生的长袍、小褂和礼帽，拿着吴先生给的10块钱，绕过京西芦苇塘，来到永定门车站，进入一家小饭馆，要了一碗面，边吃边对四周进行仔细观察，判断一切正常后才去买票，登上去天津的火车。出了天津北站已经是夜里11点多钟，那时天津过了凌晨1点就全市戒严，冶秋记得履芳有一个亲戚在劝业场旁的天祥市场杂货店当店员，赶忙雇车拉到那里，市场已经在上门关店了，他却怎么也想不起名字和铺号，急出一身汗。这时已经是12点多了，还能去哪儿呢？他忽然想起一位通过信而未见过面的《大公报》文艺副刊李姓编辑（即解放后天津作协的作家劳荣先生），遂雇车赶到报馆的门房打问，答曰李编辑不当夜班，而住处不知道。时间越来越紧迫，冶秋突然发现门口有一辆点着电石灯的洋车，意识到是经常在这儿拉"座"的，便问洋车夫："李先生的宿舍你知道吧？""知道，我拉您去。"车夫抄起车把拉着冶秋飞快地跑起来，到达李编辑住处时已经到了戒严的时间。尽管是深更半夜，劳荣夫妇仍然十分热情地接待冶秋。次日，劳先生坚持请冶秋吃了早点才去上班，冶秋则来到天祥市场二楼的旧书摊看书，等着与小汪碰头。快到约定时间时，冶秋便向不远处的法国公园走去，二人如约相见，冶秋随小汪来到陈鼎文（"文革"前任北京市文化局长）姑母家。晚上陈鼎文由北平回来对冶秋说："你跑的那天，不到一个钟点特务就去你家了，到现在还包围着；你从机关刚走掉，特务拉着你的勤务兵坐在一辆吉普车上，堵在后门口拿着枪抵着勤务兵，进去一个人就问是不是'王主任'，一直搞到天黑才撤。现在飞机场、火车站到处拿你的相片在对，这几天万不能走！"说完把一份假证件、一个中学校的证明信交给冶秋。

　　情况看来相当紧急。冶秋根据以往对敌斗争的经验判断，越是这样越得快走，国民党的事不会这样快。第二天探路，冶秋与小汪各骑一辆车子走过南开大学，出了围子门，那里有宪兵站岗，离得很远就大声吆喝着："干什么的？到哪儿去？"他们按准备好的话回答："我们是南开的，去买鱼！"公路很泥泞，他们骑一段扛一段，买了两条活鱼就回来了。宪兵看到两人车上挂着鱼，没有再说话。晚上，冶秋与小汪商量怎么走，汪仍坚持雇大车走。第三天出发时，冶秋最终决定，还是采取骑自行车走小路的方案。由经营修理自行车铺的孙大中带路，三人一起经过几个小时的艰险骑程，闯过了两道哨卡，忽然在一个村口遭遇十几个端着枪的国民党兵，向他们大声喊道："干什么的？往哪儿去？"老孙装着是跑小生意的，说是回家看亲戚；小汪则拿出采访的"派司"，说是到前面采访。两人都顺利过了卡子。问到冶秋，答道："我是北平中学的老师，家里老娘死了，捎来信等我回去下葬。"当兵的又问他是那个村的，他做了回答。当兵的听他口音不对，于是把班长叫来。班长看了证件又看了看车子，忽然说："前边就是八路，你这个车子到那边就给没收了。留在这回来取吧！"冶秋说："这个破车子，我今天才在小市上买的。不为着奔丧，我就地下走了。"那个班长又看了一下，车子确实破，然后上来把冶秋从头到脚摸了一遍。冶秋赶忙解开大褂扣，把口袋里仅有的四块钱掏出来。"这钱留下回来取吧，前面也就不用这个钱了。"那个班长开口放行了。冶秋赶紧骑上车去追已经远去的老孙和小汪。

他们终于在下午5点半钟进入河北青县解放区。冶秋踏上这片解放区的土地时，泪流满面地拉住老孙、小汪的手大声说："感谢你们！我终于可以活着看到革命的胜利了！"在那瞬间，那些在大革命和抗日战争时期牺牲的亲人、战友和朋友的音容一一在他的脑海里闪现，他在心里告慰他们："我还活着，我一定要把你们未竟的事业进行到底！"冶秋是一个九死一生的幸存者。解放后，他写了《脱网记》，记述这又一次与死神擦肩而过的经历。

10月4日，冶秋到达沧县"城工部"（城市工作部的简称），要求向中央发电报。但该部只与地下党发生关系，不知他所说的秘密电台。因此，小汪又带他到交河县会彩圩的"解放区救济总署"（简称"解总"），在这里他得到负责人王荫圃（"文革"前曾任外交学会秘书长）的帮助（图八四），向董必武发了电报，很快得到董的回电，要他在"解总"等候，将有中央负责同志找他谈话。一天，中央社会部长康生来电，要他11月3日到泊头市委会见面。晚上康生来到会面地点，在座的还有徐冰及特地叫来的"城工部"的荣高棠。在听取冶秋汇报中间，康生不时插问一些细节。汇报完后，康生站起来，一边来回走动一边说："你们的工作做得太好了，损失太大了。"接着康生亲自拟好给中央的电报稿，交给荣高棠发报，并交代荣高棠派人到北平接济被捕人家属，打听情况，有的需要接来的，接进解放区。然后对冶秋说，每一个礼拜去沧县城工部一次，办理这些善后事宜。以后冶秋即按康的指示办理，直到善后工作结束。冶秋与康生是这样相识的。

图八四　王冶秋（左一）与王荫圃（右一）等人合影于"解总"，1947年。

　　1947年底，冶秋来到中央前委所在地——平山县西柏坡，向董必武同志汇报。正赶上前委举行新年晚会，安子文带他去观看，并把他介绍给一位高个子领导人说："这是刚从敌占区来的高山（进解放区后冶秋的化名）同志。"那位高个子说："好哇，我们正在组织人员南下，你就去当一个专员吧。"冶秋一时语塞，没有表态。晚会后，董必武问他对今后工作有何想法，他讲了上述谈话，并表示自己想先学习，以后还是从事文化教育方面的工作。董老立即说："这就不好办了，刚才要你南下的就是前委书记少奇同志，他说的话是要照办的。"冶秋感到有些紧张，请求董老为自己转圜，幸好少奇同志没有坚持。1948年1月冶秋来到设在山西潞城的北方大学，投奔自己的老师和朋友范文澜校长。

　　在冶秋出走当天，特务在顶银胡同7号周围蹲守，妄想在冶秋返家时逮捕他，为此还专门派一女特务住在王家。一周过去了，特务们一无所获，便把履芳抓进监狱，审讯了两个月，毫无进展，只好放人。1947年底，履芳带着两个孩子到天津住进三舅家，不久"城工部"荣高棠派人把他们接进解放区。到解放区以后履芳更名为"吕方"，进城后才恢复原名；两个孩子分别更名为高予和高里，一直沿用至今。"城工部"派出一辆大车送履芳母子三人去北方大学，途径履芳老家衡水，履芳到家与爷爷高静涛告别。爷爷为他们下了一锅面条，打了十几个荷包蛋，算是饯行。之后，他们又坐上车直奔山西潞城。到了北方大学已快到春节，到处欢歌笑语，学员们都在排练节目。高予发现父亲变得开朗多了，教她扭秧歌，唱解放区歌曲。这与在北平的压抑气氛大不相同，真如歌词唱的那样："解放区的天是明朗的天"。

在这里，快十四岁的高予参加了一个由一位美国教员教的英文班，这个教员就是后来在国内外小有名气的美国人韩丁。韩丁本名是William H. Hinton，译为威廉·亨特，到北方大学后与高山（冶秋）成了好朋友，冶秋为他起了一个中国名"韩丁"。多年后他们在北京相见时，回忆起在北方大学冶秋教韩丁捉虱子的趣事，不由得开怀大笑。那时卫生条件差，尤其是冬天很少洗澡和更换衣服，棉衣里长了许多虱子。韩丁把衣服脱下，用筷子把虱子从衣服缝里一个一个地夹出来放在地上。冶秋说："这样不行，必须把虱子弄死，要不然它还会爬上身来咬你。"同时教他如何用两个手指的指甲挤死虱子。几十年过去了，两位异国友人已经故去，但直到现在，韩丁的女儿讲起她父亲，仍然不无骄傲地说，父亲的中文名字是她父亲的文化友人王冶秋起的，不能改。这也可以算一件体现中美两国人民友谊的轶事。

1948年夏，北方大学搬到河北邢台，中央社会部派罗青长看望冶秋，他才得知电台案的详细情况。原来，国民党特务先用电波侦向车测定电台的地理坐标，然后在24日凌晨，雇用飞贼段云鹏上房逐屋偷听，确定正在发报后，用手势通知特务，破门而入。当时情报底稿散放在桌上，从沙发肚子里还搜出未销毁的文件与情报底稿。这是从审讯军统北平站站长马汉三的秘书张西屏及特务孔觉民的口供中得知的。1949年进北平后，有一天李克农亲自通知冶秋到西郊参加一个会议。这是由李克农主持的关于北平电台案件的总结会议，有百十人参加。李克农讲了此案被敌人破坏的经过，讲了谢士炎、丁行等五人被捕后解到南京，英勇就义于雨化台；在会上李克农大骂了李政宣、董剑平等叛徒，也对此案暴露出的问题作了检讨。会议表扬了一位东北的情报员，他在出事后带着陈诚的作战命令进入解放区；也表扬了冶秋的情报贡献，表扬他出事后机智勇敢，逃脱敌人的追捕，进入解放区。

冶秋，这个十六岁参加革命，多次与死神擦肩而过却信仰弥坚的幸存者，这个身上留着酷刑印记的革命战士，从此告别了隐蔽战线的生活，怀着崇高的期望和满腔的热忱踏上新的征程，投身到新中国文博建设事业中去。

六 新中国文博事业的开创者

（一）接管北平文物古迹

1. 准备

中共中央为了适应解放战争形势的迅速发展，于1948年8月在石家庄成立华北人民政府，下设部委等职能机构，为建立中央人民政府准备组织基础。实际上这是中央人民政府的雏形，是中央政府建立前的过渡政权。董必武在9月召开的临时人民代表大会上当选为主席。8月24日，由华北联合大学和北方大学合并组成的华北大学（简称华大）在河北正定成立，吴玉章任校长，范文澜、成仿吾为副校长，钱俊瑞为党委书记。这所大学是为新中国培养人才而建立的。学校设四部两院，第四部为研究部，从事研究工作和培训大学师资。此时原北方大学还在河北邢台，冶秋在四部任研究员。11月2日辽沈战役结束，四野主力部队按中央部署入关南下，切断傅作义东路出海通道，对平津形成包围之势。北平是未来新中国首都的首选，所以中央的方针十分明确，力争和平解放，把城市损失减小到最少。为此各项准备工作也在紧锣密鼓地进行。

11月底，华北大学邢台分部奉命北上正定，校部以乡村服务团直属队为代号，各部以乡村服务某大队为代号，11月27日下午5时由邢台出发，沿平汉线北上。冶秋所在的乡村服务四大队，因为研究员大多拖家带口，如荣孟源一家四口，高山三口（这时高予在晋察冀联合中学上学），苏金伞家六口等，分乘六辆大车，每车八人，另外有十一人步行，还有两个"小鬼"作勤务。高山、荣孟源和萧前三人负责这六辆车，任务是清点人数、管理车夫、装卸等，指挥部由刘大年、王南等负责。在路上，南来北往的行军部队和支前的民工，看见这样一支"队伍"都很好奇，不知他们能为"乡村"服务些什么。

12月上旬，在他们到达正定后的一天，钱俊瑞找冶秋谈话，告诉他正在组建北平军事管制委员会（简称军管会），由叶剑英任主任委员；文化接管委员会（简称文管会），由钱负责，其中接管北平文物古迹、图书馆的部分，是十分重要的接管内容，中央很重视。董必武同志在最近的一次会议上说："现在在华北大学的王冶秋同志，去年才从北平跑出来，对北平熟得很，平时不是喜欢捡些残陶、瓷片吗？

接管北平文物古迹的事就让王冶秋去搞吧。"钱俊瑞对冶秋说："经过组织上研究，决定由尹达同志和你主持文物部的工作。"接着钱俊瑞说："尹达早年参加过殷墟发掘，抗战后到延安，是党内在考古方面的专家，你对这一安排有无意见？"冶秋答道："自己在这方面是外行，有许多东西需要学习，组织上的考虑很周到。"最后，钱俊瑞说："过几天你随我一起到良乡，北平的情况还要问问你。"

冶秋听完钱的谈话后思绪万千。首先，他喜欢这一工作。北平可以说是他的第二故乡。他十四岁到此求学，并投身于大革命洪流，接受新文化教育，形成革命人生观，积累革命工作经验，恋爱和婚姻都发生在这片故都的土地上。对于北平的大街小巷、一砖一瓦，他都怀有一种特殊的珍爱感情。其次，他素来喜爱文史工作，相关机构的工作人员多为知识分子，是他熟悉的人群，有较多的共同语言。第三，他亲身经历过北平的革命斗争，那些为革命牺牲的烈士们的遗迹遗物，他觉得有义务收集和保护起来，昭示后人。他想到去年在琉璃厂，亲自见到一些古玩商人勾结帝国主义分子盗窃文物，必须通过法令制止此类事情；他想到阜内三条的鲁迅故居不知保护得怎么样；他还想到，一定要找到绞杀中共创始人之一李大钊的那架刑具。他有太多的事要做，他想到的不仅仅是接管，还想到将来的工作……

12月24日在尹达的住处，召开了文化接管委员会文物部的成立会。尹达首先向文物部的几位工作人员李枫（清华地下党）、于坚（华大研究生）、罗歌（华大研究生）和于谷（燕大地下党）介绍高山同志，同时也把这几个年轻人向高山作了简单介绍。尹达接着说，文物部负责接管故宫博物院、北平历史博物馆、北平图书馆和北平文物整理委员会四个单位，由本人和高山分别担任正、副部长。12月27日，文物部按照12月26日钱俊瑞在文管会的第一次汇报会上提出的要求，召开了部务会（图八五），对工作人员作了如下分工：秘书：于坚；博物处：李枫，于坚；图书处：罗歌，于谷。大家按照分工，收集和整理接管对象的背景材料，提出接管计划，准备接管公告等。四个接管对象的历史、现状与存在的问题，负责人的情况与政治态度等，当时调查得十分清楚，还列出待调查的机构，现摘要如下：

国立故宫博物院：1925年10月10日在明清两代皇宫基础上创立，是世界上最大的皇家宫殿群，包括：紫禁城、景山、太庙、皇史宬、大高殿、皇堂子等，其中景山和太庙有国民党驻军，并存有军火，有隐患；院藏文物数量为全国之最，其

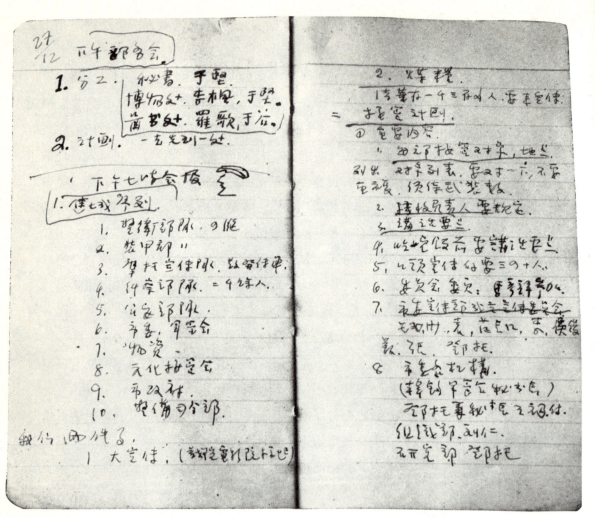

图八五　冶秋的接管准备日记

中古物数十万件，皇家典籍几十万册，明清档案几百万件。最高管理层为理事会，理事中除蒋介石外，国民党中央的人差不多都是理事，常务理事会由王世杰（理事长）、胡适、朱家骅、张道藩组成，显然需要改组。另外还有院聘的专门委员如书画、戏剧等若干人。院长马衡是著名金石学家，受长子马彦祥的影响倾向我党。由于院长的带动，院内职工已组成职警联谊会，关闭了紫禁城，安全有了保障。但警卫队成分较复杂，是个问题。

国立北平图书馆：馆长袁同礼走后，馆务由图书馆学专家王重民负责，无党无派但尽职尽责。另有"平津图书处理会"，此系抗战胜利后，沈兼士在平津收罗的书籍，原预备送北图，因无空地，乃借太庙房屋存放，似封存于一殿内，无人看管。

北平历史博物馆：馆藏文物四万余件，可能是中央博物院的东西，或属院管辖。馆长韩寿萱系留美博物馆学专家，在北大教授博物馆学。

北平文物整理委员会：从事古建筑维修保护和调查研究的专门机构，马衡兼主任，秘书余同奎，系清政府派出的第二批留学生之一，住会主持会务。

此外，有待调查者还有八处，即：国史馆办事处，河北省通志馆，木斋图书馆，松坡图书馆，巴黎大学汉学研究所图书馆，平津区图书处理会，沈阳博物院北平办事处，古物保管会。

他们除收集资料、研究接管对象外，便是集中学习和讨论，包括文件、社论、首长讲话等，内容涉及：全国形势和北平动向；方针、政策，特别是知识分子政策，强调团结、改造、保护；组织纪律与进城注意事项，规定和要求都很具体。接管北平是毛泽东主席和中共中央直接部署的，组织之严密，纪律之严明，政策之严谨，令人叹服。对于文物部的接管工作，中央军委在1948年1月16日给平津总前委的命令至关重要："此次攻城，必须做出周密计划，力求避免破坏故宫、大学及其它著名而有重大价值的文化古迹。你们务使各纵首长明了并确守这一点。"而且要求"对于城区各部分要有精密的调查，要使每一部队的首长完全明了，哪些地方可以攻击，哪些地方不能攻击，绘图立说，人手一份，当作一项纪律去执行。"那时，上至中央领导下至士兵，对保护这座旧都真是尽心尽力，终于使这一古城得以毫发无损地保存下来。当时军管组织严密，纪律严明，丝毫不因为和谈而放松警惕。为了保密，各接管机构及其首长均以代号对外，机构用地名，首长用数字，如军管会总代号为"镇江"，主任（叶剑英）代号601；市委总代号为"光山"，书记701；文管会的总代号为"江都"，主任106，而文物部代号"曲江"，副部长（冶秋）98。按军管会的规定，军管代表的资格必须是处长以上，并配自卫手枪一把，子弹若干。冶秋配的是一把漂亮的银灰色左轮手枪和六发子弹（图八六），年轻时就喜欢摆弄"羊腿"的他，握着这个小巧精致的家伙，赞不绝口。

图八六　一九五九年交回手枪的收据

经过一个多月令人焦急的等待，日夜期盼的一天终于到来了，1949年2月3日举行了盛大的解放军入城式，4日，文管会人员乘卡车进驻办公地北池子66号，冶秋的人生历程又掀开新的篇章！

2. 接管

北池子66号在明代称"河边值房"，清代仍属宫中范围。民国初年售与日本财阀大仓喜八郎，改称大仓洋行，盖"洋楼"，修四合院。代理人林龟喜与北洋军阀、国民党勾结，贩卖军火、毒品。日本投降后为军统接收，筑高墙电网，警卫森严。而现在是文管会的办公地与宿舍。4月，冶秋托亲戚将王路、王可从老家霍邱带到北平，就住在这里。记得我们当时睡日式的二层床，外面有木板推拉门可以关起来。晚饭后，有时会看见在洋楼前面的场地上，冶秋与同事们一起托排球。可是没过几天，我们哥俩又被送到六百里外的行唐乡下，进了华北育才小学。这时冶秋日夜都在忙着接管的事，根本顾不上孩子。有时晚上还要出去，因为敌特残余仍在活动，他就会别上心爱的左轮手枪。

文物部的接管工作像预计的那样，进展顺利。三个联络员，罗歌联系故宫，李枫联系北平图书馆，于坚除担任文物部秘书外，负责联系历史博物馆和文物整理委员会。白天了解情况，晚上集体汇报，布置第二天的工作，日子过得紧张有序。2月19日钱俊瑞、陈微明（沙可夫）、尹达、王冶秋持北平市军事管制委员会第120号令到故宫，正式办理接管事宜（图八七）。3月6日在故宫太和殿召开接管国立故宫博物院大会，全院职工五百余人齐集大殿，等待着那历史性的一刻。军代表尹达和冶秋登上宝座的台子，宣布正式接管故宫博物院，院长马衡留任，全院职工原职原薪，要求员工尽职尽责，确保文物古迹安全，每天照常开放。从此故宫获得了新生。此时冶秋回想起二十五年前，在大殿前听鹿钟麟将军讲演时的情景，真是斗转星移，不胜唏嘘。

国立北平图书馆是在2月13日正式接管的，军管会派尹达、冶秋和马彦祥出席接管大会，冶秋作报告（图八八），要点如下：

①军管会今日正式接管。

我们对于文化教育事业采取保护与发展的方针。因之对于北图坚决

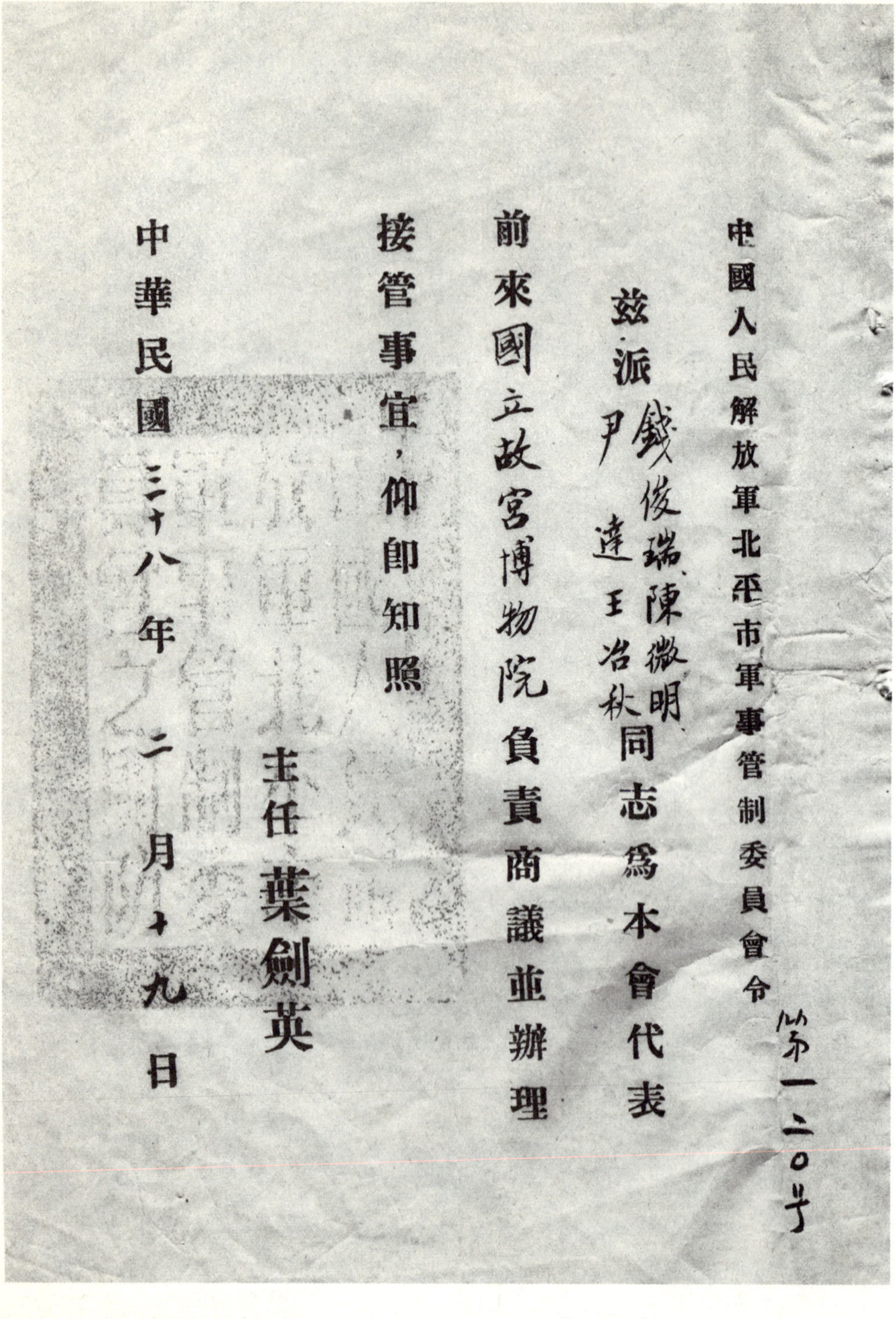

中國人民解放軍北平市軍事管制委員會令

第一二〇号

茲派 錢俊瑞、陳微明、
尹達、王冶秋同志為本會代表

前來國立故宮博物院負責商議並辦理

接管事宜，仰即知照

主任 葉劍英

中華民國三十八年二月十九日

图八七　北平军事管制委员会命令，一九四九年二月十九日。

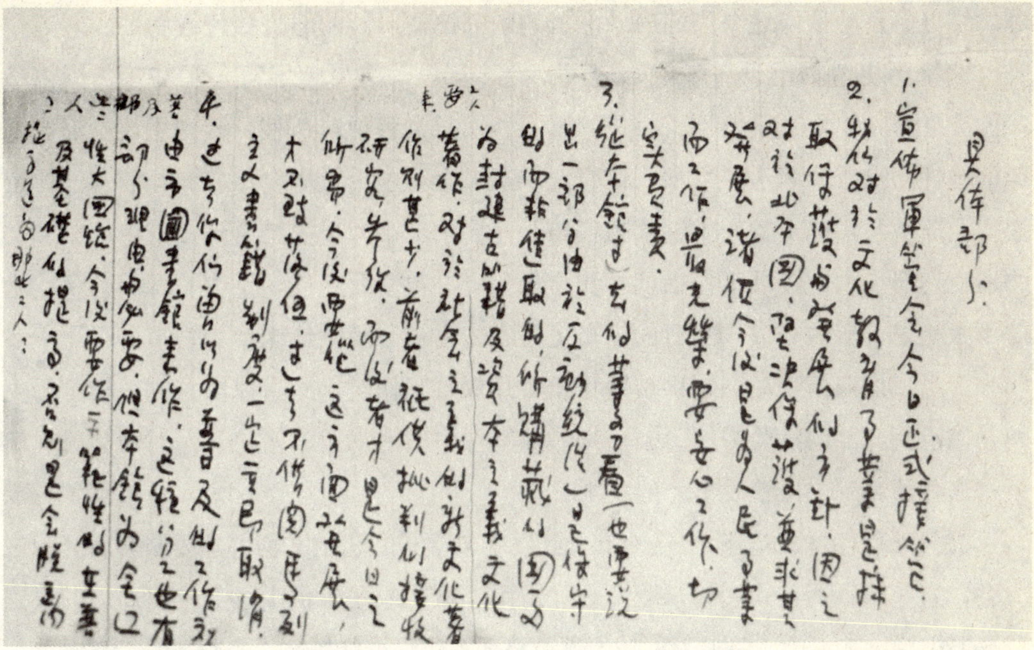
吴伟部长：
1.宣布军管会今日正式接管。
2.根据对于文化教育事业是采取保护与发展的方针，因之对于北平图，应决保护并求其发展，诸位今后是为人民而工作，最光荣，要安心工作，切实负责。
3.从本馆过去的业务看（也要说出一部分由于反动统治）是保守的而非进取的，所购藏的图书为封建古籍及资本主义文化著作，对于社会主义的新文化著作则甚少，前者在保存批判的接收研究是必然，而后者才是今日之所需，今后要从这方面发展，才不致落伍，过去不借阅马列主义书籍制度一定要立即取消。
4.过去你们认为普及的工作由市图书馆来作，这种分工也有部分理由，但本馆为全国最大图书馆，今后要作示范性的在普及基础上提高，否则是全馆……

图八八　冶秋关于接管北平图书馆的报告手迹，1949年3月。

保护并求其发展，今后各位是为人民而工作，最光荣，要安心工作，切实负责。

②从本馆过去的业务看，是保守的而非进取的。今后要多购藏社会主义新文化著作才不致落伍。过去不借阅马列主义书籍制度一定要立即取消。

③过去你们认为普及的工作由市图书馆来做，这种分工有部分理由。但本馆是全国最大图书馆，今后要做示范性的、在普及基础上的提高。要在全国图书馆事业上起模范领导作用。

④对于国民党、青年党、民社党及其他反动书刊一定要封存，决不容许这种违反真理、毒害群众的东西蔓延。

另外，他还对工作态度、技术方面的学习提出要求，并介绍了有关苏联图书馆的一些情况及列宁关于公共图书馆作用的精辟论述。他的报告使人耳目一新，其中如关于国家图书馆在普及与提高方面的示范作用，对于图书馆事业的发展影响深远。经过一番整顿，这个为国内外注目的图书馆便以新的面目接待读者了。

北平历史博物馆设在午门、端门，到接管前，这个业已筹备了37年，国内最早的公立博物馆，几乎办不下去了。韩寿萱馆长诉苦说，所拨行政费用还不够买邮票的钱。3月2日，尹达、冶秋到馆召开职工大会，由冶秋向全馆宣布：职工一律留用，原职原薪，韩寿萱先生继续担任馆长。要求全馆人员团结合作，把全部馆藏文物清点造册上报。这项工作由韩寿萱全权负责，数字要精确，不得有舞弊营私、隐匿不报等情，年内完成。当时的馆员史树青先生在一篇回忆文章中写道："三十多年来，当我们向博物馆同志讲授博物馆藏品保管工作时，一直以冶秋同志指示历史博物馆点查藏品的经验为例子。后来，编写《中国博物馆学概论》，对藏品就提出了'账目清楚''保管妥善'的要求。"

2月19日，冶秋在马衡的陪同下，到设于皇堂子的北平文物整理委员会召开职工大会，宣布军管会正式接管，职工一律留用，原职原薪，仍由已七十岁高龄的余同奎秘书主持日常工作，要求工程技术人员整理古建筑维修档案、资料，妥善保存。

这样，文物部经过一个多月的紧张工作，于1949年3月上旬，完成了全部四个接管对象的接管。之后，冶秋经常到这些机构召开职工座谈会，了解职工生活和思想状况，征询关于整顿与改革的意见。他还参加了故宫的第一次院务会议，这是故宫博物院历史上首次有上级领导与会。通过在第一线的调查研究，他对整改以及下一步的管理工作有了发言权。在这一过程中，通过与职工及专家们的互动，大家也初步认识了他正直谦和、真诚坦率的品格和对工作一丝不苟的态度。到了5月，尹达调到人民大学，文物部由冶秋全面负责。

3. 文化部文物局的前身

1949年6月6日华北高等教育委员会成立，董必武兼任主任，文物部并入该委，改为图书文物管理处（第五处），冶秋担任处长。在文物部并入之前，除了接管工作之外，冶秋还做了几件有意义的事：

一是制定法令，防止文物流失国外。冶秋针对一些不法分子乘新旧政权交替时期大量走私文物的情况，在征得董必武主席的同意后，立即起草相关法令，由华北人民政府分别于4月8日和5月17日发布《为禁运文物图书出口令》《为古玩经审查鉴别出口令》。这是华北人民政府成立后颁布的第一和第二号命令，为以后制定相关的文物管理规定与法令打下了基础。

二是西三条鲁迅故居的保护。在2月末的一天，冶秋抽空去鲁迅故居查看，见故居及室内藏书、用具保管得安全完好，1947年"北平地方法院"的封条依然贴在原处，他放心了。但为了避免在无人看管情况下被破坏，他亲自向军管会写了报告，请北平市委安排有关单位给予保护。他回想到，1946年11月来北平第十一战区长官司令部任职时，为了防止"劫收大员"对故居的接管，他曾采取"军事单位征用"的策略，把盖有长官司令部大印的封条贴在大门口，果然起到了先下手为强的效果；以后，许广平先生担心特务搜查、破坏以及周作人夫妇滋事抢东西，便致信委托冶秋、徐盈和刘清扬加以保护，三人通过北平地方法院吴昱恒院长，想出了"假查封，真保护"的法律招数，才使鲁迅故居和遗物得以完好地保存下来（图八九）。

三是找到杀害李大钊烈士的绞刑架，并开始在全国范围征集革命文物（图九〇）。

图书文物处成立后，原文物部接管的四个单位归属其领导，该处重点抓四单位业务工作的整改、开放与筹办展览等，北平文物整理委员会则开始古建筑的修缮工程。 9月11日，四单位在报上发表启事："我们四个文物机关……现在开辟了十一个新的陈列室于十一日同时开放。"新的展览很有特色，如故宫的"禁书陈列室"、北图的"赵城金藏展览室"、历博的"人民捐献陈列室"、文物整理委员会的"中国古建筑法式图片展览室"等。10月11日，由文物处起草的《关于征集革命文物的通知》由中共中央宣传部向各中央局、分局宣传部发出，《通知》指出："革命博物馆为即将设立的重要宣传教育机构。"10月19日，北平鲁迅故居经过维修和筹备，在鲁迅逝世十三周年纪念日开放，同时"鲁迅先生生活作品展览会"在北图举办。冶秋是这两个活动的推动者之一。

从1948年12月成立北平文化接管委员会文物部，1949年6月并入华北高等教育委员会成立图书文物处，到1949年11月1日中华人民共和国文化部文物局成立前近一年的时间，冶秋与他的几位同事夜以继日地工作，先后完成四单位的军事接管与业务整改，筹备新内容的展览，制定防止文物走私的法令，开始在全国范围征集革

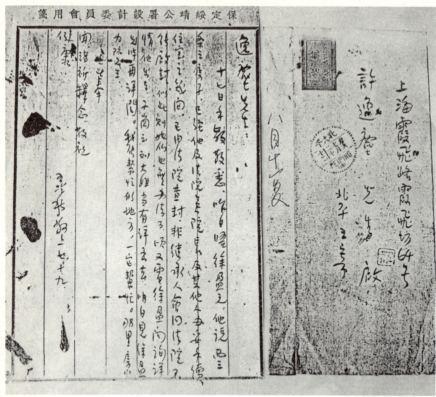

图八九　为保护鲁迅故居事，冶秋给许广平的信，一九四七年。

图九〇　《人民日报》上征集革命文献实物的启事，一九四九年五月四日。

命文献与实物，这标志着一个管理全国文博事业的机构显现了雏形，它就是文化部文物局的前身。

（二）为文博事业辛勤耕耘

冶秋说过，自从干上文物工作，自己就像头套上磨的驴子不停地拉着……

1．为文博事业奠基

11月1日中央人民政府文化部成立，16日政务院任命郑振铎为文化部文物局局长，王冶秋为副局长。冶秋与郑振铎解放前从未谋面，他是通过与鲁迅通信，研究新文学运动而认识郑先生的。在他心目中，郑先生是新文学运动的先行者，是曾与鲁迅并肩战斗过的诤友，在文学的多个领域建树超群，冶秋对其著作《插图本中国文学史》很是喜爱。他没有想到的是，解放后自己会和郑先生搭班子，共同开创新中国的文博事业。

这时文物局已搬到北海团城上办公，冶秋的家也暂时安在团城上（图九一）。当时政务院厅局级人事安排是一正一副。一般正职由党外人士担任，党员任副职。那时文化部党的建制为"总支"，周扬任书记；文物局是支部，冶秋任书记，以后文化部成立党组、党委，冶秋一直是党组、党委成员。他在文化部党组及司局长中属于"另类"，三四十年代既没有与周扬一起战斗过，也没有与其在延安共事的经历，用现在的语言就是不属于那个文化"圈子"。冶秋很庆幸能够辅助年长自己十一岁的著名学者郑振铎先生工作，因此，他谨守分际，多做实事，在各方面尊重郑先生的决定（图九二）。例如在处长和干部选用上，听从郑先生的推荐与选择。当时文物局的三个主要业务处是：图书馆处、博物馆处和古物处（即文物处），郑先生曾分别致信邀请向达、王天木和夏鼐执掌上述三处，但均被婉辞，后改由三位专家彭道真、裴文中和张珩任职。当时文物处集中了一批党外专家与学子，如人们戏称为"五大公子"的张珩（张静江侄子）、罗福颐（罗振玉之子）、傅忠谟（傅增湘之子）、徐邦达（号称徐半尺）、万斯年，以及谢元璐、陈明达等，还有两位业务秘书：郑先生的助手谢辰生和梁思成先生的助手罗哲文，可谓人才济济。而郑

图九二　团城时期的冶秋

先生也不以权威自居，凡局里的大政方针都经两人商定。50年代，冶秋与郑先生都住在黄化门街，两家院子仅一墙之隔，他们常在院内无拘无束地交谈。

很难得的是两人处世修身的价值观一致，对权位不感兴趣，而对事业却尽心尽力，处事中相互尊重，强调发挥专家作用，对青年人鼓励栽培。两位领导人相处融洽，彼此支持，遂使那时的文物局自然地形成了一种专注事业，不搞内耗，奋发向上，紧张和谐的工作氛围。建国初期百废待兴，这种工作氛围对于从无到有地建立起全国的文博管理机构是至关重要的（图九三、九四）。

从1949年11月到1955年8月郑先生不再兼任文物局长，六年里，两人通力合作，发动和依靠文博系统干部和社会上的专家，认真贯彻中央的方针政策，配合国家经济和社会发展的整体需要，创造性地进行文博系统的基础性和战略性建设，为新中国文博事业的建立与发展奠定了坚实的基础：

（1）针对基本情况不明的现状，1950年2月26日文物局拟定七种调查表，发至各省市文教机关、图书馆、博物馆及文物保管委员会进行填报，以了解全国各地图书馆、博物馆、重要文物、名胜古迹以及文物史料和革命建筑物的现状。调查结果为制定方针政策、实施有效管理提供了依据。

（2）针对文博工作专业性强、涉及多个学科的特点，除了业务处室领导均由专家担任外，为了保证制定方针政策和法规条例的客观性、专业性和权威性，他们还亲自组织召开有全国一流专家参加的座谈会，认真听取意见，逐步形成一个社会性的专家网络，这是文物工作得以稳定发展的重要保证。

（3）针对文物保护和考古发掘的管理缺少法规依据的情况，1950年2月24日，文物局在北京召开由郑振铎、王冶秋主持的文物管理工作会议，出席会议的有郭沫若、向达、梁思成、尹达、范文澜、邓拓、胡绳、马衡等专家、学者。会议讨论了《为禁运文物图书出口令》《为保护全国各地私有古迹文物图书令》《保护有关革命历史文化建筑物暂行办法》及《古文化遗址及古墓葬之调查发掘暂行办法》等文物法令。5月24日政务院发布命令，规定古迹、珍贵文物、图书及稀有生物保护办法，同时颁发《禁止珍贵文物图书出口暂行办法》《古文化遗址及古墓葬之调查发掘暂行办法》两个文件，对打击盗墓和文物走私以及开展有序考古发掘的管理提供了依据。

图九三　与珍贵文物捐献者熊述匋合影，左起：郑振铎、马衡、王冶秋、郭沫若、
熊述匋、周扬、沈雁冰、丁西林，摄于北海团城，1951年。

图九四　冶秋与郑振铎在西安大雁塔前，1956年。

（4）针对基本建设对文物事业既有促进，又会产生矛盾的现实，如何趋利避害，既服从国家经济发展的大局，又使文物与遗址得到有效保护，是迫切需要解决的问题。经过两年的摸索与实践，在1954年确定了"重点保护、重点发掘，既对基本建设有利，又对文物保护有利"的方针，这就是直到今天仍为文物工作者坚持的"两重两利"方针；同时，还举办了"全国基本建设工程中出土文物展览"，得到毛泽东和周恩来等高层领导人的肯定与支持，使新中国的文博事业与考古工作得以在高起点上展开，取得前所未有的成就。

（5）针对博物馆工作中，对博物馆性质、任务和陈列方针的认识模糊不清的情况，在1956年5月召开的第一次全国博物馆会议上，正式提出中国博物馆的性质是"科学研究机关、文化教育机关、物质文化和精神文化遗存以及自然标本的收藏所"，基本任务是"为科学研究服务，为广大人民群众服务"，这就是文博界在"文革"前指导博物馆工作的基本方针"三性、两务"。会议后，还在济南召开了全国地志博物馆工作经验交流会，并参观了中国第一个完成地志博物馆陈列的山东省博物馆，推动了全国省市级博物馆的建设和发展。

（6）针对各地急需而又缺乏文博专业队伍的现实，他们以短训班的形式培养了一批熟悉文物保护和考古方针政策、初步掌握专业知识、具备基本的现场处理能力的专业干部。由文化部文物局、中科院考古研究所和北京大学联合举办的考古人员训练班，共举办了四期，学员大多成为各地的文物考古骨干与领导。与此同时，自1952年起还举办古建筑培训班，受训人员后来成为文物保护研究和古建筑维护的骨干力量。实践证明，当时他们的果断决策是正确有效的，影响深远。

（7）针对文博工作容易出现"近水楼台先得月"的情况，他们提倡文博工作者热爱文物、熟谙文物，但不要购买和收藏文物。他们不但这样说，而且这样做。郑先生把自己解放前重金收购的几百件古代陶器全部捐献给国家；冶秋早在1949年3月就把自己在潞城捡拾的几件微不足道的古物捐给北平历史博物馆，从此再也没有收藏任何文物。由于两位领导者以身作则、廉洁奉公，在文物系统形成了一个清廉自律的传统，而他们的要求也变成了文物工作者的一项道德准则。

（8）针对国内没有专业出版文物考古书刊的机构，经郑先生倡议并利用他在出版界的声望，通过他们的共同努力，建立了文物出版社和文物印刷厂，印刷出版了深受国内外好评的书刊，为文化交流作出特别的贡献。

　　这些新中国文博事业的奠基性工作，能够在短短数年的时间里创造性地完成，一方面是由于他们的学识、经历与成就得到高层的认同（图九五）与下属的尊重，因此，做起事来可以收到事半功倍之效；更重要的是他们能够同心同德，相互支持和紧密配合，从而产生1+1＞2的效果。冶秋不仅是将郑先生作为领导来尊重，而且是当作自己学习的前辈来尊重的。顺境中是这样，逆境中亦如此。在1957年的"反右"运动中，郑先生在听了沈雁冰部长传达毛泽东的颐年堂会议讲话以后，谨言慎行，但最终还是没有逃过"左派"的追击，在"拔白旗"的浪潮中成了批判对象。"厚古薄今"是批判的内容之一。冶秋对这种妄加罪名的做法十分反感，因为解放

图九五　陪同毛泽东主席参观展览

后他与郑先生共事，深知郑先生光明磊落，热爱新中国，拥护共产党领导，怎么会"薄今"呢？因此，他不但回绝了当时中宣部一位领导要他揭批郑先生的提示，还向郑先生多年的老朋友沈雁冰部长写信，请其写一篇有分量的文章登在《文物参考资料》上，为老友正名。沈部长以"若以四十年之故交，则我非其人，抑亦今非其时也"的无奈，终未命笔。

郑先生不幸遇难令冶秋很悲痛，现在重读他在1958年和1961年写的悼念郑先生的两组诗，不仅可以感到他对郑先生的怀念，而且似乎看到这两位新中国文博事业的奠基人、拓荒者共同奋斗的身影。

诗之一（1958年11月）：

> 劫余文物费周章，九载辛勤筹划忙。
>
> 事业如今新气象，我君辛苦不能忘。

诗之二（1961年10月）：

> 北国相随近十年，堂堂步伍勇奔前。
>
> 书林漫步已成癖，笔不停挥手不闲。

2．培养文博干部的短训班

1952年8月11日，由文化部社会文化事业管理局、中国科学院考古研究所和北京大学历史系联合举办的第一期"考古工作人员训练班"开学，政务院副总理郭沫若、文化部长沈雁冰、北大副校长汤用彤均到会，并发表了热情洋溢和鼓舞人心的讲话，训练班就是在这样的高起点上扬帆起航了。但是训练班开办前，阻力相当大，夏鼐、苏秉琦等考古权威对这种通过短训班培养文物干部的办法表示反对，他们强调考古是门严谨的科学，这方面的专门人才短期是培养不出来的。而冶秋从全国各地听到和看到的现实是，随着各地基本建设的展开，无意中出土了大量文物，往往得不到及时的清理和保护，以致遭受破坏，这种情况令他痛心疾首。他认为，当务之急是尽快培养一批具备基本田野考古知识、掌握文物政策法令、能够对出土文物现场及文物进行保护的"干部"，而不是培养考古"学者"。经过冶秋的不懈努力，大家终于达成共识。每次开班冶秋都要去作学习动员报告，讲授文物法令与方针政策（图九六）。著名文博专家谭维四是第三期训练班学员，他在回忆文章中

图九六　冶秋参加考古训练班开学典礼

写道："我还深深地记得，冶秋同志的动员报告和讲述，总是那么生动亲切、感人肺腑，他以他渊博的学识，亲身的经历、作家的生动语言给我们历数中华民族悠久的历史文化、光荣的革命传统、丰富多彩的历史文物与革命文物；控诉旧时代外国侵略者，封建统治者对祖国文化进行掠夺、破坏的辛酸史；……绘声绘色地讲述新中国文博事业在社会主义建设事业中的重要地位、作用与光辉前景，向我们进行爱国主义和革命传统的教育，教导我们热爱这一事业，艰苦创业，为祖国的文博事业而献身；……"参加讲课的还有郑振铎、梁思成、夏鼐、刘敦桢、陈梦家、裴文中、贾兰坡、苏秉琦、张珩、赵万里、唐兰、马衡、郭宝钧、林徽因等，都是当时国内顶尖的学者，年轻的专家罗哲文、石兴邦、阎文儒等参加讲课或指导实习。著名考古学家石兴邦先生在回忆文章中写道："在冶秋等同志的坚持和敦促下，经过酝酿讨论，后来大家认识才取得一致。……现在看来这是十分重大的战略措施，当时称为'三个月的专家'，然而就是这些三个月的专家，现在都成为我国各地文博考古事业行政管理和科学研究的脊梁和骨干，对我国文博事业的发展影响极大。"

　　这个训练班在1952～1955年间一共办了四期，这就是在文物界享有盛名的"文物黄埔四期"。训练班采用理论联系实际的教学方法，不仅有理论阐释，还通过模型、实物、现场考察及实习来获得感性知识，收到良好效果。第一期的学员72人，人称"七十二贤"（图九七），四期学员总数为341人。与这个考古训练班同年开办的还有一个古建筑培训班，是由文化部社会文化事业管理局委托北京市文物整理委员会举办的（图九八），该班在1952～1980年间共举办四期，培养了127名学员，他们成为中国古建筑保护工作的骨干力量。这两个训练班共培养了568名干

图九七　考古训练班一期学员葛治功，二〇〇五年十月摄。

图九八　冶秋与北京文物整理委员会第一届古建筑实
习班毕业合影，1953年12月。

部，如果把他们的事迹写出来，可能是半部新中国文博史。

3. 保护干部　爱惜人才

冶秋保护干部、爱惜人才的事在全国的文博系统中有口皆碑。文物局在"反右"中没有定一个"右派"分子，更是为人称道。在1957年的鸣放中，谢辰生、陈明达等同志对文物局党的工作提出尖锐批评，并且有很多是针对冶秋个人的，如说他"实行家长制，在冯玉祥处沾染上军阀作风"等等，有些话说过了头，按照当时定的标准已经超出了范围。在"反右"运动时，文化部给文物局定的指标是三名"右派"分子，局党支部委员开始整理谢、陈的材料。那时还有一位顾铁符，在河南信阳发掘楚墓时鸣放了不少犯禁的话，当地党组织将其"右派言论"寄到文物局，这样正好凑够三人指标。但是作为文物局"反右"运动负责人的冶秋却不同意这样做，他说："这些说了过头话的同志，目的还是为了帮助党，小谢（即谢辰生）是好人说错话；至于对我个人的批评更是有则改之无则加勉，不必计较。"文化部负责"反右"运动的副部长陈克寒对此甚为不满，将冶秋训斥一通，说："你不定右派，文化部交不了账。"冶秋回应说没有就是没有，冒着被打成右倾分子或"右派"同路人的政治风险，一直顶着压力保护这些同志。在那个年代，像这样一百来人属于上层建筑和意识形态领域的单位，竟没有划一个"右派"，可以说是个奇迹。事实说明，那几个敢于直言的同志都是好同志，他们都为我国文博事业的发展做出了突出的贡献（图九九）。

陈滋德是上过延安抗大的老同志，为人坦诚，说话不拐弯，自1954年担任文物处长直到1982年，始终提不成"司局级"，冶秋与局党委曾为其争取过多次均未获

图九九　冶秋、履芳与谢辰生、唐兰、冯先铭、郭劳为等
　　　　到广州、香港考察访问，1977年。

准，问题可能是"祸从口出"。冶秋对陈滋德有个基本评价：老陈是个好人，不搞阴谋，只是管不好自己的嘴。一次陈处长陪同阿尔巴尼亚大使参观出土文物展览，当大使问有什么人来此参观过，陈不假思索地说有反动头子尼克松、基辛格。当时这位"社会主义明灯"的大使脸色变得很难看，回去后便向外交部提出抗议，一状告到总理那里。总理很生气，说："这话是谁说的？要追查、处理。"冶秋于当夜召开出土文物展全体人员会议，传达总理电话指示，要陈滋德在会上做检查。末了，冶秋说："好了，我也向总理写检查，你也写个检查。"冶秋以"管理不严"而把责任承担下来。还有一位曹建昭，在1958年《文物》第5期负责处理一件革命文物的说明时，校对时尚记得有带引号的"共匪"一词，成书时引号却不见了。这一错误被中宣部的人发现后，刊物已经发往全国各地，于是向全国邮局发了两千多份电报追回刊物。这在当时是可以扣上反革命帽子的严重政治错误，中央有关负责人要求审查曹建昭。冶秋以文化部党组成员的名义向中宣部写了检查，承担责任，并说："我了解这个青年人，他是缺乏经验，办事不踏实。"冶秋对身边工作的同志要求严格，批评起来不留情面，但在出现重大问题时，总是自己先扛起责任，保护好他们。

1972年5月，借调在出土文物展览工作的高至喜突患重病，生命垂危。冶秋立即报国务院办公室，请"卫生组"（即卫生部）出面组织抢救。病人送到协和医院，请来国内顶尖的内科专家张孝骞会诊，诊断为阿米巴肝脓肿。第二天冶秋又请来最著名的外科专家吴蔚然为高至喜穿刺排脓，并从特药部门取特效药先锋霉素一号注射（此为国内该药注射的第二例）。同时冶秋组织出土文物展的工作人员轮流值班看护病人，在他恢复期间，每天给他做半只鸡补充营养，高至喜得以迅速痊愈。要知道像张孝骞、吴蔚然这些为中央领导人看病的名医，一般连部长都难以请到，高至喜那时只是湖南省博物馆的一名普通业务干部，却能得到如此高的医疗待遇，这不仅在文博系统，就是在全国也是特例。冶秋对那些兢兢业业工作的普通人，看得很重。

在1987年10月23日冶秋的遗体告别仪式上，有一位悲痛得嚎啕大哭的中年人，他就是当时已小有名气的书法家刘炳森。他的痛哭感染了在场的许多人。刘炳森在故宫文物修复复制工厂工作时，冶秋对他在临摹古代书画方面表现出的功力与才气很赞赏。1973年，冶秋向刘炳森布置了临摹马王堆帛画的任务，这幅画将随"中华人民共和国出土文物展览"到日本展出，时间紧，难度大。刘炳森没有辜负他的重托，如期提交了一幅几可乱真的临摹作品，令冶秋十分满意。但同时，他又感到心情沉重，因为这样一个难得的人才，却长期解决不了爱人农转非和户口进京的问题。在那个年代，吃饭是要粮票的，刘炳森一家五口只能依靠他一个人的工资和粮票，生活十分艰难。冶秋和文物局的同志为此做过多方努力，向各方面呼吁，都无法解决。当冶秋打听到1974年中央国家机关有两个进京的农村户口指标时，便在第一时间向当时担任北京市委书记的吴德求援，请其无论如何批给国家文物局一个。吴德同志力排众议，将一个争得打破头的进京指标批给了国家文物局。1974年10月，刘炳森随冶秋为团长的"中国汉唐壁画展览代表团"赴日访问，冶秋向日本友人推介"小书道"刘炳森。在拜访我国驻日使馆时，冶秋对文化参赞李连庆说："我们给你们带来了一个'小书道'，他可以给你们写几张书法作品挂在房间里。不过，他平时只有四十几块钱的工资，养活一家大小非常困难，长这么大了连块手表都没有，这二十块钱买表肯定不够，你给想想办法。"李参赞很高兴地说："小伙子，写好着点儿啊。"李参赞从照顾外交官的国产海鸥牌手表中匀出一块，按出厂价18.5元卖给了刘炳森，使从未戴过手表的刘炳森激动不已。回国后没几天，一张令他望眼欲穿的家属准迁证交到了刘炳森的手上。从此，刘炳森步入了人生的新时期。可以对照一下，当时我的小家庭情况与刘炳森类似，我俩年龄也相仿，可我就没有那么幸运了。我1965年结婚，到70年代初已有两个孩子，但一直两地分居。爱人虽然是城市户口，但在那时要想调进北京真比登天还难。作为父亲，冶秋从来没有为我这件老大难的事说过一句话，可是为了刘炳森，他却用尽一切办法。有人说："刘炳森是王冶秋的宠儿。"这并非虚妄之言，因为冶秋爱惜人才胜过自己的孩子。

4. "文革"抄家没有发现一件文物

1950年初，冶秋有了自己固定的住所——黄化门39号。这是一处被人形容为火车厢似的房子，每间房子进深仅有3米，宽不足3米，一溜七间北房；还有东房两间与西边的厨房和厕所，以及百十平方米的院子。冶秋对这里很满意，他终于结束了"居无定所"的日子。他十四岁出来闯世界,"四海为家",却无力购买一所属于自己的房子;现在的房子虽然不大,但是光线很好,这与他1926年和韦素园共同租住的那间阴湿的小南屋相比,实为天上地下。冬天烧煤球取暖,生火、换煤球时总是满屋烟尘,但他并不在意,有了阳光和温暖,有"家"的感觉就够了(图一○○)。有时候在星期天的早上,他会冲着院子拖长声喊道:"谁去买油饼?我出钱!"孩子们就会跑到他屋里接过钱,去东板桥把油饼买回来。他就着稀饭、咸菜,津津有味地吃着油饼,他喜欢这种"家"的感觉。

冶秋喜欢逛琉璃厂和小市,他曾于进城后不久,在什刹海小市上买得一对椭圆形的小石子,可能是植物化石,其中一枚送给了促进日中文化交流的先行者中岛健藏先生。自从那时起,这枚小石子就没有离开过中岛先生,成为见证中日文化交流的一件"文物"。当他在小市或厂甸看到可能有收藏价值的东西时,便让卖主第二天送到局里文物处,经鉴定后决定是否收购。当时文物处集中了好几位知名的文物鉴定专家,而管文物处库房的是谌勇先生,收购后的文物由其登记入册存进库房。谌勇先生回忆,这个小库房曾为国家回收了不少文物,其中不乏上品。当然,这样做的不止是冶秋,郑振铎局长和文物局的其他同志都如此。两位局长提倡文博工作者自己不收藏文物,但鼓励为国家收购文物,以丰富博物馆收藏。

1960年3月在京召开了第一次全国文物博物馆工作会议。会议结束后,冶秋又主持开会,专门讨论各地成立文物商店,建立四城市文物鉴定委员会,加强文物出口鉴定和管理等问题。会议逐条讨论了文物管理办法、文物出口时限以及文物商店性质、任务等。流散文物的管理由此走上制度化、法制化的轨道,有效地遏止了珍贵文物的外流。在这次会议上,冶秋多次说,搞文物工作的同志要热爱文物,熟谙文物,但不要收藏文物,更不能利用工作之便,化公为私,贪图不义。他认为这是文物工作者的基本职业道德要求。据史树青先生回忆,冶秋亲口对他说:"你要在博物馆工作,就不要当收藏家。"在这方面,冶秋对在自己身边工作的同志要求更加严格,因此,几十年来,没有听说过文物局系统老同志有"近水楼台先得月"的事发生。这推翻了"常在河边站,哪能不湿鞋"的世俗定律。

1966年"文化大革命"初期,冶秋被关进牛棚,黄化门39号的家被图博文(1965年文物局改称"图博文物事业管理局")系统造反派抄了个底朝天。令造

图一〇〇　50年代全家福，1955年摄。

反派意外的是，在这个图博文系统头号"走资派"家中没有发现一件文物。这个结果也使外国人大跌眼镜，因为他们曾半开玩笑地说，中国地下发掘的和地上保存的无价之宝，都归王冶秋管，他是中国最大的"富翁"。非但如此，连一张当代书画家的字画也没有。一般人以为，冶秋担任中国革命博物馆筹备处主任以及1959年以后担任革命博物馆和历史博物馆两馆筹建小组办公室主任多年，组织和领导国内一流画家作画，跟他们要一两张画是很"自然"的。但是，冶秋从来不做这种权物交易的事。他也曾有过几样古物，那是他1948年春在山西潞城北方大学做研究员时，在附近野地里拣拾到的残陶，而这几件东西，他在1949年3月就捐赠给北平历史博物馆了。有两样东西可以算作"文物"：那是两杆德国造猎枪，一为单筒，另一杆是双筒，它们原是冯玉祥先生的爱物，后由李德全部长转赠冶秋。这两样东西"文革"中被抄走后，便不知去向了。

"文革"前和恢复工作后的几年里，人们总会看到冶秋穿着普通制服，骑着自行车上下班，车上挂着一个蓝灰布口袋，后车架上捆着一条绑书的绳子。一次，他进故宫西华门到武英殿去上班，门口的守卫要他出示证件，他拿出《出土文物展览》的临时出入证，守卫扫了一眼说："哦，是临时工，进去吧！"有的同志对他说："你有专车，还是坐车安全。"他说坐车至少要惊动两三个人，还是骑车灵活机动，这是实话。但另一方面，他喜欢骑车，特别是骑好车，像三枪牌或菲利浦牌的，因为解放前他的一大奢望就是能拥有一辆这样的自行车。

他的所谓"专车"，开始是一辆旧的日本Datsun，以后国家文物局成立，直属国务院，升为副部级单位，"专车"换成一辆白色伏尔加。那时冶秋常有陪外国领导人参观故宫的活动，我好奇地问过司机顾才师傅："你这辆伏尔加夹在奔驰、大红旗中间，嫌不嫌寒碜？"不料顾师傅却说："寒碜？那些'大奔'都得跟在我的车后头，要不然他们一进故宫就'歇菜'！"看来顾师傅也与冶秋一样，只讲工作，不求虚荣。

再回溯远一点，20世纪40年代初，冶秋在重庆从事隐蔽战线工作时，生活十分清苦（图一〇一）。前面曾经提到，他不得不把王路和王可送进"北碚慈幼院"，实际上就是战时难儿收容院。那时我不到五岁，到现在我还记忆犹新的是，像我这么大的孩子每天的主食只有17个"胡豆"，就是用盐水煮的蚕豆。饿得发慌时，就

图一〇一　王玉、王路和王可姐
弟三人在重庆乡下，
1942年。

去捡地上的广柑皮充饥。冶秋为此深感内疚，总是找机会去北碚看我们这"两个养
不活的孩子"。他并非不可以向组织要补助经费，曹靖华就跟他讲过："周恩来副
主席说有一笔经费可以资助有困难的同志，你是否需要？"冶秋答道："这个时期
党与大家都有困难，我可以挺过去！"他为了增加一点收入，就拼命地写作，《民
元前的鲁迅先生》及小说《青城山上》都是在1943年前完成的，以此得到一些稿费
贴补家用。我们现在的人很难想象，那时他们冒着生命危险为党工作，非但不取任
何报酬，还要牺牲自己的时间和精力。我想，这就是克己奉公的精神吧。冶秋这样
做不是一时、一事，从1925年参加革命后一贯如此。所以，他向文物工作者提出的
操守要求，正是他一生艰苦奋斗、无私奉献精神在新环境下的自然延续。

（三）创建中国革命博物馆

1．创意

1948年12月的一天，在北平良乡一间农民房子里的炕上，冶秋与文化接管委员会文物部的几个年轻人讨论完四个接管对象故宫博物院、北平图书馆、北平历史博物馆和北平文物整理委员会的情况汇总后，脸上流露出憧憬的表情说："新中国建立后我们应该建设一种新型的博物馆——革命博物馆，收集保存革命史料和实物，教育后人。"他又说："从鸦片战争、太平天国革命运动、戊戌变法、辛亥革命、五四运动、国内战争、抗日战争和正在进行的解放战争，百年来有多少仁人志士为了推翻封建专制制度，抗击帝国主义的侵略，建立独立自主的新国家而抛头颅洒热血，才换来我们今天革命的胜利。"说到这里他停顿下来，然后表情凝重地继续说道："我党创始人之一李大钊烈士就是一位杰出的代表，临刑时，大钊同志就在绞刑架前，大义凛然地发表了共产主义必然胜利的最后讲话，表现出一个真正共产党人的坚贞不屈。"接着他高声说："进城后我们一定要找到这架反革命刑具并且展览出来，重现那悲壮的场面，让人们知道革命胜利来之不易。"他的想法得到大家的热烈响应。从这以后，建立革命博物馆的设想便植根于冶秋的脑海里，他见到领导就宣传，有机会就鼓动，并开始谋划如何保护和征集革命文物。

1949年3月，在完成四单位接管后的一天，冶秋叫上于坚，一同去找杀害李大钊同志的绞架。两个人穿着灰布制服，佩带着军管会的臂章，骑上自行车，先到司法部街后身的法院看守所，这里是大钊同志牺牲的地方。一个书记模样的人吞吞吐吐地说出，那个绞架在敌伪时期已搬到功德林第二监狱了。于是他们寻踪到德胜门外的那座人间地狱，院中空无一人，他们找遍阴森的房间、角落，终于在西北角一个荒凉院落的铅皮棚底下发现了它。他们租来一辆平板车，并从附近借来工具，把这一罪恶的刑具拆卸下来，装上车拉回城里，放在位于午门的北平历史博物馆，不久后又放在端门东马路上，吸引了附近的一些机关如市公安局的干部前来参观。1961年中国革命博物馆开馆时，它成为一件极具震撼力的重要展品。这是冶秋为革命博物馆收集的第一件文物，其馆藏编号为0001。当时，他以此文物为例告诫文物接管干部说，如果革命文物不及时征集，就可能被当成废物处理掉。所以，他以北平历史博物馆军代表的身份与馆长韩寿萱商量，委托历史博物馆在报上刊登启事，以引起全社会的注意。1949年5月4日，正值五四运动三十周年，《人民日报》《大众日报》上刊登了由冶秋起草的《北平历史博物馆征集革命文献实物启事》，向社会公告："本馆奉文化接管委员会委托，征集自五四以来中国人民革命斗争的各种文献、实物，以备将来开设'革命博物馆'之用。"启事中还明确提出征集范围和方法。

1949年6月6日，华北高等教育委员会成立，董必武兼任主任，钱俊瑞、周扬任副主任，冶秋任图书文物处长。他关于建立革命博物馆的建议得到了董、钱、周等负责人的赞同与支持。冶秋认识到在这新旧政权交替之际，正是征集革命文物的好时机，但还必须大力地宣传。同年6月11日，冶秋又以北平历史博物馆的名义写了《北平历史博物馆征得不少革命史料》的消息，登在《人民日报》上，该文称："为建立革命的历史博物馆，华北高等教育委员会文物处（原文管会文物部）委托北平历史博物馆向各方征集革命史料，现已有很大收获。"此外，还以该馆名义致函各省市军管会所属文化接管委员会，请求协助这项工作。上述宣传得到社会的热烈响应，有不少热心人士提供线索。如今天在国家博物馆展出的杀害刘胡兰烈士的铡刀与毛泽东的题词真迹"生的伟大，死的光荣"，就是当时第一野战军张元方等同志看到这则消息后，提供线索，而由冶秋和韩寿萱联名致函文水县政府征集到的。1949年11月27日，国民党反动派逃出重庆之前，在歌乐山集中营屠杀了三百多位革命志士。消息传来，冶秋即以文物局名义致函重庆军管会，请他们告知详情，并委托他们收集烈士遗物、史料，以备将来革命博物馆陈列展出。1950年2月，冶秋又起草了《中央人民政府文化部文物局为搜集革命文物史料启事》，在《人民日报》上连续登了三天。《启事》称："我局奉命在京筹设国立革命博物馆，把革命的文献实物有系统地陈列出来，以表现中国人民民主革命在共产党领导下，艰苦奋斗终于获得胜利的过程。"启事中规定了征集范围："凡本局征集之文物资料，其范围系以五四以来中国共产党所领导的新民主主义革命为中心，远溯鸦片战争、太平天国革命运动，旁及其它革命党派团体之革命事迹"的一切有关的革命史料与文物，均在征求之列。还规定了捐赠、借存、收购三种办法。《启事》登出后影响很大，上海、南京、江西、福建、武汉等地先后建立了专门机构，开展革命文物的征集工作，并陆续将征集到的文献和实物送交文物局，这样，到1950年3月，中共中央宣传部和文化部批准成立由冶秋兼任主任的"国立革命博物馆筹备处"时，仅北平历史博物馆就征集到五百余件革命文物并移交给筹备处，成为革命博物馆馆藏的第一批文物。

2. 筹备

为筹建革命博物馆，冶秋曾向董必武、陆定一、钱俊瑞、沈雁冰、周扬等领导同志当面汇报过，他们都表示有必要建立这种新型博物馆。中共中央宣传部长陆定一曾通电各地中央分局，请他们协助收集革命文献和实物上交中央。考虑到要在全国范围内筹设革命博物馆或革命文物陈列室，并促进各级人民政府、各机关、各社会团体建立各种革命文物征集机构，广泛开展革命文物的征集工作，冶秋在征得董必武副总理同意后，代政务院起草了《征集革命文物的命令》，政务院于1950年6月16日以"政文董字第24号中央人民政府政务院令"正式颁布实施。此时，革命文物的征集工作与革命博物馆的筹备工作进展很快。国立革命博物馆筹备处工作人员已由成立时的高凤岐一人增加到近十人，并于7月29日更名为"中央革命博物馆筹备处"，同时也有了专门的办公地点，8月筹备处迁往故宫西华门内的武英殿、宝蕴楼办公，由秘书杜民主持日常工作，设有办公室、文物管理室和美术工作室。到了年底，工作人员增加到22人，其中包括美术家司徒乔、曾竹韶、周庆鼎、傅天仇、王熙民、司徒洁等，而库藏文物也陆增到11800余件（其中照片5000余张）。为推动筹备工作的进展，冶秋不仅动口，而且亲自动手撰写各种文件，乃至设计收到文物后的谢函和文物收据格式以及文物登记簿的项目栏等。筹备处还适时地举办不同类型的展览，如"美帝蒋匪重庆大屠杀照片展览"（图一〇二）、"抗美援朝保家卫国展览"（图一〇三）等。1950年3月初，冶秋安排高凤岐与北京图书馆合作，以重庆市军管会寄来的七十余张照片为基础，举办了"美帝蒋匪重庆大屠杀照片展览"，先在北京图书馆，后移至故宫午门楼上展出，展出不到一个月，参观人数竟达15万人次。后应邀到天津、江苏、广东、河北等地巡回展出。8月，筹备处编辑了《美帝蒋匪重庆集中营罪行实录》，作为《革命史丛刊》第一辑，冶秋亲自

撰写说明，由大众书店印行。

　　1950年底，冶秋正式向文化部提出筹备中国共产党党史展览的建议，以庆祝即将到来的中国共产党诞辰三十周年，此建议得到文化部同意。周扬副部长于1951年3月主持召开了第一次联席会议，出席的有杨尚昆、李涛、王惠德、裴桐、陈伯达、沈雁冰、丁燮林、王冶秋等。会议决定，为庆祝党的诞辰三十周年，由中央革命博物馆筹备处举办"中国共产党三十周年纪念展览"，同时会议通过了展览大纲。会后，冶秋在筹备处作了动员并进行了具体的分工。此后，全体工作人员在冶秋的带领下，不分昼夜地奋战。冶秋负责审定所有文物的选择和文字说明，有的展品条目他不只一次地审阅，反复推敲，力求最准确地表述展品的内涵。他还组织座谈会，讨论陈列形式和灯光配置等问题，乃至陈列柜的设计和摆放，他都亲自参与。大家以饱满的革命热情和强烈的责任感努力工作，只用了两个多月的时间便实现了预展。7月1日经彭真、胡乔木审定，同意内部开放参观。这个"中国共产党三十周年纪念展览"（又称"七一展览"）就成为以后中国革命博物馆新民主主义时期陈列的雏形。为这次展览，画家罗工柳创作了油画《地道战》，董希文创作了油画《开国大典》，这些作品现在已成为享誉世界的不朽之作。

　　从1950年至1952年，经过三年的筹备，中央革命博物馆筹备处已初具规模，培养锻炼了一批人才，积累、收集了可观的资料和实物。此间，冶秋个人就为筹备处代购了18批次共108种图书，其中许多书是难得的珍本，如光绪二十一年（公元1895年）出版的《普天忠愤集》（1～12册），1911年出版的《中国铁路借款合同全集》（上、下），民国初年出版的《复辟真相始末记》，1916年出版的《八十三日皇帝之趣谈》，1945年出版的《桂林血战实录》等。1952年底，中央调徐彬如任筹备处副主任，主持日常工作，人员也扩充到50人，革命博物馆的筹备工作，以中共党史为中心内容紧张有序地进行着。

　　1958年8月，党中央北戴河会议决定，在北京天安门广场东侧建立中国革命博物馆，喜讯传来，冶秋甚感欣慰。现在他可以告慰那些为中国革命牺牲的烈士们，他们的功绩将展现于世，他们的精神将世世代代传承下去！在这近十年的执著追求即将成为现实的时候，冶秋更感到任重而道远。

　　1958年10月，中央批准建立中国革命博物馆和历史博物馆筹建领导小组，组长钱俊瑞，副组长田家英、熊复，成员有邓拓、王宗一、刘大年、姜椿芳、刘桂五、李践为、王冶秋。1959年1月15日两馆筹建领导小组办公室成立，冶秋兼任主任，秘书于坚，文书李宗文，联络员赵炳志。冶秋既要筹划新馆的基本建设工作，又要统筹两馆陈列内容的设计，工作十分繁忙和紧张。这时，中国革命博物馆筹备处的工作人员增加到一百六十多人，又从各大专院校借调近一百五十人。他们有的被派到各省市自治区征集文物，有的负责美术创作，有的草拟陈列提纲和设计陈列形式。几百人日夜奋战，其间有各种数不清的专家征询、讨论活动，各部委及中央领导人的审查活动以及相应的修改工作。令工作人员不能忘怀的是，1959年8月初的一天深夜，周总理在冶秋的陪同下来到办公室，向在场的人们问候："同志们，辛苦了！"之后，冶秋传达总理意见说，博物馆是群众活动的场所，一切要便利群众，办公室旁的厕所要扩大、改造。总理的到来和关怀给予筹展人员极大的鼓舞。遗憾的是，数百人不分昼夜、不分节假日苦干出来的向国庆十周年献礼的党史展览，却未能通过中央的审查。

3．正式开放

1959年9月24日，冶秋召开全体工作人员大会，传达9月22日中央书记处会议精神。他说，由于红线没有贯穿各个革命时期和各个方面的斗争，革命博物馆的陈列需要补充调整，只举行内部展览。冶秋又转述了总理对陈列的意见。总理说："革命博物馆的同志们做了大量工作，很辛苦。陈列中存在的一些问题，我们有责任，没有能早些去发现，及时纠正。"总理的话使大家失望的心情得到抚慰。冶秋对于没能把中央交给的任务完成好做了自我批评。之后，他宣读中央书记处批准的革命博物馆建馆领导小组名单。10月中旬，钱俊瑞请田家英、熊复、王宗一、李践为、刘桂五、王冶秋一起研究陈列修改原则，提出突出红线、大事不漏、缩短战线、增强气氛的十六字方针。11月成立了总体设计组，王振铎为总设计师。

尽管冶秋并不主管陈列工作，但他对未能如期开馆十分焦急。为此，他根据中央书记处会议讨论革命博物馆陈列的意见，亲自领导革命博物馆业务人员务虚一周，总结经验教训，并亲自做了务虚总结。在务虚总结中，他对革命史陈列的规律进行了探索，其中重要的有如下几点（引自沈庆林文《对冶秋局长的点滴回忆》）：一、历史陈列总是同事件、人物相联系，因此要处理好事件、人物的表现；二、要以实物为基础，把选用文物和组合文物看做是陈列工作的"最重大问题"，辅助展品起辅助作用，不能代替文物，不能喧宾夺主；三、重视博物馆陈列的特殊语言，既不要为了表现思想而把陈列搞成"著作展览"，也不要因为重视文物而忽视思想统帅，搞成文物展览；四、强调博物馆陈列的普及性，指出博物馆陈列应适应群众的要求；五、提出内容和形式统一的总体设计思想。

为了制定一个更好的陈列纲目，冶秋带着几个负责陈列工作的人员求教于田家英，并请其为革命博物馆的陈列拟定一个提纲，作为修改陈列的重要依据之一。又经过八个多月的努力，在1961年7月1日，中国共产党成立四十周年纪念日，中国革命博物馆终于正式对外开放。至此，筹备阶段结束，建馆领导小组撤销，办公室也随之撤销。但是，作为文物局长，冶秋对革命博物馆的工作仍然十分关心，特别是对有关陈列内容的问题更为重视，即使是很小的修改他也要过问；较重大的问题，他必亲自审查后报中央宣传部审批。

冶秋对反映重大历史事件的革命遗迹，历史事件发生的地点、时间、参加人员等，都亲自向中央领导同志请教、核实。例如：中共一大在嘉兴南湖船上开会的情况，他就多次向董必武求证（图一〇四）。"八七会议"的召开地点不是当时党史著作中所言的江西九江，而是湖北的汉口。这是他向总理求证后得知的。在推动革命博物馆筹备工作中，他并不闭门造车，而是积极向各方面学习（图一〇五）。1950年7月，他以筹备处名义发函，请苏联中央博物馆、中央列宁博物馆提供筹办革命博物馆的经验和参考资料。1952年，应冶秋邀请，苏联革命博物馆的古德聊佐娃到京参观"七一展览"，同筹备处工作人员座谈，并介绍苏联革命博物馆的办馆经验。冶秋在中国革命博物馆筹备期间，不仅劳力，而且劳心，曾因劳累过度而大口咳血。可以说，中国革命博物馆从最初的创意、筹备到正式对外开放，无不渗透着冶秋的心血，中国革命博物馆的整个创建过程是与冶秋的名字连在一起的。

图一○四　　1961年6月陪同国家副主席董必武参观中国革命博物馆，右起：何连
　　　　　　芝、董必武、王冶秋、文化部副部长齐燕铭。

图一○五　　率博物馆代表团在苏联参观学习

（四）多亏有个王冶秋

1. "两重两利"方针的出台

1952年秋，冶秋和兼任考古训练班主任的裴文中来到郑州二里岗，这是第一届考古人员训练班进行考古发掘实习的现场。这里商代遗迹和遗物非常丰富，是比安阳殷墟的考古学文化时代更早的大型文化遗址。安金槐汇报说，黄河水利委员会将要在这一带修建仓库。冶秋立即对在场的河南文物管理委员会的胡全椴说："这里的商代遗址很重要，文物遗存很多，在考古人员训练班发掘实习结束后，你们应该派人配合黄河水利委员会的兴建工程继续进行考古发掘。"1953年8月，成立了由安金槐任组长的郑州市文物工作组，正式展开配合基本建设的考古发掘工作。当时遇到两个问题，一是基建单位怕影响工程进度，不愿文物部门配合发掘；二是当时的发掘经费都是由文物部门承担，随着基建单位增多和发掘任务量加大，发掘工人数量增加很快，文物部门无力支付这笔开销。郑州反映的这些问题，随着全国基本建设的大规模展开具有普遍性。为了寻求答案，冶秋决定抓住郑州这个点找出解决办法。是年秋，冶秋与裴文中第二次来到二里岗现场考察，专门召开了发掘人员座谈会。一些现场工作人员的发言对他有很大启发，他强烈地意识到配合基建的考古发掘，对基建单位是有利的。例如黄河水利委员会准备修建仓库的地方，经过考古发掘，发现有数处深5～6米的灰坑，如果不进行发掘清理，仓库基础的安全便没有保证。于是他要安金槐与他一起去见郑州市长王均智，冶秋讲了三点意见：其一，郑州商代遗址是新中国建立后的重大考古发现之一，有可能是第二个殷墟，应当妥善保护和配合基建进行考古发掘；其二，配合基建考古发掘对基建单位有利，可以消除基建工程下的隐患，而基本建设中发现遗址、遗物，也推进了文物部门的工作，所以，这是两利的事；其三，郑州正进行大规模基建，在基建施工中如发现土质松软的灰坑或古墓，也要请工人进行清理，所以配合基本建设的考古发掘工人，其工资由基建单位承担是合理的。王市长很有大局观，对此表示赞同，并决定今后凡是郑州市范围内配合基建工程进行考古发掘的工人的工资由基建单位负担。此项决定在刚开工的郑州砂轮厂基建中即开始执行。这样，这个在实践中遇到问题，又通过实践找到解决办法的案例，就成为"两利"方针的重要基础。1960年国务院颁布的《文物保护管理暂行条例》，其第九条规定："凡因建设工程关系而进行的勘探、发掘、拆除、迁移等工作应纳入工程计划，所需经费和劳动力，由基建部门列入预算和劳动计划。"

1954年一年内，冶秋带着博物馆处长裴文中和文物处副处长张珩三次到郑州考古发掘现场作调查研究，目的是解决全国一些重点建设城市中出现的新问题。随着基建工程的大面积展开，需要配合的考古发掘任务量猛增，而文物部门能够投入的人力和物力严重不足。在郑州这一矛盾表现得特别突出，因为河南的省会即将由开封迁到郑州，基本建设的进度加快了。冶秋在现场调查中发现，商代遗址分布范围很广，另外还有战国时期和汉代的墓葬，如果全面开花，非但不能取得保护的效果，反而可能适得其反。他召开考古发掘人员座谈会，听取第一线人员的意见，最后决定：对于郑州商代遗址采取保护一部分、发掘一部分的方针，即对于有重大价值暂可不发掘的部分商代遗址，报请市政府批准，划出保护区进行重点保护；而对于基建范围内已钻探出的遗址与墓葬，可先对将要被压在建筑物下面的部分进行重点发掘，其他部分进行保护。这样既可保证发掘质量，也可为郑州市保留下一部分文物古迹。这一方案得到王均智市长的支持，遂使商代遗址的部分重点得以保存下来（图一〇六）。由此升华出"重点保护、重点发掘"的"两重"方针，与前面提到的"两利"方针合起来，就构成了"两重两利"方针。

1955年，冶秋到西北等地调查研究（图一〇七）。在农业合作化高潮时期，冶秋主持起草了《关于在农业生产建设中保护文物的通知》，国务院于1956年4月2日发布。该通知重申了"两重两利"方针。在1958年3月召开的全国文物博物馆工作会议上，冶秋对这一方针作了明确的表述："文物保护坚决贯彻配合国家经济建设，重点保护、重点发掘，既对国家建设有利，又对文物保护有利的两利方针。"在1960年由他主持起草的《国务院关于进一步加强文物保护和管理工作的指示》和国务院颁布的《文物保护管理暂行条例》中，将"两重两利"方针正式确定下来。该方针为理顺经济建设与文物保护的关系，为在国民经济建设中取得考古发掘成果并保护好文物，发挥了巨大作用。

2. 保护故宫建筑群的完整性

冶秋把保护文物，并以之为国家和民众服务视为天职，从他接触文物工作的第

图一〇六　被保护下来的郑州商代遗址，2005年摄。

图一〇七　与敦煌文物研究所工作人员合影，1955年。

一天起，就致力于通过制定相关的政策和法规来保证这一使命的实现。1949年华北人民政府发布了第一号令《为禁运文物图书出口令》。1954年国务院下发《关于在农业生产建设中保护文物的通知》，首次提出在全国范围内对历史和革命文物遗迹进行普查工作，并在普查基础上确定保护单位名单，分期分批上报置于国家保护之列。该通知要求省、市、自治区文化局提出保护单位名单，并通知县、乡，做出标志，加以保护。1960年，国务院发布了《文物保护管理暂行条例》，并且公布了第一批全国重点文物保护单位180处，对国家保护的文物范围作了界定，确立了"文物保护单位"的"四有"制度（即划定保护范围、做出标志说明、建立纪录档案、设置专门机构）和维修、保养、使用文物的不改变原则，以及文物出口的限制制度等。这标志着文物保护管理工作走上了法制轨道，是文物事业发展的一个重要里程碑。但是到了20世纪70年代后期，随着旅游业的开放，有的领导人把赚取外汇或增加地方财政收入放在压倒一切的地位，文物保护的重要性被忽视了，文物保护单位的安全与保护受到严重威胁；此外，在暴利的驱动下，盗墓与走私文物的活动日益猖獗。冶秋为此忧心忡忡，他认为必须尽快制定法律，便要求当时担任研究室主任的谢辰生，把制定《文物保护法》的工作提上日程，并多次与其谈论此事，亲自审定初稿。这是冶秋1979年病倒之前布置的最后一项重要工作。

谢辰生先生曾讲，从字面上看，文物从出土到馆藏，现在都有了较好的制度，关键在于是否能够贯彻执行。罗哲文先生在一篇回忆文章中说，凡是直接对文物造成的破坏，处理起来相对容易，可以挺身而出，据理力争，依法治理；但是如果可能的破坏是出于无知，甚或出于好意，事情就难办了。"对人民群众、对下级部门还可以开导之、说服之、甚至命令之。而对上级、特别是顶头上级或是最高层的领导就非常困难了。有一些同志为此而受到打击、撤职、调离工作等处分。有苦难言，冤哉枉矣。"罗先生写道："举一个我曾经参加过的例子：那是刚好粉碎'四人帮'不久，正在改革开放开始，发展旅游事业的初期。为了开展旅游，1979年秋，第一任国家旅游局卢绪章局长来到慈宁宫，传达上级指示，要在故宫中利用古建筑开旅馆饭店，说是领导同志已定，要文物局执行。冶秋把有关同志找来共同研究，我是参加者之一。大家分析了故宫不能开旅馆的原因，冶秋同志以国家文物局局长的身份，十分肯定地回答：故宫不能开旅馆饭店。卢局长再次强调这是领导的

图一〇八　油画《故宫》，王路作。

意见，希王局长考虑后果。当时在场的人都十分紧张，气氛肃然。冶秋同志沉默了一会之后，很坚定地说：故宫是一座世界驰名的宫殿建筑群（图一〇八），全国重点保护单位，又是一座保存大量珍贵文物的世界著名博物馆，如果把它开旅馆，必然会造成火灾、盗窃等重大的损失。我是国家文物局的局长，我要负责，不管是谁的意见，绝不能同意，撤掉我的职，我也不同意！句句掷地有声，使我和在场的人都捏了一把汗，并为他这种精神深深地感动。还需要补说一下的，就是当时冶秋同志正处在被极大冤案牵连，情况极为困难的时期。这几句话说出，他的确是考虑过后果的。结果卢局长只好说：我回去向领导汇报。隔了几天，卢局长又来了，仍然要在故宫内利用古建筑开旅馆。冶秋同志还是那句话'我不同意。'为了使卢局长了解情况，回去也好汇报，便让我和他去实地看看。我记得带他们去看了三大殿、慈宁花园、乾隆花园和假山、亭子、游廊等地方，看来实在没有可利用之处。后来，此事只好作罢。也许领导弄清楚了故宫的情况就放弃这一决策了。"冶秋为了

图一〇九　冶秋、吴仲超在故宫御花园

避免故宫遭受破坏，不惜直言犯上，他个人为此承受的压力是可想而知的。但是不管怎样，故宫又逃过了一劫（图一〇九）。这里之所以用了一个"又"字，那是因为50年代末曾掀起过一股改造故宫的风潮，北京市城市建设委员会提出改造方案说"故宫要建设成一个群众性的文体、休息场所"。这遭到冶秋的坚决反对。为了避免发生正面冲突，凡中宣部召开有关讨论故宫改造的会议，他就逃会。最终，改造故宫的计划被陆定一否决了，故宫躲过一劫。

3.多亏有个王冶秋

在保护国家的文物古迹这方面，冶秋从来不讲情面，他像一头执拗的牛，不惜为此一搏。原中央文献研究室常务副主任金冲及在回忆文章中写道："他常说：这些文物如果在我们这一代人手里毁了，那就上对不起祖先，下对不起子孙。李先念同志有一次讲到某个文物重点保护单位时说：'你要动它一下，王冶秋要跟你拼命的。'"是的，这就是冶秋的品格。

所幸，许多中央领导人都了解冶秋这种对事不对人、忠于职守的品德，充分肯定他对文博事业作出的贡献。原中共中央政治局常委、全国政协主席李瑞环即为其

向五省秋田考察司
为保护祖光文物
而奋斗

李瑞环
一九九○年五月

图二一○　李瑞环题词，一九九○年。

中之一。李瑞环同志在1973～1979年期间，曾担任过北京市建委副主任兼基建指挥部指挥。当时多项基建工程曾经被冶秋通过吴德命令停止施工或改变施工线路。如大葆台汉墓即将被施工的推土机推平的危急时刻，当晚9点多钟冶秋把吴铁梅夫妇叫到黄化门，要铁梅代为联系吴德同志。电话接通后，冶秋向吴德报告了紧急状况并要求派部队保护现场。吴德当晚即令卫戍区的部队进驻工地，使大葆台汉墓的发掘工作得以进行。修地铁拆城墙时，施工单位要把建国门外的古观象台一起拆除，遭到罗哲文等专家的反对，但基建部门强调不拆会拖延进度，并大幅度增加成本，坚持不拆就搬迁。在紧急关头，冶秋又把吴铁梅夫妇找来，通过他们与吴德同志取得联系，请吴德先制止拆迁行动，再向总理报告不能拆迁的理由：几百年积累下来的天象观测数据和记录，离开原地就失去了意义。最后，总理亲自召开专门会议，确定了保留古观象台的方案，避免了灾难性的损失。1992～1996年担任国家文物局副局长的彭卿云在《王冶秋文博文集》前言中写道："九十年代初，李瑞环同志作为中央领导人主管文化、文物工作期间，曾经多次对当时的国家文物局领导班子和部分专家评论过冶秋同志的功绩。他在故宫参观'文物精品展'之后指出：保护文物是关系到全民族的大事，既要坚定不移，又要有远见卓识。过去搞城市建设，对王冶秋这也要保，那也要保，这也不能动，那也不能动的做法感到不理解，很反感。现在看来，多亏有个王冶秋。没有他当时的强硬态度，今天北京城里的文物古迹早就被拆毁得差不多了。"这里，李瑞环同志以切身感受说出的"多亏有个王冶秋"，是对为文博事业辛勤耕耘三十年的冶秋最好的评价（图一一〇）。

七 文博事业在逆境中崛起

（一）周恩来总理晚年执政的一项杰作

1. 经受住"文革"中的生死考验

冶秋于1966年6月16日被弄到文化部"集训班"，在那里学习文件，交代和揭发问题。他们这些"牛鬼蛇神"住在"牛棚"里，不让回家。履芳那时还没有失去自由，不时让外孙李京带上几个烧饼和八分钱一包的绿叶牌纸烟给姥爷送去。再以后，就由两个女儿王好和多多每星期带一瓶高予做的豆酱送去。这些文化部的"黑帮"们每天早晨要"示众"一次，他们成一排站在文化部办公楼前，右边第一人是夏衍，左边第一人是冶秋，由周巍峙指挥，唱由他作词作曲的"黑帮歌"："我是黑帮，我是黑帮，我有罪，砸个稀巴烂！"唱完后跪下，把胸前挂的牌子举到头上，自报身份。这些为推翻旧社会、建立新中国而出生入死奋斗几十年的革命者，竟然遭受如此令人发指的人格侮辱与精神摧残。

冶秋从文化部"集训班"出来后，图博文系统的造反派对他这个头号"走资派"进行了无休止的揪斗（图一一一）。有一次，在黄化门39号批斗冶秋与履芳，他们胸前挂着黑牌子，"革命群众"令他们站在石头台上交代罪行，"打倒'走资派'、黑帮、特务"的标语贴了半条街，口号喊得震天响，还用污秽不堪的词句辱骂他们，黄化门半条街都挤满了看"热闹"的人。王路见证了这一践踏人性的"革命行动"。这次揪斗后，我的两个妹妹王好（当时十五岁）、王晨（当时十岁）不敢回家，晚上就睡在火车站的候车室里。她们回家后，每次进出大门，都有人向她们扔石头，使她们的心灵受到很大创伤。

有一天我正在中关村上班，突然接到在红楼收发室工作的齐喜海叔叔（在团城住时就称其齐叔叔）的电话说："你快来红楼，你母亲快不行了！"我立即骑车赶到那里，一进大门，只见母亲抽搐成一团躺在收发室旁边的地上，嘴里说着胡话。此时，齐叔叔已经准备好一辆平板三轮车，帮我把母亲抬上车，我骑车送母亲到红楼马路对面的公安医院去急救。当时的情景对我触动很大，母亲躺在机关大门口几个小时，难道就没有一个有点同情心的人搭把手把她送进医院？后来我想，在那非理性的政治大环境中，人人自危，人性被扭曲了。

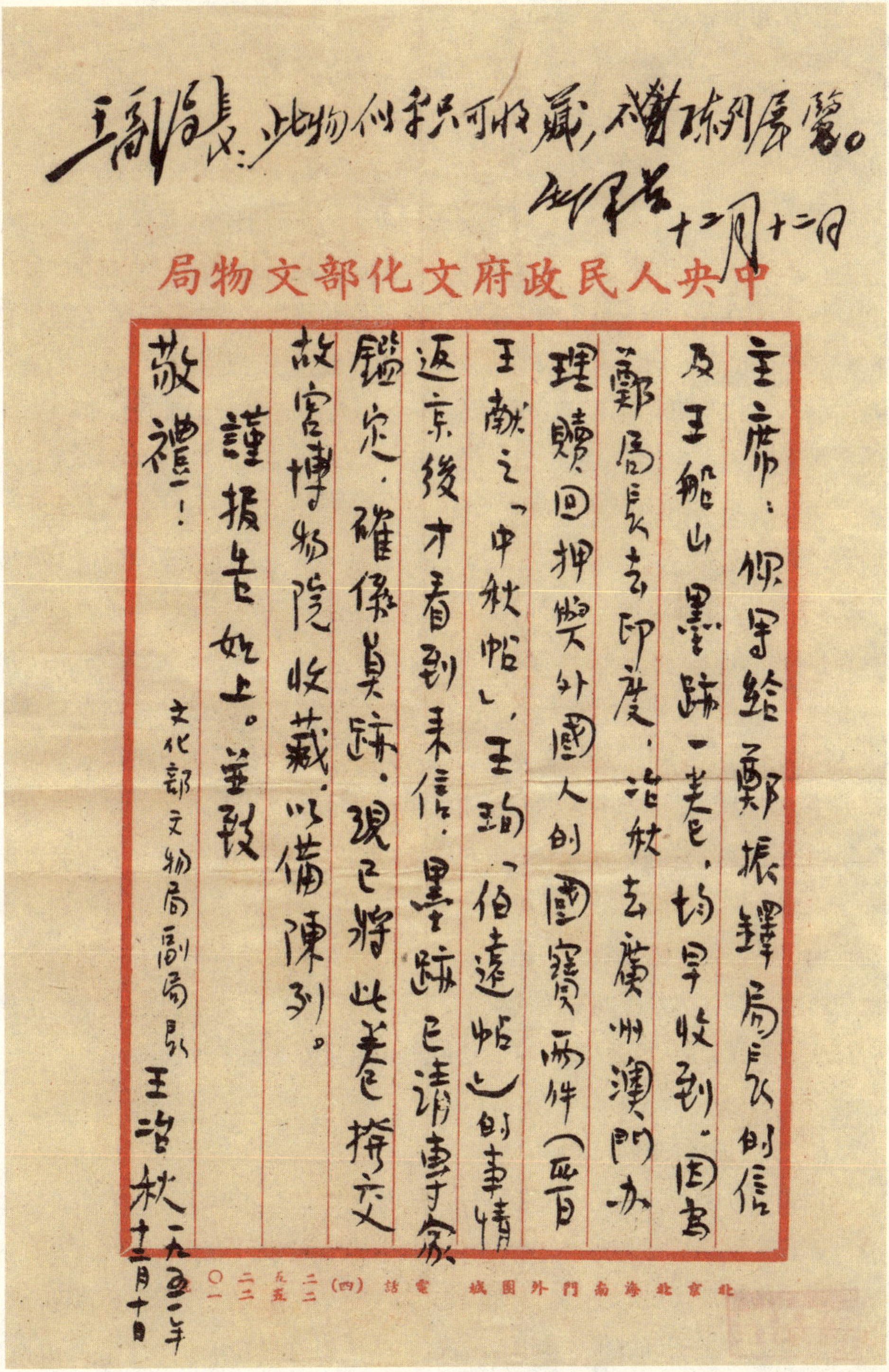

王副部长：此物似不可收藏，亦不必陈列展览。

毛泽东 十二月十二日

中央人民政府文化部文物局

主席：你寄给郑振铎局长的信
及王船山墨迹一卷，均早收到。因去年
郑局长去印度，治秋去广州澳门办
理赎回押卖外国人的国宝两件（即
王献之「中秋帖」、王珣「伯远帖」的事情）
返京后才看到来信。墨迹已请专家
鉴定，确系真迹，现已将此卷捧交
故宫博物院收藏，以备陈列。
谨报告如上。并致
敬礼！

文化部文物局副局长 王冶秋 一九五一年十二月十日

电话（四）二五二一〇 北京北海南门外国园城

图二一一 毛泽东关于『王船山字卷』的批示，冶秋在『文革』后期才看到，冶秋曾为此遭受严厉批斗，被指为扣留主席指示。

冶秋那时已近六十岁，轮番的批斗与精神摧残，使他的健康日益恶化，心绞痛、虚脱、眩晕折磨着他，一种莫名的恐惧向他袭来，他感到自己会这样死去。我那时正忙于第一颗人造地球卫星分系统的研制工作，在出差前一天去看他，他把高予和我叫到床边，嘴角一直淌着口水，充满歉意的眼睛直视着我们，像交代后事似的说："爸爸对不起你们，我恐怕坚持不下去了，他们一定要说我是军统、中统特务，还说我是苏修特务。"接着告诉我们，在重庆与北平，他去苏联驻华使馆和领事馆送过情报，那是按党组织的要求给共产国际提供情报，现在有口难辩了。我们看着他那憔悴的病容和无奈的神情，强忍着眼泪安慰他说："我们知道爸爸一生光明磊落，白色恐怖都没有击倒你，还怕这个？爸爸要有信心，真相一定会大白的！"

冶秋终于从阴影中站了起来（图一一二），到了1969年初，文化部军管会开始重视谢（辰生）、罗（哲文）、金（枫）、杜（克）四人反映的情况，罗哲文先生还专门给文化部军管会领导写信，陈述王冶秋不是"死不改悔走资派"的理由。军管会终于在1969年5月22日宣布"解放"王冶秋（图一一三）。此后，冶秋再也没有向子女提及任何关于自己在"文革"中遭受的迫害，唯一的期盼是早一天恢复工作。我一直不知道，是什么力量使他那时能够战胜那种对自己政治生命和身体健康的绝望情绪？最近一个时期，我阅读了他"文革"中写下的十多万字的"检查材料"，终于找到答案。他在1969年5月17日的一份材料中写道："我尽力地支持着要过去这一关，不能不把问题搞清楚就死去，这不但是个人的晚节问题，也是不愿儿孙他们一生中，因为我的问题受到影响。"他从来没有向子女们这样表白过，在他的精神和身体都差点儿崩溃的时刻，那支撑他坚持下去的最后力量，是保护后代不被抹黑的强烈愿望。我想，这就是他的伟大父爱（图一一四）。

2. 成立图博口领导小组

1969年，中央机关在"准备打仗"的号令下，向外地疏散老干部。当年12月，冶秋被安排到湖北咸宁文化部干校并要求作长远打算。除了书籍、衣物被褥外，连旧家具、锅碗瓢盆都统统装上了车。出发的当天，我去送行，他看着我，眼睛一片茫然地说："我还可以工作啊，难道这一辈子就这样完了！？"我知道他自5月份

图一一二　治秋又站起来了，摄于1969年6月，即"宣布解放"后一个月。

图一一三　冶秋与履芳"解放"后露出久违的笑容

图一一四　冶秋、履芳"解放"后与爱女王好、王晨

被"宣布解放"后，就一直期待着恢复工作，现在这一切似乎都被残酷地终结了。说实话，当时我真不知道该怎样安慰他，再过几天我也要到河南的一个"五七干校"去接受"贫下中农的再教育"，这个国家还要被折腾到什么时候才是尽头呢？我对送他去湖北的哥哥王路说："有空多跟爸爸说说话。"冶秋曾向他的忘年交姜德明先生讲过，到达咸宁的当天晚上天很冷，他捡来一些劈柴升火，看着那不死不活的火焰，感受到从未有过的失落！难道这一生就如此了结吗？

不！文物工作不能停转。他想到："文革"中肆意破坏文物的现象不能再发生了；全国范围的"深挖洞、广积粮"工程中，肯定会涌现大量的文物，不知有多少出土文物被盗抢，多少遗存被破坏，这都是不可挽回的损失呀；"文革"中被关闭保护起来的故宫、历史博物馆、革命博物馆和北京图书馆，应该以新面貌向公众开放了……对事业的强烈责任感，对文博工作割舍不下的挚爱，促使他在离京前向中央领导人写信，也算是一封辞行信。在信中他写道："我本想有一个5～10人的文物保护（或加上博物馆）的小组，就可以把目前处于无人管的文博事业抓起来，在全国几个重点地区抢救一些珍贵历史文化遗产及图书、碑帖等。我则还可以做一点出主意工作，也算为党为人民做一些有益的工作。"接着他特别强调"但此事必须脱离旧文化部，另在国务院设这个小组，才能有力量"。周总理读到这封信后甚感欣慰，在此举步维艰之际，一些被"打倒"的部门负责人能够主动站出来要求工作，正是总理希望的。总理当即批示："王冶秋同志信中说，本月16日已经走了。如未走，可以见他，并留他下来。"文化部军管会接到总理批示后，由部留守处派人专程去湖北接回冶秋。他回京一个多月后去军管会询问有什么工作安排，这时，军代表才把当时中央组织部负责人郭玉峰向文化部军代表和高履芳传达周总理等三位政治局常委的批示记录拿出来。冶秋看了批示后，想到自己又可以在总理领导下工作了，禁不住热泪盈眶。

1970年4月末的一天，总理秘书侯英来到黄化门39号，通知冶秋出席五一节晚上天安门的庆祝大会，并说在毛主席到来之前，总理将要与他谈几分钟的话（图一一五）。五一节晚在天安门城楼上，冶秋见到了敬爱的周总理，总理对冶秋说：准备成立图博口领导小组，先把图书馆、博物馆和文物系统的工作恢复起来；另外，许多外宾要求看故宫，还有外电造谣说，故宫三大殿都被红卫兵砸毁了，要抓

庆祝"五一"国际劳动节

1970

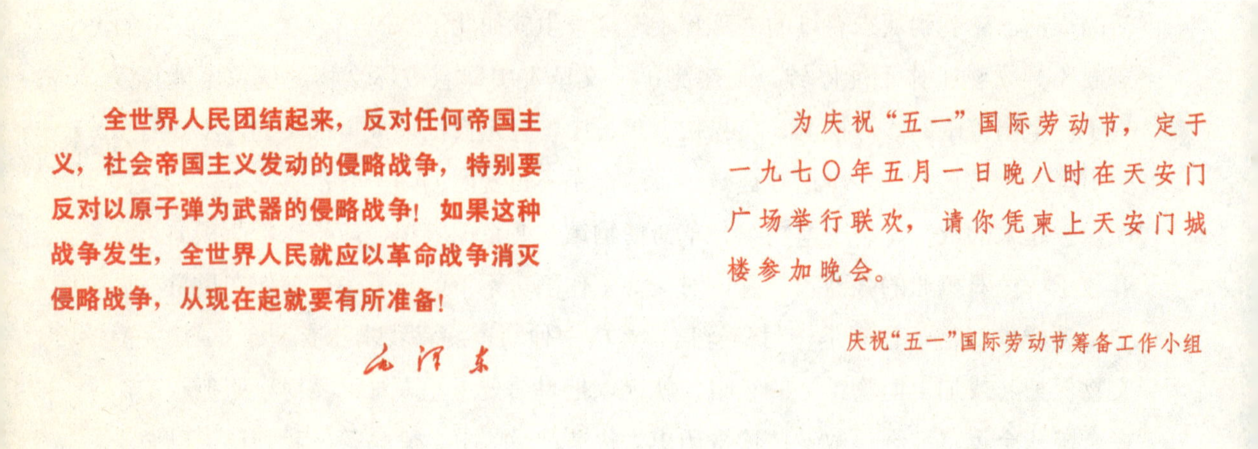

全世界人民团结起来，反对任何帝国主义，社会帝国主义发动的侵略战争，特别要反对以原子弹为武器的侵略战争！如果这种战争发生，全世界人民就应以革命战争消灭侵略战争，从现在起就要有所准备！

毛泽东

为庆祝"五一"国际劳动节，定于一九七〇年五月一日晚八时在天安门广场举行联欢，请你凭柬上天安门城楼参加晚会。

庆祝"五一"国际劳动节筹备工作小组

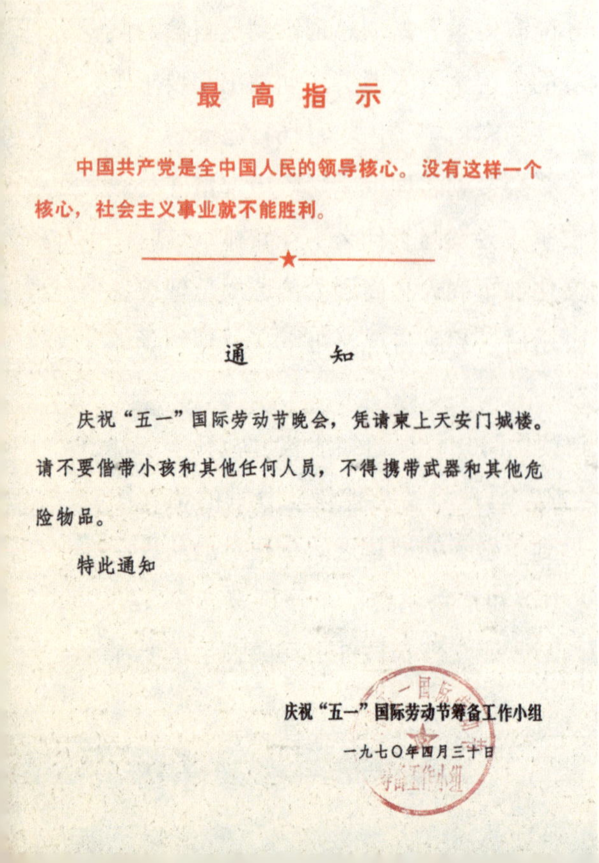

最 高 指 示

中国共产党是全中国人民的领导核心。没有这样一个核心，社会主义事业就不能胜利。

———————★———————

通　知

庆祝"五一"国际劳动节晚会，凭请柬上天安门城楼。请不要偕带小孩和其他任何人员，不得携带武器和其他危险物品。

特此通知

庆祝"五一"国际劳动节筹备工作小组

一九七〇年四月三十日

图一一五　1970年五一节天安门庆祝
　　　　　晚会请帖与通知

紧故宫的恢复开放工作；有些事可以找吴德同志商量解决，吴德既是北京市的负责人，又将兼任国务院文化组的组长。与总理谈完话后，冶秋便去找吴德请教关于故宫整改的问题。第二天，各大报都刊登了出席五一庆祝活动的负责人员名单。那时，这个由总理亲自圈定的名单是个重要的政治风向标，冶秋的名字列在"国务院各部门的军代表、负责同志、革命群众代表"的后面。总理就是通过这样一种方式，释放出"解放"干部的信息（图一一六），并以此为这些新"解放"的干部背书，确立他们的威信，以利于他们的工作。在此，我们不能不由衷地佩服周总理的领导艺术。

1970年5月10日，周总理接见图博口负责人及文化部军代表。总理一进会场，首先拉住冶秋的手问道："身体怎样？什么病？"冶秋顿时感到一股热流暖遍全

图一一六　　他们的名字常一起出现在报纸上，右起：王冶秋、
赵朴初、石西民，1976年3月摄。

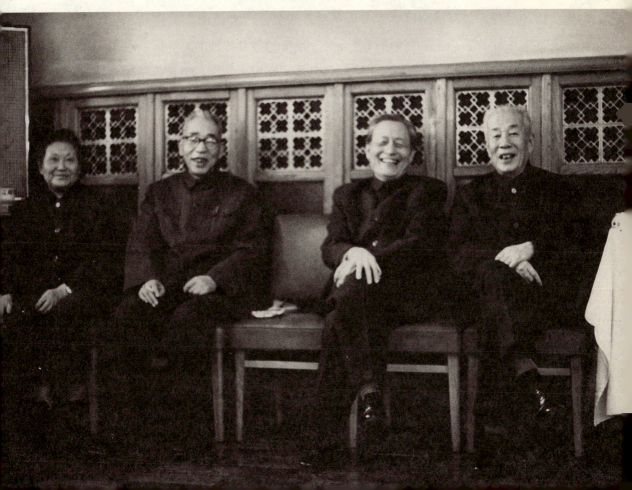

身，答道："高血压。"总理又问："多少年了？"冶秋答道："十年了。"总理说："比我早十年。"接着，总理宣布开会，宣布成立图博口领导小组，由军代表郎捷任组长，主管"文革"事务，王冶秋任副组长，主管业务工作；图博口由国务院办公室直接管，吴庆彤为联系人。总理继续说："康老病了，文物工作我亲自来管。"这是"文革"以来苦撑危局、力挽狂澜的周总理开始布的一个新"局"。那时，政府各职能部门几近瘫痪，总理总是在寻找机会与适合人选来逐步恢复。由此，文博事业掀开了新的篇章，迎来了辉煌的发展时期。

3. 漱芳斋"殿试"与故宫重新开放

故宫是在1966年8月奉命关闭的。在得知红卫兵将要冲入故宫内"破四旧"的消息后，周总理于1966年8月18日深夜召开紧急会议，决定立即关闭故宫并停止开放。现在时隔数年，在这个只有"样板戏"才是文化的"革命"年代里，要重新开放这个皇宫建筑群，不但困难重重，还要冒极大的政治风险。

1970年春，故宫博物院"革命委员会"设立了"整改组"，由高和负责。开始定的整改大方向是把故宫改造成"反封、反帝的教育阵地"。为此召开了多次座谈会，焦点集中在太和殿。北大学生提出皇帝宝座应该倾倒，把宝座挖地三尺，再配上农民起义军的雕塑。这使整改组感到为难，如果宝座这样改了，那么象征皇权的太和殿，乃至整个皇宫呢？但是在当时的大形势下，批判的内容及革命斗争的形象是不能少的。整改组请了几位美术家搞农民起义画作，雕塑家已经开始框架子。五一节后，冶秋到故宫召集整改组开会，传达吴德关于故宫整改的意见。他说在天安门城楼上，当面向吴德同志请示了关于故宫的整改，吴德同志确定的方针是：原状陈列，个别甄别，文字斟酌。这样一来，整个整改大转向，整改组不再需要挖空心思地"改"了。冶秋和整改组同志到各个陈列室走了一遍，把中轴线、西六宫、东六宫及皇极殿的陈列内容如宫廷陈设、陶瓷、民间工艺、绘画等确定下来，要求把有浓厚封建迷信色彩的艺术品剔除。针对有人提出古代绘画不宜陈列展出，冶秋说，这些画是我国优秀的文化艺术，当然要展出。最后，冶秋要求整改组按照新的整改方针布置陈列，确保1971年7月1日前全面开放。之后，每一个陈列摆出，他必到陈列室对展品逐一审查。在开放前，冶秋全面审查了故宫宫廷史迹陈列与艺术专题陈列，走遍了各个展室，对展品一一过目，不知上下了多少台阶，进出多少次宫殿，乃至观众的休息处、厕所都要看一遍，才放下心来。

为了重新开放，还有些工作要做：其一是有些古建筑需要进行加固维修，其中关于端门彩绘问题，总理在冶秋的请示报告上批示，要实用、经济、朴素、美观，美观不要过分强调，在可能条件下美观，要朴素，和天安门协调就行了。其二是故宫博物院的匾额，原匾系民国时期故宫博物院理事会理事长李煜瀛所写，为了显示除旧布新，改请郭沫若撰书，由石工把石质的匾反过来刻制，现在神武门上的"故宫博物院"匾额即为郭老所写。同时，故宫博物院的职工动员起来，清除了堆积几年的垃圾。

外观条件改善和陈列内容确定后，接下来需要重新编写一个《故宫简介》。整改组的朱金甫执笔起草了第一稿，少不了加上批判性的"革命"语言，使人读了不至于有"复辟"之嫌。且不可小看这个《简介》，它将会流传到全国、全世界的。冶秋深知其分量，尤其是在那个非常时期，一不小心就会被望文生义，扣上"反革命"的帽子，来不得半点马虎。他亲自修改定稿，上报国务院请总理批阅。总理仔细阅读了送审稿，然后批示给郭沫若，由其主持对《简介》的审查，具体办找冶秋商量。郭老见到总理的批示是在1971年6月26日上午，他立即找来冶秋讨论，两人决定第二天上午8时在故宫漱芳斋召开专家审稿会，并很快拟出一个包括夏鼐、白寿彝、刘大年、林甘泉、许大龄、黎澍、史树青等十三人的专家名单。

6月27日上午会议准时开始，会议由郭老和冶秋主持。8时许，郭老宣布开会，然后说："故宫准备重新开放，周总理批示要我和冶秋同志商量一下，邀请各位把故宫博物院为重新开放编写的《简介》及所附材料看一看，有意见提出来写在上面，也可以补充修改，一个半钟头，11时交卷。交完卷请到慈宁宫看出土文物展览。"郭老接着又风趣地说道，这可是场"殿试"！稿子收上来后，冶秋与整改组中午没有休息，开始整理文稿与专家发表的意见。冶秋对用词与字句反复推敲，最后定稿并打印，又立即赶往郭老处，郭老通读一遍没有新的意见，随即在关于审查《故宫简介》向总理的报告上签上自己的名字，冶秋也签了名（图一一七、一一八）。随后，郭老拿来一个中国科学院的信封写上：

王冶秋同志　面呈

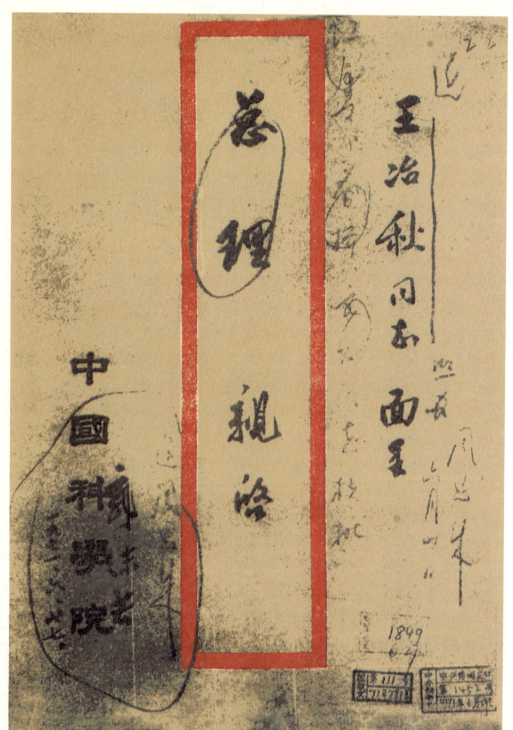

图一一七 关于审查《故宫简介》向总理报告所用信封

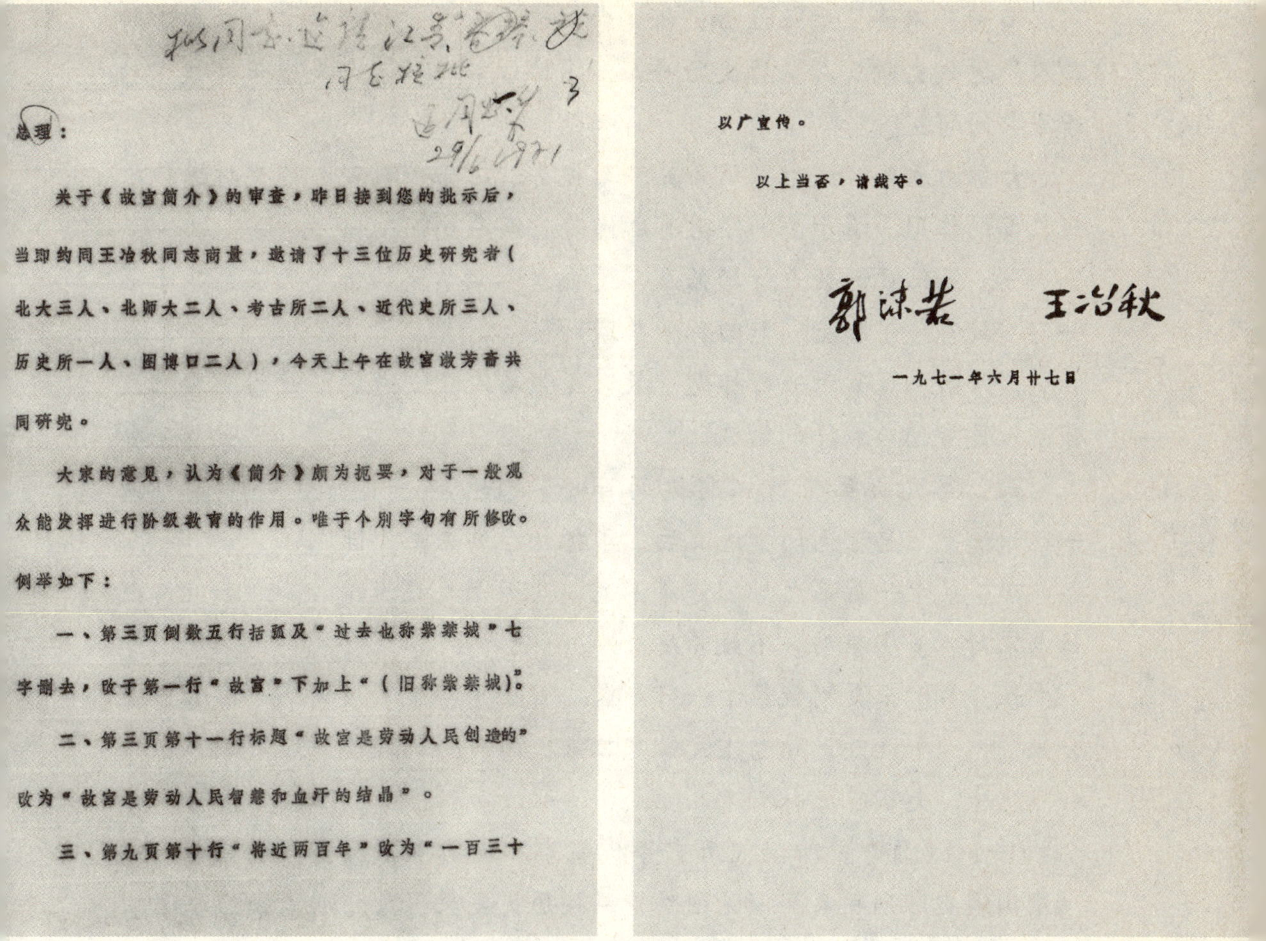

以广宣传。

以上当否，请裁夺。

总理：

关于《故宫简介》的审查，昨日接到您的批示后，当即约同王冶秋同志商量，邀请了十三位历史研究者（北大三人、北师大二人、考古所二人、近代史所三人、历史所一人、图博口二人），今天上午在故宫漱芳斋共同研究。

大家的意见，认为《简介》颇为扼要，对于一般观众能发挥进行阶级教育的作用。唯于个别字句有所修改。

例举如下：

一、第三页倒数五行括弧及"过去也称紫禁城"七字删去，改于第一行"故宫"下加上"（旧称紫禁城）"。

二、第三页第十一行标题"故宫是劳动人民创造的"改为"故宫是劳动人民智慧和血汗的结晶"。

三、第九页第十行"将近两百年"改为"一百三十

郭沫若　王冶秋

一九七一年六月廿七日

图一一八　关于审查《故宫简介》向总理的报告，上有总理的批示。

总理亲启

郭沫若

后人能够从以下报告内容和整个《故宫简介》的出台过程，体会到在那个动辄被扣上"复辟""反革命"帽子的非常时期，周总理及其领导下坚持工作的人们，是如何异常慎重地处理每一件事的：

总理：

关于《故宫简介》的审查，昨日接到你的批示后，当即约同王冶秋

同志商量，邀请了十三位历史研究者（北大三人、北师大二人、考古所二人、近代史所三人、历史所一人、图博口二人），今天上午在故宫漱芳斋共同研究。

大家的意见，认为《简介》颇为扼要，对于一般观众能发挥进行阶级教育的作用。唯于个别字句有所修改。例举如下：

一、第三页倒数五行括弧及"过去也称紫禁城"七字删去，改于第一行"故宫"下加上"（旧称紫禁城）"。

二、第三页第十一行标题"故宫是劳动人民创造的"改为"故宫是劳动人民智慧与血汗的结晶"。

三、第九页第十行"将近两百年"改为"一百三十年"。（因一八六一年"总理衙门"成立后，军机处已失去重要性。）

四、第十一页第九行"停滞不前"改为"发展迟缓"。（如此修改始与末行"多少推动"不致矛盾。）

五、第十三页倒数第十一行"长二百五十华里"改为"一百二十五公里"。（如此改，始与上文"宽二米、高一米"一致。）

此外，大家建议：

（一）《简介》所附《历史年代简表》改用中国历史博物馆制定的《中国通史陈列年表》（见附件），按历史发展阶段分期，较为合理。

（二）原有"《故宫简介》重要史实来源及说明"一文（见附件），应作为附录以供读者参考。

（三）最好逐步译为英、法、俄、阿拉伯等文字，以广宣传。

以上当否，请裁夺。

　　　　　郭沫若　王冶秋

　　　　　　　一九七一年六月廿七日

此报告送上去后，总理于28日凌晨0∶30召开了一个小会，参加人有冶秋、郎捷、吴庆彤和魏秘书。总理主要谈了列强侵略中国与清政府丧权辱国的问题，指出在简介的文字中"不提英国不行"，还具体谈到葡萄牙对澳门的侵占；又讲到从商代象形文字产生，自春秋算起三千年的中国文明史及对日本的影响，指出"日本可拉"。会议在2:30结束。冶秋回到家已是清晨3时，小睡后又爬起来，赶往郭老处转达总理的意见。于是，郭老又重新审读《故宫简介》，再次作了补充修改，内容如下：

总理：

遵照指示，《故宫简介》的修改再补充二例：

（一） 第九页第二行"自鸦片战争后"改为"在英国发动鸦片战争之后"。（突出英国）

（二） 第九页第七行下，拟加入如下一小节。"澳门以明嘉靖三十六年（一五五七）租借给葡萄牙殖民主义者，然于光绪十三年（一八八七）却将主权割让，完全放弃。尤其令人发指的是一八六○年英法联军侵入北京，焚烧了圆明园，被迫签订了投降和约，光绪二十六年（一九○○）列强组织八国联军再次侵入北京，竟以故宫为其兵营。统治者仓皇出奔，人民遭受浩劫。签订'和约'时丧权赔款。欧洲一些中小资本主义国家，援'利益均沾'之例，亦得坐地分肥。养心殿所'养'之'心'，岂不就是投降卖国之心吗？"

以上当否，请核定。

郭沫若

1971．6．28

冶秋于当天将郭老第二次修改的《故宫简介》呈送总理，总理又将《故宫简介》字斟句酌地审读一遍，然后在郭老写的信封上批道：

江青、春桥、文元同志核批。退 周恩来。

又在报告的第一页批道：

拟同意。送请江青、春桥、文元同志核批。退 周恩来 29/6 1971

待这几个人在该文件上都画了圈退回来后，总理即刻在郭老写的信封上借着原来写的名字批示：

退王冶秋同志 照办 周恩来 六月卅日

周总理为什么会对《故宫简介》这样一个小册子如此慎重呢？这是与当时的大环境有关的。1971年4月中旬，美国乒乓球代表团在总理的亲自运筹下，实现了到中国的历史性访问，这是中美外交关系中断了二十多年后和解的开始。5月，美方传来信息，美国总统尼克松表示接受邀请，准备到北京与中国领导人会谈，总统安全事务助理基辛格将先期来华秘密访问，与周总理举行一次预备性会谈。同时，日本田中政府也积极活动，争取早日实现日中邦交正常化。在此敏感时期，任何被江青等人抓住的小问题都可能被"上纲上线"，导致前功尽弃，破坏中美和解的前景。如前面所述，总理把《故宫简介》批给江青等人"核批"前，亲自审定内容和文字，几次请郭老等专家修改，由此可见当时政治环境之险恶以及总理稳定大局的良苦用心。故宫博物院7月5日重新开放，参观者非常踊跃（图一一九），每日观众达4万人次，带动全国各地的博物馆也陆续重新开放了。《故宫简介》这本思想性

图一一九　故宫重新开放，观众如潮。

强、言简意赅的小册子卖得出奇的好，日销售量达7500册，而且成为各地博物馆重新开放时编写文字说明的范本。

1971年7月9日，基辛格开始了在北京的秘密访问。冶秋参加了接待工作，他主持对基辛格住处钓鱼台五号楼以及为尼克松预备的六号楼进行室内布置，把原来室内的"红海洋"摆设全部撤掉，改为反映中国悠久历史文化与壮丽山川的文物与绘画，针对房间功能不同，均作了相应的烘托。王天木和陈大章两位专家参加了设计与布置。7月10日上午，黄华、章文晋、王冶秋等陪着基辛格参观故宫。他们沿着事前章文晋与冶秋商定的路线一路走来，那金碧辉煌的宫殿，玲珑雅致的花园，苍劲挺拔的古柏，美丽的大理石雕刻，逼真的青铜狮子，令美国人赞叹不已。之后，冶秋带领客人们参观了"文化大革命期间出土文物展览"，"马踏飞燕"与"金缕玉衣"等文物极品使美国客人啧啧称奇。1972年2月25日，美国总统尼克松在冶秋和故宫博物院院长吴仲超陪同下参观故宫，国内外媒体都作为重要新闻进行了报道。故宫博物院重新引起世人注目，轰动全球的"文物外交"由此拉开序幕。

4．成立国家文物事业管理局

1970年5月图博口领导小组成立后，冶秋有了一个实现"文物复兴"的政府"机制"。当时这个领导小组既无公章，又无明确的行政权力，但因为它是由总理亲自管的，冶秋的想法与拿不准的问题可以直接向总理汇报和请示，这样不但减少了层次，避免了干扰，更重要的是极大地提高了工作质量与执行的权威性。文物事业能够在两三年内迅速复兴，取得震惊世界的成就，起着关键作用的，就是由周总理"亲自管"的这一决策机制。

总理了解冶秋在40年代隐蔽战线工作中的出色表现，所以，1951年11月，总理在考虑由谁带队去香港收购王献之《中秋帖》和王珣《伯远帖》（图一二〇）时，鉴于当时香港政治情况的复杂性，乃决定由富有隐蔽斗争经验的冶秋带着马衡和徐森玉两位专家赴港。他们化装成煤炭商人，由澳门乘运煤船偷渡到香港，把"二帖"安全地购回。总理当然也知道，五六十年代，冶秋在建立和发展新中国的文博事业上是称职的，是党内少数由外行转变为内行的领导干部。但是，毕竟冶秋过去没有在总理直接领导下工作过，总理对他还有一个熟悉与深入了解的过程。1970年

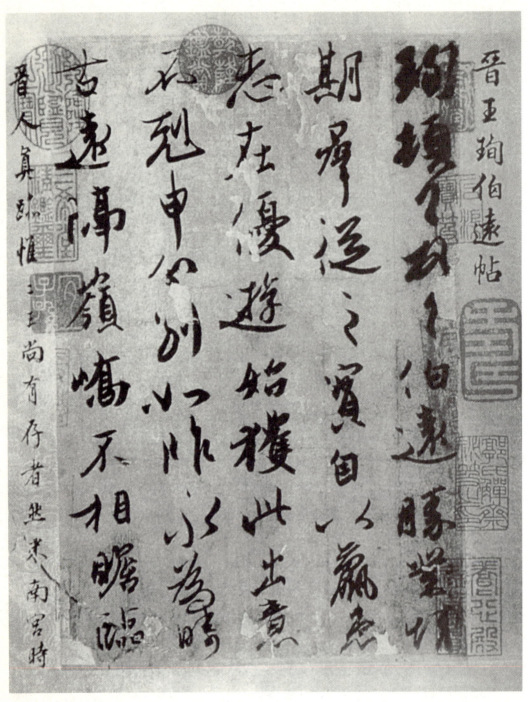

图一二〇　晋王珣伯远帖

图博口成立后，总理多次接见图博口负责人，对诸如历史博物馆的通史陈列、革命博物馆的党史陈列等等都有具体的指示，使这些业务机构得以在复杂的斗争中开展工作。有时候，总理还会问冶秋一些接见外宾时遇到的问题，如关于我国原始社会的时间跨度，中国历史上到底有无夏代的存在等等。总理通过冶秋的汇报与在会议进行中的问答，也加深了对冶秋的认识。有一次，总理在接见出版口、图博口负责人的会上，问到上海出版口军代表的籍贯时，答曰河北南皮，但此人口音很重，总理没听清楚。冶秋代其回答说："河北南皮人，就是张之洞的老家。"总理恍然悟道："呵！张南皮，张南皮！"然后向冶秋满意地点点头。

有一些外事活动，总理特意安排冶秋参加。1972年10月14日，总理在人民大会堂接见李政道夫妇，冶秋在座。这是李政道在新中国成立后第一次回国。"文革"初期，李政道在上海的老家被抄，抄走物品中有20件古瓷是其岳父所赠，一直没有发还。李政道这次回国，也想顺便处理这件事情。大家落座后，总理首先责备冶秋，面向李政道说道："就是他不还这些瓷器！"李夫人连忙解释道，那是捐献给国家的。总理仍然坚持说："不是，是他们舍不得还！"接着，总理指示一定要发还这些瓷器。其实，总理知道此事与冶秋无关，事前冶秋确实一无所知。冶秋刚听到总理责备自己时愣了一下，但很快意识到，总理是要自己代人受过，以避免接待单位中国科学院和上海方面在直接面对李政道夫妇时出现推诿和尴尬。于是，他便在总理批评时点头称是。晚上，总理举行便宴招待李政道夫妇，当冶秋经过第一桌向第三桌走去时，总理向他喊道："王冶秋！你怎么跑了，到这儿来！"冶秋便到首桌就座。这时，总理又对他说："我看你王冶秋不是那样的人！"冶秋深为总理对自己的信任而感动，同时，也领会总理这句分量很重的话之所指。"那样的人"不是简单地指"小肚鸡肠"之人，更是指那些趋炎附势、投奔江青一伙的政治投机者。那时，"在批判极'左'思潮问题上，周恩来同江青一伙的对立和斗争实际已经明朗化"（见金冲及主编《周恩来传》，中央文献出版社1998年版）。

1972年11月27日，周总理接见美国专栏作家艾尔索普，中方有乔冠华、吴冷西和王冶秋在座。总理对艾尔索普说的第一句话是："我们遵照毛主席指示，左、中、右都欢迎来。你是右派，我们欢迎你来！"艾尔索普从眼镜上方看大家，看到周围都是赞同的目光，便领会了总理的意思，变得心安理得起来。总理在与艾尔索普谈完话送走客人后，与冶秋他们又无拘束地谈起来。总理说："我今天忘了谈一段他对中国历史的错误看法。我昨天准备了一下午，查了中国历史的一些书，把他说的中国历史上统一、分裂，分裂、统一的所谓'规律'完全推翻了。我查的结果中国是统一的时间长，而分裂的时间短，大约是2700年与700年的比例，怎么说有分裂倾向呢？"冶秋乘机说："现在有的人主张在展览陈列中去掉朝代改用公元。"总理说："那不行，不要朝代，我怎么能够推算。"冶秋又说："有人提出在历史展览中，每个朝代前都要加农民起义。"总理说："那不成了农民战争失败史了吗？"冶秋继续说道："现在高校历史系只讲四史：中共党史、世界共运史、农民战争史和帝国主义侵华史，不讲通史。"总理说："那怎么行！这样怎么能知道中国是如何走过来的呢？"冶秋就是这样抓住总理接见和开会的机会，着力领会总理的思路与想法，获得总理的支持，借重总理的崇高威望，在那极"左"思潮泛滥的重围之中，为"文物复兴"开辟出一条成功之路。

图博口成立伊始，冶秋便着手筹备"文化大革命期间出土文物展览"。当时是以国务院图博口领导小组名义行文，邀请11个省市参展，而用的公章却是故宫博物院的。河南省"生产指挥部政宣组"的付月华是一个积极支持者，打电话到北京询问情况。冶秋回答说："实际上是我在筹备，我现在既无经费，也无印章，还没有人，要靠各地的支持。"那时条件如此困难，但由于有总理的直接领导，郭沫若的鼎力相助（图一二一、一二二），以及相关省市的积极支援，这个展览还是于1971年7月1日在故宫慈宁宫成功展出了。新华社和《人民日报》都发了头条消息，这是解放以来从未有过的事。在那"文化"等于"样板戏"的年代，这些灿烂的古代文物瑰宝使观众眼界大开，特别是一些老同志如朱德、陈毅、邓颖超、李富春、蔡畅、郭沫若等人十分喜爱这个展览，不止一次前来参观。冶秋总是热情接待，亲自为他们讲解。一次，冶秋向陈毅介绍山东出土的陶鬶时说，此物三条腿，从力学上讲，三条腿的器物没有方向性，比四条腿的要稳当些，测量用的架子、照相用的架子都为三条腿就是这个缘故。陈毅元帅幽默地回答道："我同意你这个观点，你看我拄着拐杖比不拄拐杖就稳当得多喽！"在场的人都开心地笑了。这个展览广受好评，来参观的外宾更是叹为观止。"文物

图一二一　1973年4月与郭沫若副委员长合影

图一二二 　郭沫若、王冶秋接见外宾

"复兴"初试啼声，便一鸣惊人。

　　周总理采取一系列步骤，加快了文博事业的全面恢复：

　　1971年7月5日，经总理批准，故宫博物院重新开放。

　　1971年7月22日，经总理批准，《文物》等三个考古学杂志复刊。

　　1971年7月24日，总理批准了《关于到国外举办中国出土文物展览的报告》。出土文物展览领导小组由国务院副秘书长吴庆彤任组长，王冶秋任副组长，夏鼐、王仲殊为组员。

　　1971年8月17日，国务院发出《关于选送出土文物到国外展览的通知》。该文是由冶秋代国务院起草的，他在文中特别加了一条，要求各地凡是文博业务干部，即使有问题也要归队重新工作。这不仅加快了文博干部的归队步伐，对其他部门的干部解放也产生了巨大的影响。

　　1972年6月17日至1972年12月11日，总理对长沙马王堆汉墓出土文物的保护、女尸解剖与新闻纪录片的拍摄先后作了四次批示，对于三号墓的发掘等也多次作口头指示。

1972年7月4日，总理听取吴庆彤、王冶秋汇报"中华人民共和国出土文物展览"筹备情况。

1973年1月16日，国务院批准王冶秋《关于增加出土文物展览工作领导小组成员的报告》和《组织中华人民共和国出土文物展览工作委员会的报告》。

1973年2月4日，总理批准王冶秋《关于重建文物出版社的报告》。

周总理这些影响深远的部署，在国内外引起强烈的反响。文物展览成为继"乒乓外交"之后，促进国际交往的一种新形式；在国内，金缕玉衣、马踏飞燕等稀世珍宝的出土和展出，引发了空前的地下文物大发现，一场前所未有的文物复兴出现在中国大地。

1972年1月14日，长沙马王堆一号汉墓开始发掘，4月28日开棺，一具保存完好的、两千多年前的女尸呈现在世人面前，轰动全球。

1972年4月，山东临沂出土了《孙子兵法》和已经失传的《孙膑兵法》等先秦古籍，共计五千余枚竹简。这批汉简的出土，澄清了千年历史疑案，国内外学术界为之雀跃。

至此，周总理在1970年5月布下的新"局"取得了决定性胜利，而贡献至伟的临时机制"图博口"，现在已经不能适应文博事业蓬勃发展的需要了。总理果断决定，成立国家文物事业管理局，并建立党委。最初在遴选党委书记人选时，冶秋曾请叶剑英元帅推荐，叶帅推荐了刘复之，刘也表示同意，但后来还是担任更为重要的公安部长去了。文物局党委书记改由原教育部副部长刘仰峤担任，冶秋为副书记。1973年4月14日，《国务院关于成立国家文物事业管理局和王冶秋等同志任职的通知》下发（图一二三），冶秋成为国家文物事业管理局的首任局长。从此，我国的文博事业进入历史上最辉煌的发展时期，这不能不归功于敬爱的周恩来总理，在其晚年执政中为后人留下这样一项杰作。

这一时期也是冶秋感到生活得最有意义和充实的一个阶段（图一二四）。

5. 与"四人帮"的特殊斗争

从1970年周总理亲自抓文博工作以来，"四人帮"从未停止过干扰与破坏，

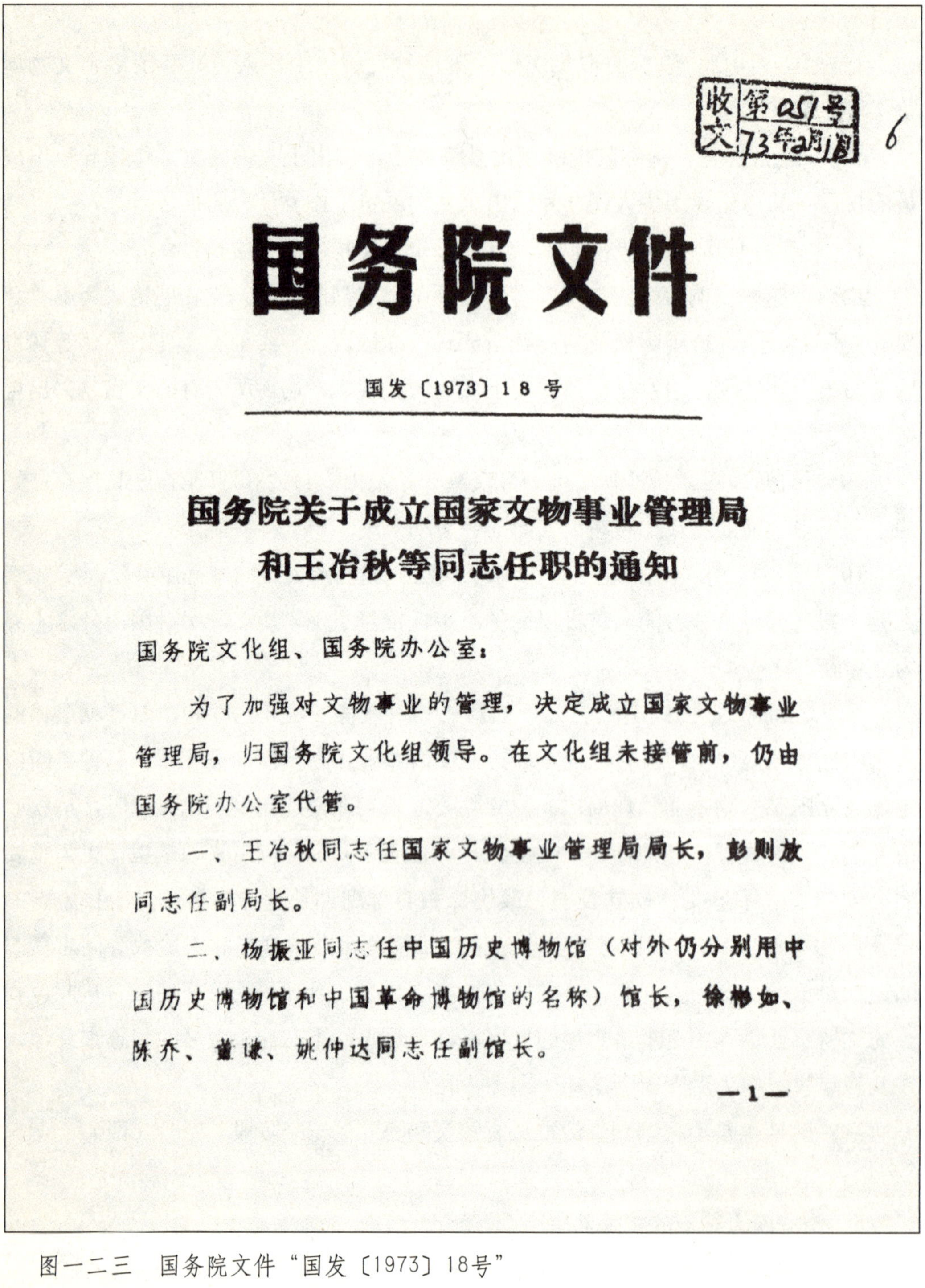

收文 第051号 73年2月1日

6

国务院文件

国发〔1973〕18号

国务院关于成立国家文物事业管理局和王冶秋等同志任职的通知

国务院文化组、国务院办公室：

为了加强对文物事业的管理，决定成立国家文物事业管理局，归国务院文化组领导。在文化组未接管前，仍由国务院办公室代管。

一、王冶秋同志任国家文物事业管理局局长，彭则放同志任副局长。

二、杨振亚同志任中国历史博物馆（对外仍分别用中国历史博物馆和中国革命博物馆的名称）馆长，徐彬如、陈乔、董谦、姚仲达同志任副馆长。

—1—

图一二三　国务院文件“国发〔1973〕18号”

图一二四　20世纪70年代的全家福

冶秋始终站在总理一边与"四人帮"作斗争。江青、张春桥等宣称，文化大革命就是要摧毁资产阶级司令部对无产阶级司令部的黑线专政，文化部门是黑线专政的重灾区。对此，冶秋在1971年向参加"文化大革命期间出土文物展览"及筹备出国文物展览的工作人员讲话中说道："文博事业是不是黑线专政？这个问题我们首先要搞清楚，否则，同志们总是灰溜溜的。"他说，北平和平解放后，时任华北人民政府主席的董必武颁布的第一和第二号命令，就是关于禁止盗运珍贵文物和图书出口的行政法令；1960年11月国务院全体会议通过的《文物保护管理暂行条例》，1961年3月国务院颁布实施，现在看这个文件仍然是正确的，已经请示国务院再次翻印了。他又说：毛主席从来都是讲批判地继承历史文化遗产，从来没有说过不要文物，而是说"我们这个民族，有数千年的历史，有它的特点，有它的许多珍贵品"。1958年毛主席视察安徽博物馆时说："一个省的主要城市都应该有这样的博物馆，人民认识自己的历史和创造力量，是一件很要紧的事。"我们办博物馆就是按毛主席这个指示来办的。接着他又说："我们的文博工作一直是周总理在抓，比如，1951年在总理的运筹下，我受命带着鉴定专家到香港用48万港币购回'二帖'，1965年总理又让我再赴香港，以45万港币购回一批善本书，其中包括已知最早的元刻蝴蝶装《梦溪笔谈》，买回来后总理还特地来看过。另外，两大馆的建设和陈列，文物出版社的设立，以及现在图博口的建立，出土文物展览的展出，故宫的开放，中国历史博物馆的通史陈列等等，无一不渗透着总理的心血。所以，我认为文博事业始终是红线领导，不是什么黑线专政。"冶秋的上述观点在不同场合不加掩饰地讲过多次，这在当时谁讲红线领导谁就会被指责为反革命复辟的肃杀氛围里，讲这番话真需要十分的勇气。他的这些讲话极大地鼓舞了全国的文博工作者。

当然，"四人帮"是不会放过他的。1974年4月，上海《文汇报》刊登了署名"公常"的文章《用无产阶级政治统帅文物的研究和展出》，不点名地批判冶秋的观点是黑线回潮、复辟逆流。徐景贤在上海文化局党代会上叫嚣："现在博物馆居然还有人说十七年是红线，自称解放以来一贯执行毛主席革命路线。这种自称一贯正确的人，我看就是一贯不正确。"之后，文化部文化组突然派调查组到文物局，绕开党委直接到基层收集整王冶秋的材料，并宣称文化组很快要接管文物局。这场来势汹汹的突然袭击令文物局的上上下下感到困惑和紧张，不知是什么来头。这个谜直到粉碎"四人帮"之后，在文化部查到上海的徐景贤给文化部于会泳的一封绝密信件时才真相大白。原来该信就是专为"红线"问题，要于会泳就近进行调查了解，采取措施整冶秋。这是他们惯用的伎俩，企图先造舆论然后夺权。

幸运的是，"四人帮"通过文化组篡夺文博事业领导权的阴谋并未得逞，冶秋与同事们避开正面冲突，用釜底抽薪的办法取得了斗争的胜利。1974年6月1日，总理离开居住和工作了二十多年的中南海西花厅，到305医院住院接受手术治疗。就在这个时候，"四人帮"的黑手伸向正在蓬勃发展的文博事业，准备派文化组的人接管国家文物事业管理局。在此危急关头，冶秋跑去请教王震，可否请总理出面讲话。王震说："此事勿劳总理费心，你给康生写个信就行。"接着，王震又谈到，现在总理处境困难，康生懂文物，文物方面的事可以找康生，由康生出来讲话，免得事事把总理推到前面。冶秋进而想到总理正进行手术治疗，决不能再打扰了，于是，把王震对自己讲的话，告诉了一直从事文博事业政策研究工作的"小谢"。谢辰生也正为此事着急，便提笔向中央政治局常委、中央"文革"小组顾问康生写信，反映文化组的倒行逆施。康生于6月28日对该信批示"送吴德、吴庆彤同志阅"，并批示了三点意见（见《中华人民共和国文物博物馆事业纪事（1949～1999）》，国家文物局编，2002年）："①谢辰生同志的来信和所附材料中关于文物保护、收购、管理、出口等方面的建议，基本上是正确的，请有关部门协商研究解决。②关于文物局的归属问题，因文物工作是全国性的，对外活动多，许多事情时间紧，任务急，层次不宜多，文物局应直属国务院，不要划归文化组。③王冶秋同志解放前为革命做了一些有益工作，解放以来对文物工作作出了贡献，是个好同志，应加以保护。"当时主持国务院工作的李先念、华国锋批示同意康生意见。这样，"四人帮"夺取文物事业领导权的阴谋没有得逞。1975年9月30日，国务院发文，确定国家文物事业管理局为国务院直属局。

"四人帮"起初对冶秋采取拉拢的办法，为了拉拢冶秋，江青颇费了一番心计。1973年，江青忽然煽起一股"《红楼梦》"热。一天，江青的秘书刘一清通知冶秋到"江青同志处"。冶秋顿时警觉起来，自己与这位权倾一时的人物素无来往，又无工作关系，会是什么事呢？他硬着头皮去了。原来江青听说历史博物馆有一残本《脂砚斋重评石头记》手抄本，是早于乾隆二十五年（公元1760年）的稿本，要冶秋为她印出来。冶秋一听是这件事，马上回答道："听说这个本子不可靠，如果要印，还是归口出版口，他们有现成的编辑和专家队伍。"冶秋一推六二五，巧妙地回绝了。实际上，这个由历史博物馆王宏钧先生于1959年在琉璃厂买回的残本，已经经过专家鉴定并由冶秋亲自核准，文物出版社业已完成出版前的一切准备，即将付印了。就在江青谈话的第二天，冶秋通知文物出版社停止影印这个残本，并且要《文物》月刊今后再也不要发有关《红楼梦》的文章。

冶秋的政治态度是十分鲜明的，只要是"四人帮"插手的事能推即推，绝不趋炎附势拿原则做交易。1974年秋，江青为菲律宾马科斯夫人访华举行文艺晚会，冶秋应邀参加。晚会结束后，江青留冶秋与文化组的人一起吃螃蟹，笼络之意十分明显。席间，于会泳、刘庆棠等人不时插科打诨，江青要刘庆棠为失言自打屁股，令冶秋十分恶心。第二天，冶秋同谢辰生讲到此事时很轻蔑地说："这些人实在太无聊了。"1974年底，文物局在中国历史博物馆筹备"各省市自治区新发现文物汇报展览"，冶秋在审查预展时对其中两件展品特别关注：一是汉印"皇后之玺"，当时有人误认为是吕后之印，这引起江青的青睐；二是在西沙文物陈列柜中陈列着一份江青的慰问电报。冶秋当即口气坚决地对负责展览工作的沈竹说："我们的展览不要摆有关江青的东西，这两件东西一定要撤掉。"要知道冶秋做这样的决定，就发生在江青"请吃螃蟹"之后，又值江青借"评法批儒"而大红大紫、翘首大位之时，也是她攻击周总理最猖狂的时候。对有的人来说，这正是千载难逢的升迁机遇。但冶秋立场分明，在自己力所能及的范围内，与江青一伙作毫不妥协的斗争。因此，沈竹、杨振亚等人以"皇后之玺"不是发掘品，真伪难定，而江青电报系内部文件不宜公开为由，都在正式展出前撤了下来（图一二五）。

图一二五　冶秋与各省市自治区新发现文物汇报展工作人员合影

江青之流在拉拢失败后，接着就出现前面提到的文化组对文物局的夺权之战。这一阴谋是从"掺沙子"开始的。"四人帮"控制的文化组以文物局领导班子应该实现"老中青"三结合为名，准备向文物局安排一名北大学生做副局长，用"四人帮"的术语就是给文物局"掺沙子"。冶秋与仰峤得知此消息后，决定抢先一步，采用直接票选的方式在文博系统内选出自己的副局长。结果沈竹和张天保得票最多，沈竹多两票，当选上任，从而粉碎了"四人帮"掺沙子的阴谋。"四人帮"自然是不甘心的，又派调查组进驻文物局收集材料，为全面夺权做准备。但这次他们失败得更惨，冶秋他们的"釜底抽薪"之策，让"四人帮"的喽啰们一个个灰溜溜地滚出了文物局，从此再不敢对文物局作威作福了。文博事业正是在排除"四人帮"干扰和破坏的逆境中崛起，迎来70年代的鼎盛与辉煌。

（二）中国文物走向世界

1．延揽文化精英

在冶秋推动文物复兴的过程中，郭沫若副委员长出了大力。周总理在1971年7月接连批准了《文物》《考古学报》《考古》三杂志复刊和《关于到国外举办中国出土文物展览的报告》，都是冶秋先征得郭老同意，请郭老出面上报的。这两个报告批准以后，冶秋却陷入人才奇缺的窘境。此前在办"文化大革命中出土文物展览"时，由于军代表不同意从干校调回业务干部，冶秋只得从各省市借调。尽管借调干部是解决困难的一个途径，但这远远解决不了专业人才短缺的问题。冶秋1971年8月代国务院起草《关于选送出土文物到国外展览的通知》时，在文件的最后加了一段话"为了研究我国民族的历史，各地应当根据实际的需要，配备一定数量的文物考古专业人员，凡无重大政治问题的，一般应予使用，并要注意培养年轻的专业人员。"此通知发出后，军代表很不满意，想方设法阻挠，冶秋只好与其达成各提名一人的对等调人协议。这样，从1971年秋冬开始，文物局系统在干校劳动的人员相继回京。这时谢辰生向冶秋建议说，"人弃我用"，文化部的不少秀才、笔杆子及部长秘书集中在干校里，有的可调到图博口，例如"文化组"认为不可使用的"黑爪牙"沈竹、金冲及，文革前都是上海市委写作班子成员，沈竹曾为"七主编"之一，金冲及是上海"螺丝钉"写作组的第一任组长，兼历史小组长。另外还有部长秘书童正洪，以及出版、编辑人才王友唐、王代文、俞筱尧、杨瑾、朱天、石光明、叶青谷等人。冶秋听了十分高兴，是啊，干校确实是一个集聚文化精英的地方。他要来名单和简历，亲自核定后，上报吴庆彤请调这些人，充实到文物出版社、出国文物展览和局机关。这些文化英才到岗后，干劲十足，很快与原文博系统的干部融合在一起。另外在筹备出国文物展览与恢复《文物》月刊时，从各地借调了一批生力军，如麦英豪、王承礼、高至喜、贾峨、梁丹、赵光林、梁子明、李科友、王劲、陈振裕、熊传薪等人，还有北大的宿白、邹衡、吕遵锷、俞伟超、李仰松、高明、严文明、李伯谦等人，以及文博系统的专家谢辰生、罗哲文、王振铎、王宏钧、史树青、耿宝昌、陈大章、巩绍英等人；为了整理和解读出土的简牍、帛书，邀集了国内第一流的学者和专家唐兰、商承祚、张政烺、罗福颐、朱德熙、杨伯峻、顾铁符、裘锡圭、李学勤、马雍等，以及历史地理学家谭其骧、历史学家唐长孺等。一时群英荟萃，学者云集。在那只讲路线斗争、大破"四旧"的年代，文博系统却奇迹般地学术空气浓郁，干劲冲天。文物局所在地"红楼"成为学者们向往的圣地。当时不仅文化部系统，就连教育部、公安部系统的一些干部也纷纷要求调进来一展才华，一时间，文博系统成了藏龙卧虎之地。通过这些文化英才与广大文博工作者艰苦卓绝的劳作，把灿烂的中国古代思想文明与物质文明推介到国内外，清除了西方借文化大革命妖魔化中国的阴霾，开创出"文物外交"的新天地。几年后，他们中有的人升为部级干部调离文博系统，更多的人作为司局级干部输送到其他部门，文博系统成为培养造就干部的基地。

2. 文物外交

基辛格1971年秘密访问中国时，唯一安排的外出活动是参观故宫和出土文物展览。这些精美的东方文物珍品，为美国客人揭开了"神秘中国"的面纱。从此，故宫博物院、大同云冈石窟、洛阳龙门石窟等地上文物遗址，还有中国历史博物馆、革命博物馆、鲁迅博物馆等展览馆，成为外国政要如美国总统尼克松、法国总统蓬皮杜、日本首相田中角荣、加拿大总理特鲁多等人访华的重要参观访问对象。这些参观访问部分地挽回了"文革"对我国国际形象造成的损害；同时，在周总理的坚强领导下，各行各业的广大干部群众也增强了恢复工作和生产的信心。

从1971年5月总理批准到国外举办出土文物展览以后，经过一年多的筹备，到1972年7月，"中华人民共和国出土文物展览"（以下简称"出土文物展览"）的全部准备工作已经就绪。展品的年代，从60万年前蓝田猿人起到明万历止，计有实物493件，复制品27件，辅助展品135件，来自全国29个省、市、自治区，具有很强的代表性。展览最初的目标国是法、英两国，1973年1月中旬，外经贸部部长方毅，外交部乔冠华、韩念龙、余湛等副部长和吴庆彤对展览作了最后审查。为了与外事部门协调，以及确保出国展品的安全，需要对组织形式与组成人员进行调整，为此，冶秋于1971年1月16日向国务院提出报告（图一二六），周总理、李先念、纪登奎等于18日批复。新的展览领导班子与组织形式是：出土文物展览工作领导小组（对内），组长吴庆彤，副组长王冶秋，组员夏鼐、王仲殊、杨骥、彭华；中国出土文物展览工作委员会（对外），主任王冶秋，副主任夏鼐，成员王植范、肖特、王友唐、王承礼、郭劳为。

这个由七人组成的"中国出土文物展览工作委员会"负责与外方对口谈判，接待来访人员等。另外还专门组织了以金冲及、谢辰生为首的写作班子，负责撰写展览前言（图一二七）与简介（图一二八）、展览说明等相关文字工作。

1973年5月8日"出土文物展览"第一次踏出国门，在法国巴黎珀蒂宫隆重开幕，引起巨大轰动（图一二九）。此后，中国文物展览风靡世界。到1978年，"出土文物展览"先后在16个国家和地区展出，参观者达到657.5万人次。人们赞誉这个展览起到了"文物传深情，友谊连四海"的特殊作用。这个承载着中国古老文明的稀世珍宝展，无疑是一张新的外交名片，使国外许多人从关于中国的负面报道的梦魇中醒来，重新观察中国的发展。"出土文物展览"为周总理在20世纪70年代实现中国的外交突破作出了历史性的贡献（图一三〇——一三二）。

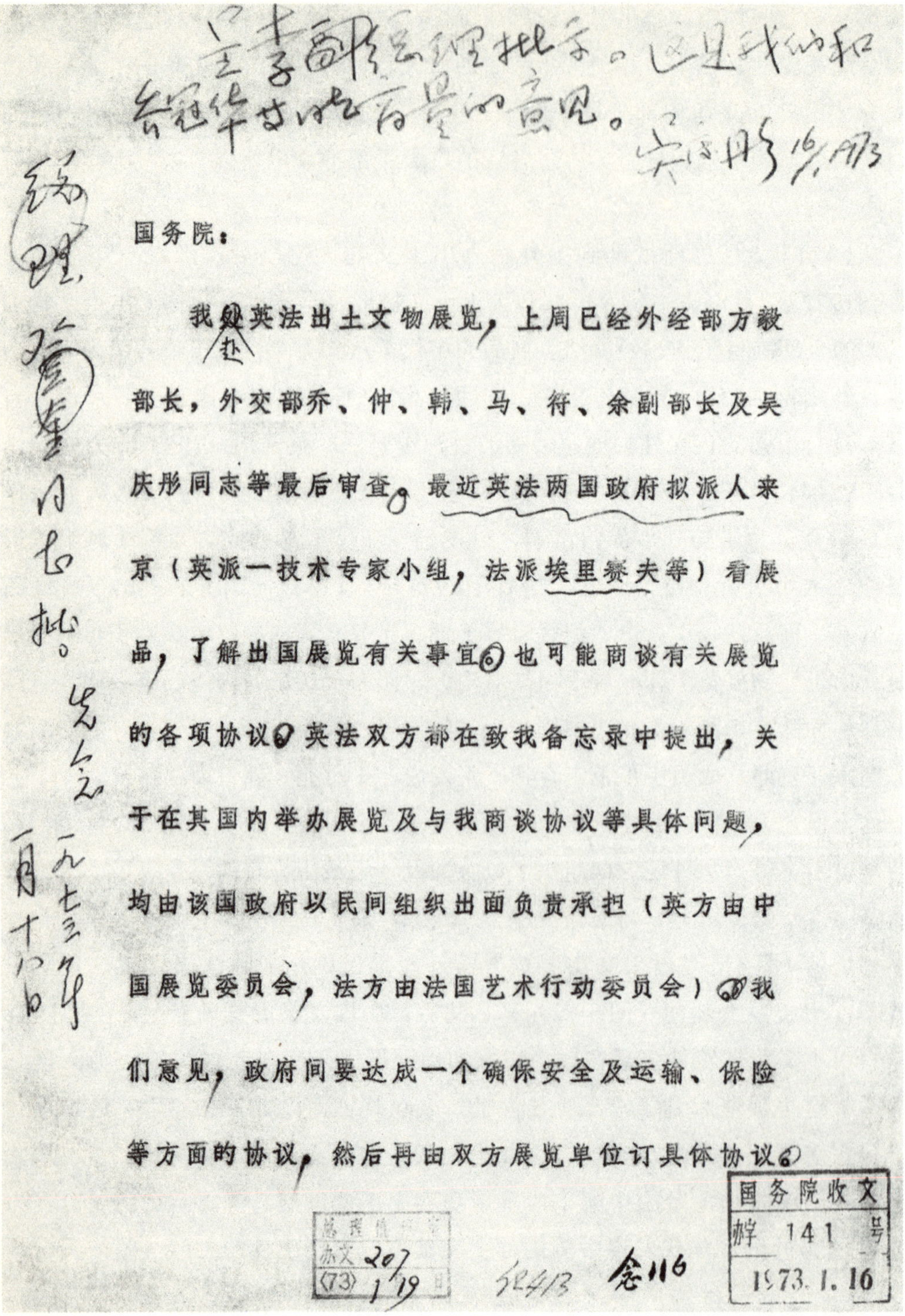

呈李副总理批示。这是我们和……同志商量的意见。 吴庆彤 16/1 1973

总理：请……批。先念 一九七三年一月十七日

国务院：

我赴英法出土文物展览，上周已经外经部方毅部长，外交部乔、仲、韩、马、符、余副部长及吴庆彤同志等最后审查。最近英法两国政府拟派人来京（英派一技术专家小组，法派埃里赛夫等）看展品，了解出国展览有关事宜。也可能商谈有关展览的各项协议。英法双方都在致我备忘录中提出，关于在其国内举办展览及与我商谈协议等具体问题，均由该国政府以民间组织出面负责承担（英方由中国展览委员会，法方由法国艺术行动委员会）。我们意见，政府间要达成一个确保安全及运输、保险等方面的协议，然后再由双方展览单位订具体协议。

总理值班室 办文 207 〈73〉1 19 日

国务院收文 辨 141 号 1973.1.16

念116

图一二六 冶秋为出国文物展览事给国务院的报告

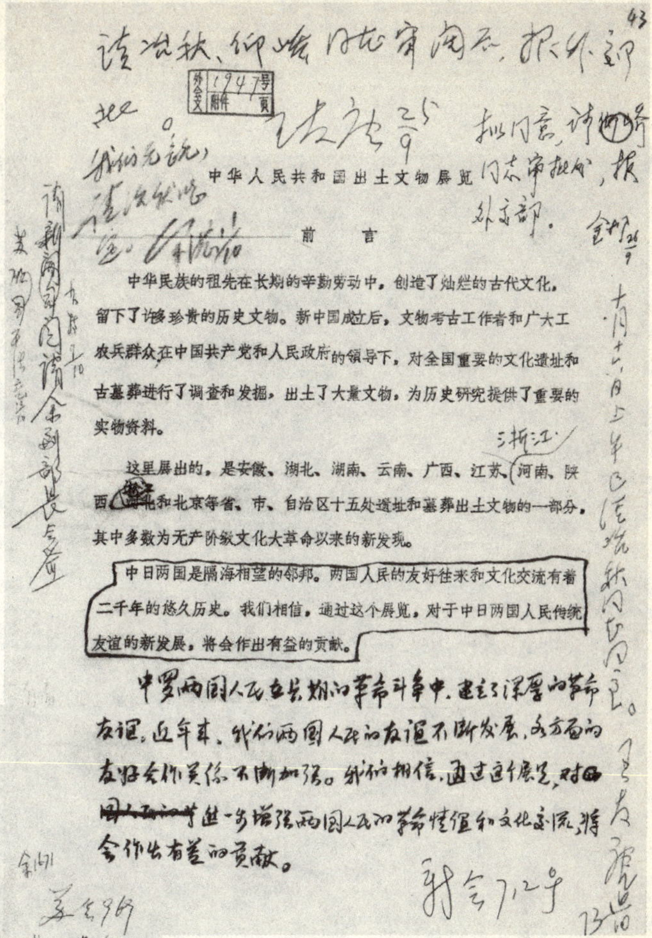

中华人民共和国出土文物展览

前　言

中华民族的祖先在长期的辛勤劳动中，创造了灿烂的古代文化，留下了许多珍贵的历史文物。新中国成立后，文物考古工作者和广大工农兵群众在中国共产党和人民政府的领导下，对全国重要的文化遗址和古墓葬进行了调查和发掘，出土了大量文物，为历史研究提供了重要的实物资料。

这里展出的，是安徽、湖北、湖南、云南、广西、江苏、河南、陕西、河北和北京等省、市、自治区十五处遗址和墓葬出土文物的一部分，其中多数为无产阶级文化大革命以来的新发现。

中日两国是隔海相望的邻邦。两国人民的友好往来和文化交流有着二千年的悠久历史。我们相信，通过这个展览，对于中日两国人民传统友谊的新发展，将会作出有益的贡献。

图一二七　经外交部会签的展览前言

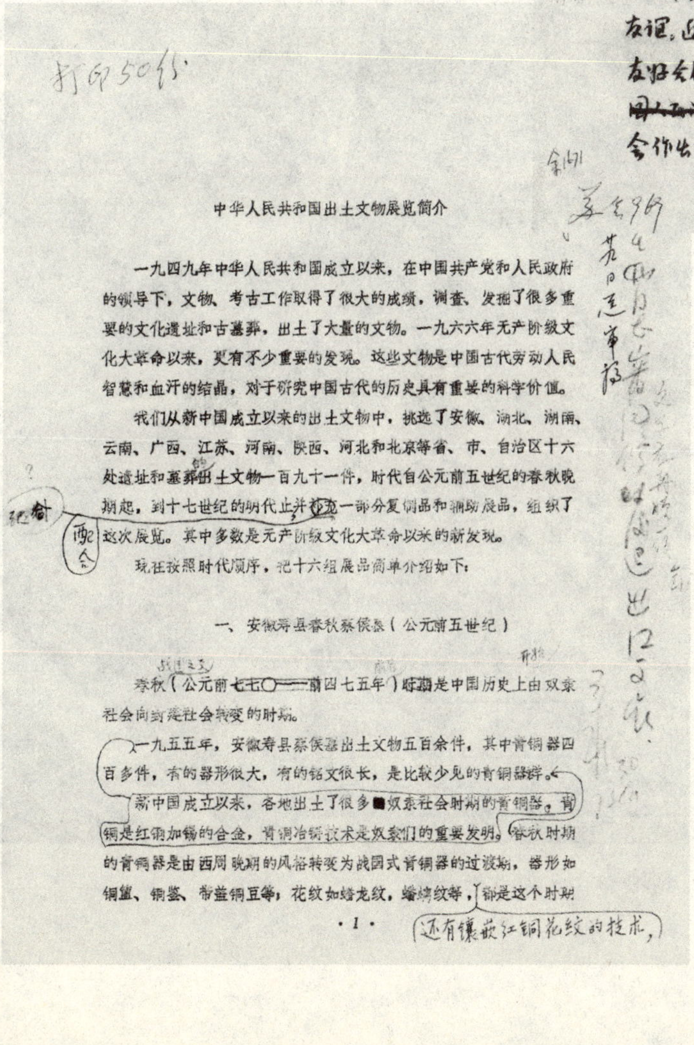

中华人民共和国出土文物展览简介

一九四九年中华人民共和国成立以来，在中国共产党和人民政府的领导下，文物、考古工作取得了很大的成绩，调查、发掘了很多重要的文化遗址和古墓葬，出土了大量的文物。一九六六年无产阶级文化大革命以来，又有不少重要的发现。这些文物是中国古代劳动人民智慧和血汗的结晶，对于研究中国古代的历史具有重要的科学价值。

我们从新中国成立以来的出土文物中，挑选了安徽、湖北、湖南、云南、广西、江苏、河南、陕西、河北和北京等省、市、自治区十六处遗址和墓葬出土文物一百九十一件，时代自公元前五世纪的春秋晚期起，到十七世纪的明代止并配以一部分复制品和辅助展品，组织了这次展览。其中多数是无产阶级文化大革命以来的新发现。

现在按照时代顺序，把十六组展品简单介绍如下：

一、安徽寿县春秋蔡侯墓（公元前五世纪）

春秋（公元前七七〇——前四七五年）时期是中国历史上由奴隶社会向封建社会转变的时期。

一九五五年，安徽寿县蔡侯墓出土文物五百余件，其中青铜器四百多件，有的器形很大，有的铭文很长，是比较少见的青铜器群。

新中国成立以来，各地出土了很多奴隶社会时期的青铜器，青铜是红铜加锡的合金，青铜冶铸技术是我们的重要发明。春秋时期的青铜器是由西周晚期的风俗转变为战国式青铜器的过渡期，器形如铜簋、铜鉴、带盖铜豆等，花纹如蟠龙纹、蟠螭纹等，青铜这个时期

·1·

图一二八　经冶秋阅批，金冲及、谢辰生修改的展览简介。

图一二九 《出土文物展览》在巴黎珀蒂官隆重开幕

图一三〇　1973年6月8日，日本田中角荣首相出席《出土文展览》开幕式。

图一三一　1973年9月28日，英国首相希思出席《出土文物展览》开幕式。

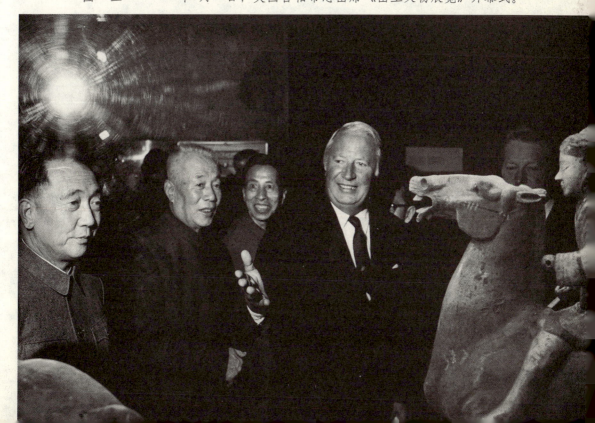

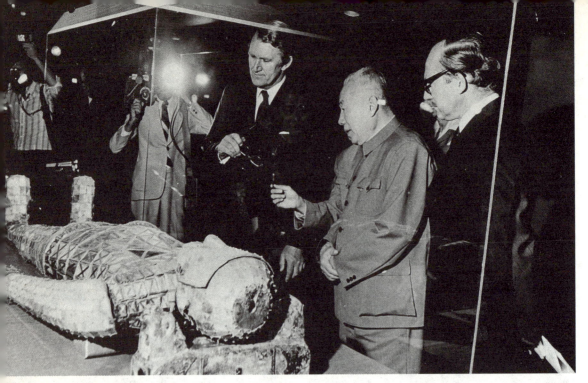

图一三二　1977年1月18日，向澳大利亚总理弗雷泽介绍《出土文物展览》展品。

　　下表是"中华人民共和国出土文物展览"在国外展出的一览表（1973～1978年），从中我们可以领略到那盛况空前的展览场景：

展出时间	国家地点	外方出席人	中方团长	参观人次
1973年5月8日	法国巴黎珀蒂宫博物馆	外交部长 文化部长	王冶秋	36万
1973年6月8日	日本东京国立博物馆	首相田中角荣	王冶秋	43万
1973年9月28日	英国伦敦皇家艺术 协会大厅	首相希思	王冶秋	77万
1973年12月28日	罗马尼亚布加勒斯特 共和国艺术博物馆	文化教育委 员会主席		10万
1974年2月21日	奥地利维也纳实用 博物馆	艺术总统 弗约纳斯	驻奥大使 王越毅	24万
1974年4月3日	南斯拉夫贝尔格莱德 人民博物馆	联邦主席团委员 斯塔门科维奇	吴仲超	7万
1974年5月12日	瑞典斯德哥尔摩 远东古物博物馆	国王卡尔十六世 古斯塔夫	杨振亚	19万

续表

展出时间	国家地点	外方出席人	中方团长	参观人次
1974年7月5日	墨西哥墨西哥城国内 人类学博物馆	总统洛易斯·埃切 维里亚		15万
1974年8月7日	加拿大多伦多安大略 皇家博物馆	总督夫人	刘仰峤	23万
1974年12月4日	荷兰阿姆斯特丹 国家博物馆	女王朱丽安娜	吴仲超	11.5万
1974年12月13日	美国华盛顿国立美术馆	总统卡特	刘仰峤	180万
1975年1月28日	比利时布鲁塞尔 美术宫	国王博杜安 首相奥廷德斯曼	吴仲超	10万
1976年9月7日	菲律宾马尼拉立法大厦	总统马科斯		80万
1977年1月18日	澳大利亚墨尔本 维多利亚国立美术馆	总理弗雷泽	王冶秋	50万
1977年10月1日	日本名古屋国立博物馆	日经新闻社长 圆城寺次郎		32万
1978年4月17日	香港中国出口商品 陈列馆	港督麦里浩	王冶秋	40万

以"出土文物展览"为契机，中国的国际文物交流活动呈现出空前的活跃局面，迎来了新中国成立以来的鼎盛时期（图一三三—图一三六）。

3．蓬皮杜的法国式选择

1973年9月15日，法国电视台播出总统蓬皮杜在中国大同参观云冈石窟的消息，法国和欧洲为之轰动，就像1964年1月27日法国宣布与中国建立大使级外交关系给全世界带来的冲击那样，再次让人们领略了法国人特立独行的性格。当年，戴高乐总统在决定与中国建立外交关系时，摒弃了英国和荷兰拖泥带水的做法，成为第一个与中国实现完全建交的西方大国。而其继任者蓬皮杜实现了戴高乐生前未能访问中国的愿望，成为中法关系史上第一位访华的总统，并且参观的古迹不是通常安排的故宫、长城，却是从来没有外国领导人踏足过的神秘之地大同。

图一三三　1975年华国锋接见朝鲜文物代表团

图一三四　1973年冶秋与中岛健藏为"中国汉唐壁画展览"
　　　　开幕式剪彩

图一三五　1974年冶秋会见英国博物馆代表团团长麦克·唐纳

图一三六　1974年冶秋与日本小朋友

那时，大同云冈石窟不仅在国外鲜为人知，就是国内的人也十分陌生。1973年春，法国外长若贝尔在京讨论蓬皮杜访华的参观安排时，提出其他国家的元首已经去过的地方就不去的原则，最后法方提出的参观地点是大同云冈石窟。这使外交部礼宾司感到棘手，因为当时大同地区是一个驻有十几万部队、禁止外国人进入的军事禁区。总理听到法方的要求，随即找来冶秋询问云冈石窟文物保护的情况。冶秋汇报说，60年代石窟保护列入国家计划（图一三七），"文革"中由于工作人员李

图一三七　1961年8月冶秋访问云冈石窟

治国等人机智的保护，石窟未遭破坏，可以接待参观者。总理指示，要尊重法方的选择。总理赞扬法国在国际事务中不随超级大国起舞，保持民族独立的精神，并说法国人以懂艺术、爱艺术著称。确实如此。始建于北魏时期的云冈石窟是我国早期石窟艺术的杰作，它吸收了受希腊文化影响的印度犍陀罗和秣菟罗艺术营养，以融会东西、贯穿南北的鲜明的民族特色在中国石窟艺术中独树一帜，是伟大的世界石窟艺术宝库。20世纪初，法国人沙畹曾两次来到这里进行考古调查，出版过相关专著。当年盛传，蓬皮杜之所以青睐大同，是因为其先辈曾在这里传过教，这显然是与事实不符的猜测。蓬皮杜选择参观大同云冈石窟，彰显了法国人不随大流的民族精神和独到的审美观。

从1973年5月起，大同市开始筹备接待法国总统的来访工作。首先将市委党校重新装修，改称大同宾馆，作为来宾住所。考虑到蓬皮杜总统身患骨癌，为方便其行走，将云冈的参观线路进行了路面硬化。饮食方面，省委负责人解振华在准备会上指示由大同矿务局准备西餐。李治国提出不同意见，他说，给洋人吃"洋饭"是"土饭"，但给洋人吃"土饭"却是"洋饭"。解振华觉得颇有道理，予以采纳。后来，在欢迎宴会上，不但外宾吃得津津有味，总理也啃了两个玉米棒子，还喝了两碗小米粥。随行厨师看到总理吃得开心，十分高兴。为排除石窟的安全隐患，冶秋于7月底带着罗哲文和古建所专家蔡学昌等人到云冈石窟检查，决定在可能出险情的洞顶灌注环氧树脂，作化学加固处理，确保万无一失。

1973年9月15日上午10时50分，来自24个国家的180多名记者蜂拥而至，在露天大佛前的广场上抢占了有利位置。接着，两辆红旗轿车驶过来了。第一辆挂着法国国旗的车上坐着蓬皮杜总统，冶秋上前与其握手，陪同参观，担任讲解。总理走下第二辆车，由李治国担任讲解（图一三八、一三九）。普通游客参观云冈石窟的顺序是由东向西，而此次安排的路线是由西向东，因为休息室设在东端。在参观过程中，蓬皮杜看到窟中雕塑风格既有中国的楼阁式，也有希腊的庙柱式，既有中国的瓦垄拱，也有印度的金翅鸟装饰，十分感兴趣，还请冶秋介绍云冈、龙门和敦煌三大石窟的各自特点。到了休息室，总理转过头对坐在左手边的蓬皮杜说："你对这个地方很感兴趣，我们也很感兴趣，我们一直对这里很重视。"接着回过头来向坐在桌子对面的冶秋问道："云冈石窟维修需要几年？"冶秋回答："按现在计划

图一三八　周总理与法国总统蓬皮杜在云冈石窟观看露天大佛，总理右手边是王冶秋，左手边是李治国。

图一三九　总理与蓬皮杜在露天大佛前的广场上

需要十年。"总理说:"三年搞好!时间长了我们都见不到了,死是自然规律,我是活不过21世纪了,蓬皮杜总统、还有在座的齐仲华(翻译)、李治国等年轻人可以看到。"蓬皮杜说:"这里太好了,你们还有河南的龙门石窟、甘肃的敦煌石窟,都保护得很好。"总理马上问:"总统方便去吗?"蓬皮杜答道:"只是太远了。"随后总理与蓬皮杜走出休息室,向等在门外院子里的记者们讲话。蓬皮杜说:"云冈石窟是世界文化遗产,云冈石窟从开凿到现在已经15个世纪,使我放心的是你们进行了保护。"周总理对法国记者们说:"感谢你们的总统,是他把我带到这里来,如果总统不来,我是没有时间来的,这是中法两国人民友谊的象征。"接着对全体中外记者说:"不管怎么样,云冈石窟艺术我们一定要想办法保存下

图一四〇　1973年9月21日,冶秋与参加云冈石窟
维修保护工程验收的领导及专家合影。

来。刚才说有个十年规划，十年太长了，三年搞好。三年以后，请你们再来！"最后总理用法语同记者们告别。

三年过去了，1976年9月21日，冶秋怀着沉重的心情来到云冈石窟，参加总理生前布置的维修保护工程的验收（图一四○）。当他来到总理曾与蓬皮杜总统谈话的休息室时，看到原来的长条桌和椅子换成了一圈沙发，十分生气，不愿入座。他语重心长地对周围的人说："总理病重期间我曾两次到医院去看望，每次总理都关切地询问云冈石窟保护工程进行得如何。你们要按当时接待总理的布置恢复，李治国同志去办，有什么问题和困难找我。"2005年9月我曾到云冈访问，见到那间具有历史意义的屋子已恢复成原样。刹那间，时光好像重又回到三十多年前，似乎可以听到周总理与蓬皮杜总统谈话的声音，见到他们那谈笑风生的样子。中法两国领导人访问云冈石窟，不仅引起了全世界的轰动，而且这次访问凸显了中法两国深厚的民族传统，谱写了两国文化交流的新篇章。更有纪念意义的是，当时重病在身的总理，面对"四人帮"的猖狂攻击，仍然以大局为重，坚持操劳国事。云冈石窟文物管理所珍藏的总理照片，面容瘦削而坚毅，给人留下强烈而深刻的印象。我想，如果能用蜡像恢复当时的谈话场面，重现那震撼世界的场景，一定会给后来的参观者留下深刻的印象，让他们永远记住这一幕。

（三）马王堆汉墓考古发掘震惊世界

1. 世界古尸保存的奇迹

1972年6月8日，冶秋就长沙马王堆汉墓发掘情况向中央汇报（图一四一）。其背景是在一号墓开棺后，当地有关部门将两千多年前的女尸公开展览，形成万人空巷的参观热潮，再经过媒体的渲染，一时在国内外闹得沸沸扬扬。为了保护出土文物，避免可能造成的损害，冶秋立即赶往长沙。经过三天现场考察，并与各方面讨论、商量，冶秋回京后向国务院写了报告，其内容如下：

王冶秋同志

关于长沙马王堆一号汉墓情况的汇报

我于六月二日至五日去长沙了解马王堆一号汉墓情况，现汇报如下：

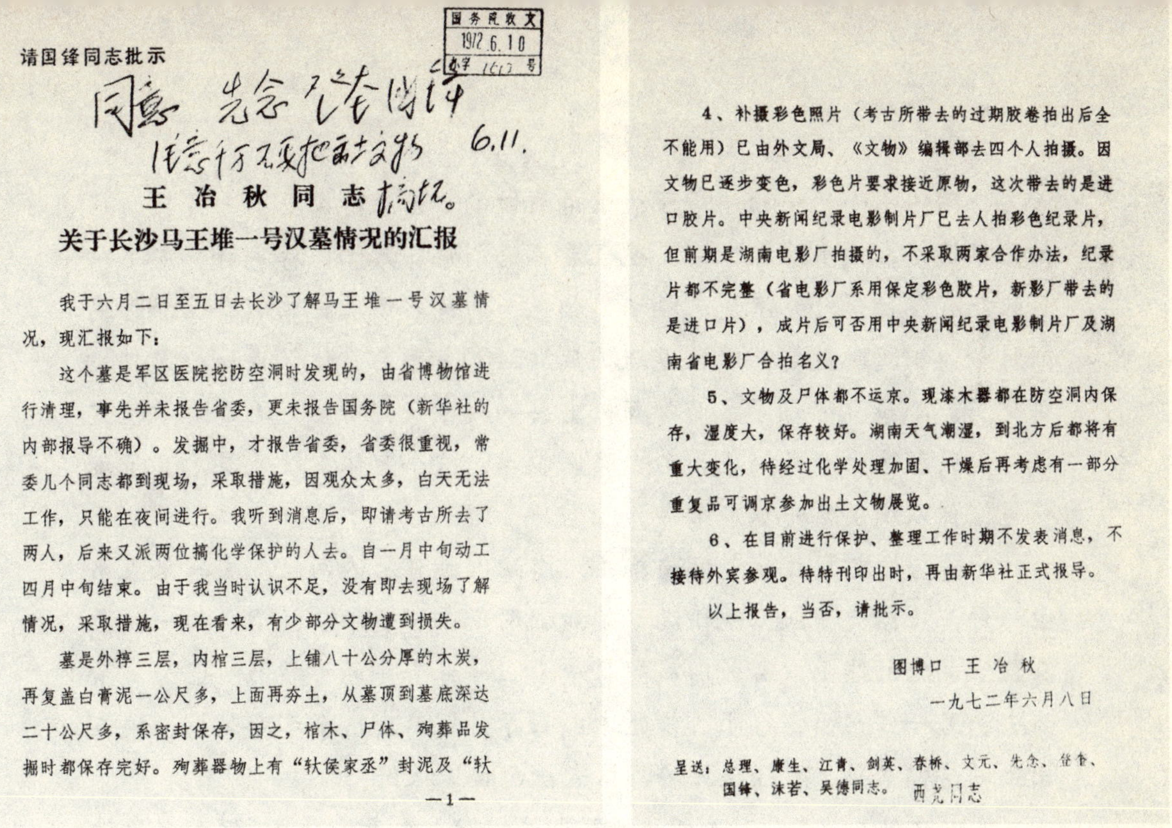

国务院收文
1972.6.10
办字 1617 号

请国锋同志批示

同意 …… 6.11.

王冶秋同志

关于长沙马王堆一号汉墓情况的汇报

我于六月二日至五日去长沙了解马王堆一号汉墓情况，现汇报如下：

这个墓是军区医院挖防空洞时发现的，由省博物馆进行清理，事先并未报告省委，更未报告国务院（新华社的内部报导不确）。发掘中，才报告省委，省委很重视，常委几个同志都到现场，采取措施，因观众太多，白天无法工作，只能在夜间进行。我听到消息后，即请考古所去了两人，后来又派两位搞化学保护的人去。自一月中旬动工四月中旬结束。由于我当时认识不足，没有即去现场了解情况，采取措施，现在看来，有少部分文物遭到损失。

墓是外椁三层，内棺三层，上铺八十公分厚的木炭，再复盖白膏泥一公尺多，上面再夯土，从墓顶到墓底深达二十公尺多，系密封保存，因之，棺木、尸体、殉葬品发掘时都保存完好。殉葬器物上有"轪侯家丞"封泥及"轪

—1—

4、补摄彩色照片（考古所带去的过期胶卷拍出后全不能用）已由外文局、《文物》编辑部去四个人拍摄。因文物已逐步变色，彩色片要求接近原物，这次带去的是进口胶片。中央新闻纪录电影制片厂已去人拍彩色纪录片，但前期是湖南电影厂拍摄的，不采取两家合作办法，纪录片都不完整（省电影厂系用保定彩色胶片，新影厂带去的是进口片），成片后可否用中央新闻纪录电影制片厂及湖南省电影厂合拍名义？

5、文物及尸体都不运京。现漆木器都在防空洞内保存，湿度大，保存较好。湖南天气潮湿，到北方后都将有重大变化，待经过化学处理加固、干燥后再考虑有一部分重复品可调京参加出土文物展览。

6、在目前进行保护、整理工作时期不发表消息，不接待外宾参观。待特刊印出时，再由新华社正式报导。

以上报告，当否，请批示。

图博口 王冶秋

一九七二年六月八日

呈送：总理、康生、江青、剑英、春桥、文元、先念、登奎、国锋、沫若、吴德同志。

图一四一 冶秋关于长沙马王堆一号汉墓情况的汇报

这个墓是军区医院挖防空洞时发现的，由省博物馆进行清理，事先并未报告省委，更未报告国务院（新华社的内部报道不确）。发掘中，才报告省委，省委很重视，常委几个同志都到现场，采取措施，因观众太多，白天无法工作，只能在夜间进行。我听到消息后，即请考古所去了两人，后来又派两位搞化学保护的人去。自一月中旬动工四月中旬结束。由于我当时认识不足，没有即去现场了解情况，采取措施，现在看来，有少部分文物遭到损失。

墓是外椁三层，内棺三层，上铺八十公分厚的木炭，再覆盖白膏泥一公尺多，上面再夯土，从墓顶到墓底深达二十公尺多，系密封保存，因之，棺木、尸体、殉葬品发掘时都保存完好。殉葬器物上有"轪候家臣"封泥及"轪候家"字样，据汉书、史记记载：轪侯是惠帝二年（公元前193年）封，传四代即废。墓主人是女性，据长沙医学院鉴定，约五十至六十岁，可能为第一代"利仓"（汉书作"黎朱仓"）侯的妻

子。但墓内唯一的一颗印章可能系角质做的，出土时像豆腐一样软，照相已不清楚，出水后即干缩，现已看不清刻痕。尸体保存完好，皮下结缔组织有弹性，纤维清楚，股动脉颜色与新鲜尸体动脉相似，注射防腐剂时软组织随时鼓起，以后逐渐扩散。2100多年前尸体保存如此完整，对防腐、冷藏、密封等方面都有极重要的科学研究价值。美帝为了植皮保存皮肤可达六个月，已轰动世界医学界，这个尸体皮肤表层毛孔虽不可见，但以下皮层还基本保存。

外椁与棺之间放了大批殉葬品。内棺上放有长达两米、宽一米五帛画一件，上绘天、人、地情况，是我国两千一百多年前，唯一的一件画在丝织品上的绘画（解放前战国墓中出土一件带字的"缯书"已为美帝盗去；另一件帛画，很小，当时未加科学处理，现已全部变黑）。现在出土的这幅帛画，已经上海博物馆老裱画技工裱好。

棺中丝织品很多，墓主所穿衣服即达十四至十五层（保存不好已无法复原）。外椁中保存有完整的竹笥（即箱子），竹笥中放有衣服，其中有罗衣，细如蝉翼，重四十八克（不到一两）。其他则有各种颜色、花纹的丝织品，出土时色彩鲜艳，无论从数量上质量上都是前所未见的。

漆器近一百七十件，完整如新，并有墨书铭文"君奉酒""君奉食"（"奉"字据商承祚考释认为是"幸"字。）"石"、"四斗"、"六升半升"等字样，漆盒中有完整的梳妆用的器物，还有盛于漆盘中的牛排、鸡骨、鱼骨等。

陶器有四十八件，有的盛有糍粑、酱菜、桃、李、梨、杨梅、瓜等，薰炉内放有香草。

竹木器有穿彩衣及彩绘木俑等一百二十余个，有完整的瑟（弦二十五根，柱全），竽、音律管、木简二百多根、笥、便面（扇子）等。其它有稻谷、麦种、豆豉、鸡蛋、香草等。总之，这一西汉早期墓葬，保存完整，出土千件左右文物，对研究西汉吕后、惠帝时期的历史、文化、手工业生产、农业生产以及医药、防腐等方面都有极重要价值。我去时省博物馆已展出尸体及部分不重要文物，已经人山人海，并有许多谣传，说"两千年前的老太婆可以坐起，还会笑"，"中央就要拿走，迟了就看不见了"。因此参观更形拥挤，坏人更从中搞投机倒把活动，现黑市票已卖到四角（本来发到各单位，不要钱）。因此，向省委汇报后，与省委常委李振军同志等共同研究，拟采取如下措施：

1. 尸体因天热及参观人太多，温度更高，细菌带进去容易腐烂，拟用照片代替，经宣传解释后（马上停止要闹事）再秘密转移到长沙医学院冷藏库保藏，并拟请军事医学科学院、中国医学科学院等有关单位组织一个小组进一步进行研究。

2. 目前参观人多，现有民警八十人无法维持秩序。经省委决定，除民警外，又组织街道、工厂等单位保卫人员二百人维持秩序，以免发生挤死人踩死人以及文物遭受破坏等事件。

3. 拟在七月中旬左右，由省博物馆、考古所、《文物》编辑部三家合编一个特刊，系简报性质。八至九月份再出版正式发掘报告，系大型图录性质。

4. 补摄彩色照片（考古所带去的过期胶卷拍出后全不能用）已由外文局、《文物》编辑部去四人拍摄。因文物已逐步变色，彩色片要求接近原物，这次带去的是进口胶片。中央新闻电影制片厂已去人拍摄彩色纪录片，但前期是湖南电影厂拍摄的，不采取两家合作办法记录片都不完整（省电影厂系用保定彩色胶片，新影带去的是进口片），成片后可否用中央新闻纪录电影制片厂及湖南省电影厂合拍名义？

5. 文物及尸体都不运京。现漆木器都在防空洞内保存，湿度大，保存较好。湖南天气湿，到北方后将有重大变化，待经过化学处理加固、干燥后再考虑有一部分重复品可调京参加出土文物展览。

6. 在目前进行保护、整理工作时期不发表消息，不接待外宾参观。待特刊印出时，再由新华社正式报导。

以上报告，当否，请批示。

图博口　王冶秋

一九七二年六月八日

李先念、纪登奎、华国锋于6月11日批复同意这一汇报，总理于6月17日看到汇报后，立即要国务院值班室打电话到湖南传达意见："湖南军区挖出墓葬不报告省委，更未报告中央、国务院，后来人山人海，还有刮妖风的，出土尸身和衣着、帛书非变质不可。请告卜占五、李振军同志立即采取办法，转移到冰室，消毒、防腐，加以化学处理，仍留湖南省博物馆。这是可以向群众说得通的，非当机立断不可。务请打电话去，速办勿延。"之后，有关方面即按总理指示以及冶秋汇报中所提出的六项措施，逐一落实。

为了开展对女尸的全面科学研究和更好的保护工作，冶秋于1972年11月15日向总理报告请示，拟对古尸进行解剖。总理对此很重视，于11月30日批示："王冶秋同志：请约有关同志和专家再议一次。如同意，即请提出一个工作小组名单，协助湖南省医学院进行报告中提的或追加的各项安排和调度。"冶秋即提出一个工作小组名单：组长李振军、副组长王冶秋，成员有中国科学院考古研究所夏鼐、王仲殊，军事医学科学院刘雪桐，上海曹天钦，武汉武宗弼，广东郭景元，还有湖南博物馆和医学方面的专家学者。总理批示同意，同时指示请郭老参加领导。12月9日，冶秋和李振军在长沙邀集工作小组全体成员和专家，审查由湖南医学院提出的古尸解剖方案，会议经过充分论证、修改和补充，取得一致意见。下午，冶秋打电话到国务院值班室向总理汇报和请示（图一四二）：

遵照总理指示，召集医学专家到长沙研究了对汉墓尸体解剖问题。大家一致意见，在不影响尸体保存的原则下，进行解剖。具体安排是：先照体外X光片，预计12月12日照完，13日进行解剖。解剖方法，先在腹部和头部（侧面）开小口探查，如已经腐烂，则抽出腐烂物。如果尚完好，则尽可能开小口，将内脏和大脑取出。

解剖工作由湖南、北京、广州的有关专家组成一个解剖小组，共同进行。组长是军事医学科学院副教授刘雪桐（人体解剖专家），副组长是中国医学科学院副教授张炳常（病理解剖专家）。解剖小组成员，除湖南的专家外，还有北京、广州的下列专家：北京医学院解剖教研组主任谭真鲁，广州中山医学院解剖教研室讲师沈其卫，广州中山医学院病理解剖讲师陈以慈，广州中山医学院病理摄影师郭景光。此外，科学电影制片厂已派两人到长沙，准备拍摄纪录片。以上安排，如总理同意，准备按计划进行。

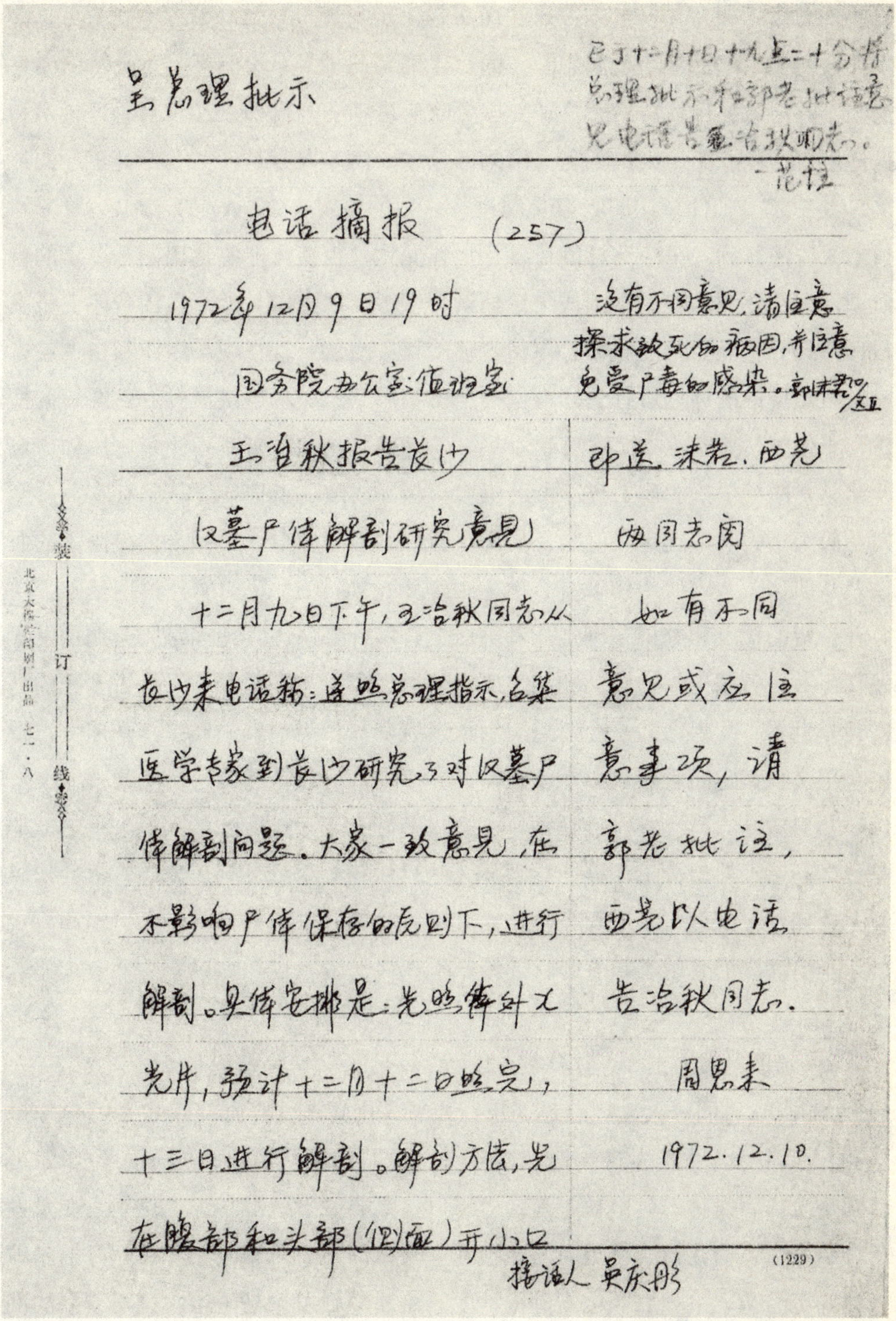

呈总理批示

电话摘报　　　(257)

1972年12月9日19时　　　没有不同意见，请注意
　　　　　　　　　　　　探求致死的病因，并注意
国务院办公室值班室　　　免受尸毒的感染。郭末若阅
　　　　　　　　　　　　　　　　　　　　　　至立
王冶秋报告长沙　　　　　印送沫若、西尧

（以墓尸体解剖研究意见）　两同志阅

十二月九日下午，王冶秋同志从　　如有不同

长沙来电话称：遵照总理指示名架　意见或应注

医学专家到长沙研究了对以墓尸　意事项，请

体解剖问题。大家一致意见，在　郭老批注，

不影响尸体保存的原则下，进行　西尧以电话

解剖。具体安排是：先照体外光　告冶秋同志。

光片，预计十二月十二日照完，　　周恩来

十三日进行解剖。解剖方法，先　　1972.12.10.

在腹部和头部（但面）开小口

　　　　　　　　接话人 吴庆彤

(1229)

图一四二　冶秋就古尸解剖问题向总理请示及批示的电话记录

周总理于12月10日批示："即送沫若、西尧两同志阅，如有不同意见，请郭老批注，西尧以电话告冶秋同志。"同日，郭老批注："没有不同意见。请注意探求病因，并注意免受尸毒的感染。"国务院值班室于同日19点20分将总理批示和郭老批注电告冶秋。第二天，郭老又给刘西尧送一信，内容是："关于马王堆的尸体解剖，我想起了一件事，即吸取骨髓进行血型的鉴定（O，A，B，AB型等）。此事日本人曾注意到。……这样既可保存尸体原状，也有可能鉴定出两千多年的古人的血型，为尸体解剖增添一项成果。如认为可行，请电告长沙。"国务院值班室于当日10时50分将郭老信的原文打电话告诉冶秋。冶秋一直在现场组织和协调各方面专家，按照批准的计划进行古尸解剖与电影拍摄工作。解剖进展顺利，经解剖检验，古尸不仅外形完整，内脏器官也是完好的，而且相互位置基本正常。肢体内血管结构清楚，腹壁层次分明，皮下脂肪丰富，极易腐败的淋巴导管依然存在，甚至像头发丝般细小的肺部迷走神经也还历历可数；利用静脉血管里两小块凝固了的血块，以及从肌肉、头发等组织取样，测定血型为A型；在系统的病理解剖基础上，通过各种手段的检查和分析，确定死者生前患有多种疾病，其死因是胆绞痛诱发冠心病发作所致。解剖工作的成功和初步研究的科学成果，证明了二千一百多年的马王堆古尸是世界古尸保存的一个奇迹。冶秋组织撰写了给中央的简报和新闻稿，很快，由总理亲自审定的新闻稿由新华社向世界播发，引起全球轰动。

当时曾令人感到神奇的棺液，总理也曾好奇地问过冶秋，那偏酸性的液体到底是什么。后经检验分析，证明这液体是从尸体和丝织物分解出来的有机酸形成的，加之密闭性很好的古墓保存条件，由此形成了不同于一般木乃伊、尸蜡和泥炭鞣尸的、全身润泽而且软组织有弹性的特殊类型"马王堆尸"。

2．稀世帛书出土

1972年8月的一天，周总理在审查由新闻电影制片厂和湖南电影厂合作摄制的电影纪录片《考古新发现》时，看到在一号墓的西边有一个土冢，当即问冶秋："那个墓可否发掘？"冶秋答道："可以，需要做一些准备。"这个墓在发掘时编号为二号墓，而在挖防空洞时还发现在一号墓的南边，有一座保存完好的木椁墓，编号为三号墓。冶秋立即电告湖南，要求迅速做好发掘马王堆二、三号墓的准备工

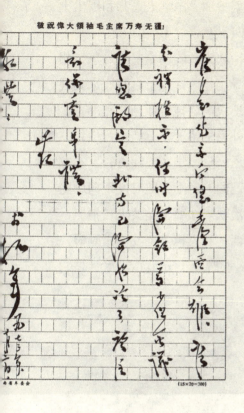
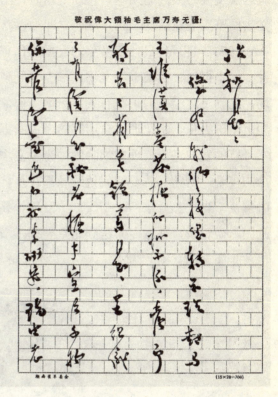

图一四三　　1973年10月冶秋与李振军关于发掘马王
堆2、3号墓的通信

作，并派任际奉赴湖南，协助起草向国务院的请示报告。9月29日，总理在国家文
物局上报的《关于湖南省马王堆二、三号汉墓的发掘方案》上批示："此事情待王
冶秋同志回京后，偕同国家文物事业管理局、科学院考古研究所和各地有关科研单
位和医学科研及医务人员，前往长沙协助省委办理此事，并请文化组派科教电影制
片厂、新影，总政派八一制片厂担任影片摄制工作。务期这次发掘工作，要取得比
上次更多的成绩和收获。省委李振军同志担任组长，王冶秋同志、科学院考古研究
所、医学科学院、上海科研单位各出一人连同省委宣传部长张兰明同志为副组长，
成立小组，定出切实可行而又不遭损失破坏的计划，经省委批准后再发掘。共20多
万元可以满足其需要，要预制一些设备和化学药品等。"总理对一项考古发掘方案
作如此长段具体批示，并组织各方力量参与其事，这是史无前例的，足以说明总理

对这次发掘有很高的期望。总理批示时，冶秋正在伦敦参加"中华人民共和国出土文物展览"展览活动，回京后便立即加以落实（图一四三）。

　　1973年11月18日，三号墓的发掘工作正式展开，冶秋先派陈滋德率王丹华、胡继高、王振江、白荣金等文物保护专家到现场协助指导工作。冶秋于11月底来到现场，见到工地上人们正在有条不紊地工作，十分感慨地说，这样有计划、有准备、动员全国力量、由总理亲自运筹的考古发掘，古今中外恐怕绝无仅有。12月中旬，三号墓的发掘进入清理文物阶段，为了文物的安全，这一阶段多在晚间进行。在寒冷的夜晚，冶秋与省委的其他领导都在墓坑边（图一四四），准备随时发现问题随时解决。当在三号墓的一个漆盒中发现一叠帛书时，冶秋当即要求相关人员拍照，画图，做记录，并派专人送到北京整理。当在棺室东西壁和内棺盖上发现帛画时，冶秋走下墓坑，仔细察看，嘱咐工作人员不要急，揭取时要十分小心，尽量使它

　　图一四四　　1973年12月，冶秋与李振军、夏鼐在马王堆
　　　　　　　　汉墓发掘现场。

完整。并立即让人打电话到故宫博物院，请张耀选等专家来长沙协助文物的清理、揭取和保护。经过一个多星期的清理，三号墓出土了1400多件稀世之珍，计有帛书28件共12万余字，漆器300多件，另有竹简、乐器、兵器和帛画等。到1974年1月13日，二号墓的发掘清理工作也告完成。由于该墓多次被盗，棺椁坍塌，大量文物被毁坏，但在泥渣中筛洗出"长沙丞相""轪侯之印"及"利仓"等三颗印章，对于确定墓葬年代和墓主身份起了决定性作用。至此，汉诸侯长沙国丞相利仓墓（二号墓）、夫人辛氏墓（一号墓）和子墓（三号墓）的发掘清理工作圆满完成。

马王堆三号墓出土的帛书引起国内外文史学界高度重视，认为这是继历史上孔府壁中书、汲冢竹木书与敦煌经卷之后，又一次古代典籍的重大发现。帛书中的《老子》甲、乙本，及甲本后的古佚书四卷和乙本前的古佚书四卷，对中国古代思想史的研究尤为珍贵。古本《老子》是德经在前，道经在后，且不分章次，这是与今本的最大不同之处。为什么有此先后之别，国内外学者竞相探求，意见纷纭。从哲学角度看，老子的思想体系要比孔子的儒学深厚得多，儒学的实质是为人类社会建立秩序体系，而老子体系中"域中有四大，而人居其一焉。人法地，地法天，天法道，道法自然"。这里，"人"仅是因顺于"自然"的四"大"之一。这就从本原上回答了人类为什么必须与自然协调发展，而不是什么"人定胜天"。此外，帛书中的《周易》《刑德》《战国纵横家书》《春秋事语》等典籍，都蕴藏着丰富的历史信息，为古代思想文化史、学术史的研究提供了重要的资料。

3．珍贵文物之外的收获

马王堆汉墓考古发掘工作涉及层次之高、动员面之广，在我国考古史上是空前的，而取得的成果也具有划时代的意义。除了考古发现的直接成果外，其应用成果和配套成果也是为人称道的。

在古尸与一千多件珍贵文物被发现后，冶秋考虑到尸体与文物的保护及公开展览的问题，提出修建有空调设备的文物仓库。当总理批准发掘二、三号墓后，中央批准了冶秋关于修建一座现代化马王堆文物仓库的报告，由中央与省里拨出专款建设。1973年2月，湖南省博物馆负责人候良偕省建筑设计院副总工程师刘鸿庆到北京向冶秋、彭则放汇报库房设计等问题。他们讨论了古尸保存温度控制与防腐液的

图一四五　又意气风发投入文物出版工作的履芳

问题、安全问题等，冶秋特别提出：凡是群众场所，对于前后门、厕所都要注意，
休息室要安排两个，馆内设备要多采用泡沫塑料制品等，并嘱咐工程一定要抓紧。
候良等回去后，对设计图纸进行了全面修改。经过近一年的建设，一座具有亚洲一
流水平的文物仓库建成了。它既能保存文物又可供人参观，现在已经成为长沙的一
个标志性参观景点。

　　在一号墓开始清理文物时，冶秋就部署写发掘简报和电影拍摄工作以及酝酿编
写正式发掘报告。1972年8月，发掘简报与电影纪录片均与公众见面，引起轰动。
1974年夏，由高履芳（图一四五）、宿白主持审定，湖南省博物馆熊传薪等人撰写
的上下两册、装帧精美的《长沙马王堆一号汉墓》正式出版（图一四六）。这是
"文革"中出版的质量最好的一部大型考古报告，得到国内外学术界普遍赞誉。所

图一四六 《长沙马王堆一号汉墓》书影

有这些说明，大型考古发掘项目的实施是一项系统工程，涉及项目计划与预算、资源组织与调配、文物发掘清理和保护、成果宣传与出版、科研与应用，以及附加成果的获取等。

三十多年过去了，马王堆考古发掘给后人留下了享用不尽的成果，也为后人留下了想象不尽的空间：我们还会有这样的机遇吗？它会出现在什么时候，在哪个地方呢？那时候的领军人物又是些什么人呢？

（四）我国历史上第四次古代典籍大发现

1. 70年代的辉煌

在20世纪70年代之前，我国古代典籍有三次相对集中的大发现，即：汉惠帝四年（公元前191年）孔府壁中书，晋武帝太康二年（公元281年）汲郡竹书，清末民初敦煌经卷与殷墟甲骨文。

进入70年代，在周总理亲自领导下，通过文博考古界同仁们的团结奋斗，震撼世界的文物考古新发现层出不穷，真可谓"天道酬勤"也。其中古代佚籍的相继出土尤其令世人惊叹。

1972年4月，山东临沂银雀山汉墓（图一四七），出土了《孙子兵法》和已经

图一四七　银雀山汉墓竹简博物馆，2005年摄。

失传一千多年的《孙膑兵法》，还有《尉缭子》《六韬》以及现存最早的历谱汉武帝元光元年（公元前134年）历谱等近5000枚竹简典藉。《孙膑兵法》与《孙子兵法》作为不同的两本典籍同墓出土，揭开了笼罩在孙子头上的千古谜团，证实了孙武、孙膑实为两人，各有兵书传世（图一四八），证实了司马迁《史记》的记载是准确的。而元光元年历谱是迄今发现的最早、最完整的古代历书，对研究古代历法颇具价值。

1973年底，马王堆三号墓中发现了十几万字的帛书（图一四九），震惊学界。随后，甘肃居延考古队在肩水金关遗址发现简牍11577枚。这批称为"居延新简"的佚籍，在简牍数量与内容的丰富程度上，是上世纪30年代发现的居延简无法相比的，对研究古代军事防御体系和古代的城池、关隘遗址等都有重要的参考价值。接着有新疆吐鲁番唐代文书的发现，包括从十六国到唐代开元、天宝年间的官私文书以及古书、佛道经典。著名历史学家唐长孺先生认为，这批佚籍将使唐史研究改观。

1975年末到1976年初，湖北省博物馆和孝感地区的文博工作者，在云梦睡虎地发掘战国到秦的墓葬，出土近1200枚竹简，这是我国首次出土秦简（图一五〇）。墓主喜在秦始皇时期担任与司法有关的职务，这批佚籍对研究秦代的律令、诉讼制度与兵制等有重大参考价值。

1977年，安徽阜阳市博物馆在双古堆汉墓发掘出土1000多枚汉简，墓主为西汉第二代汝阴候夏侯灶，这批竹简内容颇丰，含《诗经》《周易》《仓颉篇》《年表》等，对研究汉初语言和诗文很有价值。

2．文物工作的新门类

这样集中而重大的古代佚籍的发现，如历史上前三次大发现一样，掀开了我国古代文献学、文化思想史研究的新篇章。1972年6月，当银雀山汉墓竹简发现者之一吴九龙携带竹简来北京报告的时候，冶秋正在长沙处理马王堆古尸及出土文物的保护等问题。吴向谢元璐作了情况介绍，谢看完照片后说这东西很重要，要吴等冶秋回来。吴便乘这段空挡时间到中华书局，找一些正在那里标点二十四史的老专家"掌眼"。第一个见到照片的张政烺马上问吴："发现了多少？"吴答："几千

图一四八 《孙子兵法》竹简和《孙膑兵法》竹简

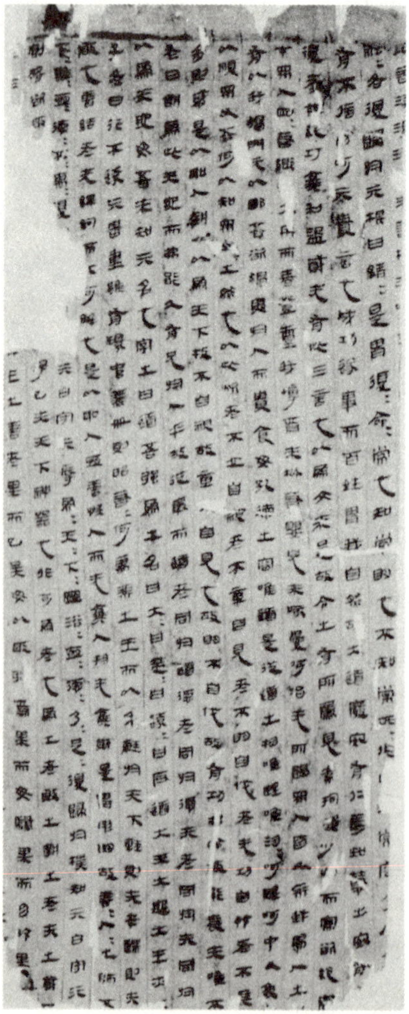

图一四九 马王堆帛书《老子》乙本局部

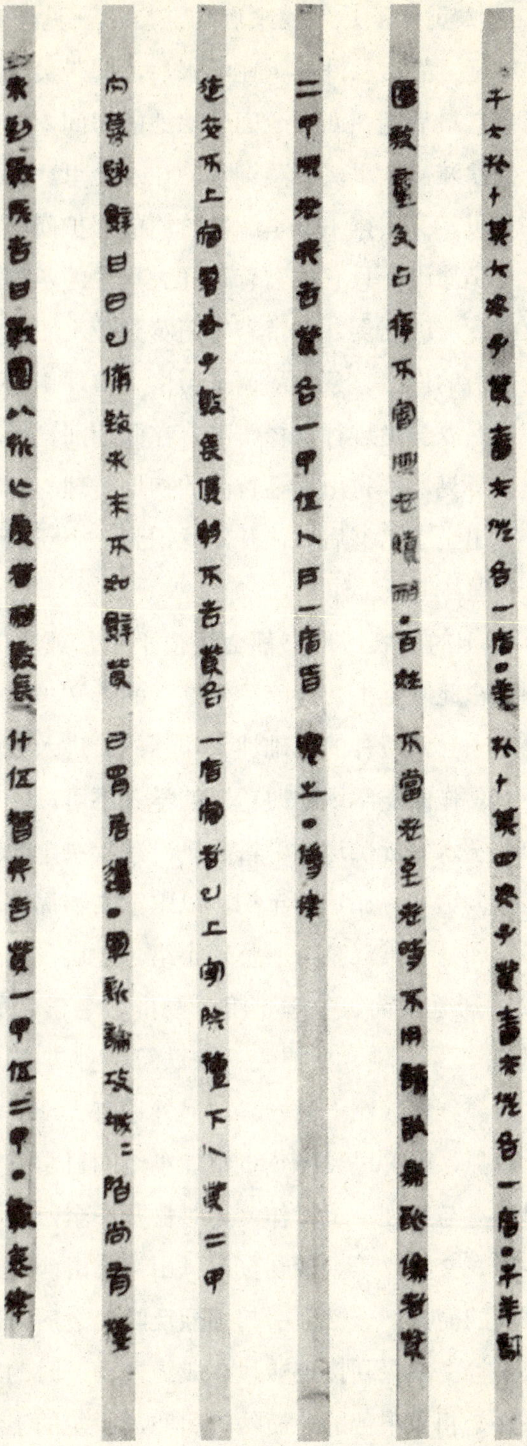

图一五〇 睡虎地秦墓竹简《秦律十八种》

支。"张立即说:"太重要了!"找来启功,启功一见便说:"这很重要,不得了!我们大家都要呼吁。"冶秋回京听完汇报后,即带吴九龙上红楼二楼,找适合竹简整理工作的房子,最后定在西头一间带水池的房间。竹简是用五氯酚钠封在玻璃管内,更换时,到沙滩澡堂里买回蒸馏水,在水池里冲洗。为了安全,冶秋把常三爷请来照看这些宝贝,又安排王丹华解决竹简的保护问题。整理工作的第一步是照相,要求照片尺寸是原大,只有故宫有这样大尺寸的照相机。冶秋便要司机顾才每天把自己接到红楼后,就送吴九龙带着竹简箧到故宫照相,照完再接回红楼。人手不够时,便把文研所的南峰、蔡学昌调来帮忙。整理伊始,冶秋又请古文字专家罗福颐与顾铁符、吴九龙一道进行考释研究。在此期间,冶秋经常上楼来看看,了解进展情况与问题。可见,银雀山汉墓竹简的初期整理与考释工作一直由冶秋亲自管,到马王堆三号墓出土了帛书后,他开始意识到一个新的工作门类出现了,那就是出土古代文献的整理与考释工作。

　　一般情况下,出土的简牍、帛书都会残损不全,或顺序完全被搞乱,所以首先要进行清理辨识,在此基础上,对碎片做准确的录文与拼合。由于古字难辨识,残片难拼合,这是一项异常费神的基础性工作。然后进入更为艰辛的"定名""断代"阶段,能胜任此工作的非学识渊博精深的学者不可,一般人是无法问津的。因此,为了及时向中外学术界提供这些考古成果,冶秋决定邀请国内最高水平的学者和专家参与这一工作。这样,在1974年初,以国家文物局的名义,首先成立了银雀山汉墓竹简整理小组和马王堆汉墓帛书整理小组。之后,又逐步成立了吐鲁番唐代文书、睡虎地秦简、居延汉简等整理小组。一批著名学者如唐兰、商承祚、张政烺、唐长孺、朱德熙、罗福颐、杨伯峻、顾铁符、孙贯文、裘锡圭、李学勤、马雍、胡如雷等齐聚沙滩红楼(图一五一)。另外还有一个创举,就是由文物出版社的副总编辑金冲及总抓,韩仲民具体负责整理小组的日常工作,黄逖、吴铁梅、靳静、钱碧湘等编辑也参与整理小组工作。一时群贤毕至,实乃我国古代文化史研究的一大盛事。1974年《文物》第二期刊登出《山东临沂西汉墓发现〈孙子兵法〉和〈孙膑兵法〉等竹简的简报》一文,引起强烈反响。之后,新华社发通稿,《人民日报》《解放军报》等主要报刊接连转载,成为轰动一时的重大新闻。那时,这些大学者们的工作条件是相当艰苦的:简陋的房间,原始的工具,清苦的生活。有时

晚上加班，跟班编辑吴铁梅、靳静和钱碧湘就充当服务生，从红楼对面的饭馆，给这些老先生们端碗馄饨吃。就这样，在"四人帮"把矛头对着周总理，大搞"批林批孔""评法批儒"的恶劣的政治环境中，国家文物局所在的红楼却保留了一方学术净土，产生出一批惊天动地的学术成果。

3.新事业与新学科

在周总理亲自关怀下整理出来的这批古代珍贵典籍，使古代文献整理工作逐步演化成一项新的事业。当马王堆帛书《老子》甲、乙本及佚书初步整理、考释出来后，文物出版社派编辑黄逖和摄影师王露去拍照，由故宫的罗福颐和顾铁符作了原始的整理，由顾铁符写了一个简介，其中写道，甲本后与乙本前的古佚书都是老子和法家的著作。当时冶秋并未深究，听信了其一家之言。当冶秋将帛书《老子》甲、乙本的文字照片送给康生审读时，康生一看就发现了问题，对冶秋说，《老子》甲本后的佚书是讲儒家"仁、义、礼、智、圣"的五行说，词句中还袭用《孟子》的话，肯定不是法家的东西；而乙本前的佚书看来是黄老学派的东西。康生过去在中央主管文物工作，本人又懂文物，冶秋常因史料求证问题向康生请教。冶秋意识到古代典籍的考释工作，没有深厚的古史根底是要误事的，这促使他下决心邀请全国顶尖学者，成立在上一节说到的各个古文献整理小组，开创这项新的事业。冶秋一生中对那种不懂装懂，在工作中敷衍塞责的作风十分厌恶，一贯秉持对待学术来不得半点虚假，而对于历史必须尊重真实原貌的科学态度。

1974年3月马王堆汉墓帛书整理小组成立后，《老子》甲本及其古佚书的释文、标点、校勘和注释由张政烺负责，《老子》乙本及其古佚书的释文、标点、校勘和注释由朱德熙和裘锡圭负责，而帛书残片的拼接是由裘锡圭根据先秦古文字逐一串联而成的。这些工作完成后，金冲及安排黄逖赴上海落实出版事宜，书稿全部到齐后由上海印刷公司石印车间印制。成书为八开线装两册一函，第一册书名为《老子甲本及其古佚书》，第二册为《老子乙本及其古佚书》，函套题签书名为《马王堆帛书〔壹〕》。黄逖于是年9月下旬携20套样书返京。令人费解的是现在一些书刊文中却编造出黄逖带到上海印制的书稿只是《老子》乙本，而甲本却因为康生的指责被王冶秋扣了下来，真是天方夜谭。一些人把历史当成自己可以任意编排的脚本，把历史人物当作可以随意摆放的道具，这种"消费"历史的恶行必然会被人们唾弃。同年10月2日，冶秋将黄逖叫到红楼说到："昨天在天安门观礼时见到主席，他老人家想看《马王堆帛书》，主席眼睛不好，你能不能把上海出的线装本子改排成大字本，以最快的速度印出来？"黄逖毫不犹豫地应承下来，遂把上海带回来的两册样书一页一页地拆开，标上改版36磅的字号，并设计成八开竖排外加丝栏的形式，经过大家几天加班赶制，一部八册一函、玉扣纸精印的线装大字本《马王堆帛书》呈送给毛主席。

关于银雀山出土的"二孙兵书"，还有一个小插曲，从侧面反映出当时政治斗争的诡谲。1974年夏，就在"四人帮"的爪牙企图接管国家文物局没有得逞之时，在新华社关于发现"二孙兵书"通稿发表之后的一天，国家文物局办公室主任金枫通知朱天、顾铁符和吴九龙一起去清华大学迟群处开会。当一位姓宋的人介绍，吴九龙是银雀山汉墓竹简发现者之一时，迟群却质问道："王冶秋为什么不来？"几个人怔住了，不知如何回答。那次汇报后不久，迟群、谢静宜来到红楼，指示整理小组在几天之内印出给"首长"看的大字本，说"首长"眼睛不好，用的纸不能重，也不能反光。文物出版社把出大字本的事，交给朱天和黄逖负责。当时租了两辆出租车，所有编辑人员分成两组进入工厂，不分昼夜，轮流校对。黄逖与朱天几乎一个礼拜没有怎么合眼，终于将绸制封面的"二孙兵书"大字本如期交给了迟群。

1978年2月在冶秋的倡议下，国家文物局增设了古文献研究室，以适应不断出土的珍贵简帛佚籍的整理与研究工作。4月，国务院正式批准《关于成立古文献研究室的报告》，批准古文献研究室作为国家文物局直属机构的编制，唐长孺教授出任第一任主任。今天，古文献研究已成为一项方兴未艾的事业，而"简帛学"也成为一个大学科，每年要召开几次国际会议。北大、清华为此学科设立博士学位，人民大学在筹办简帛学研究所，中国社科院以及甘肃等省设立了简帛学研究机构。上世纪70年代的古代文物、典籍的大发现，带来今天古文献学术的大发展，著名学者王国维说得好："古来新学问起，大都由于新发现。"现今简帛学应运而生，孕育着学术大家的出现。

（五）世界第八大奇迹的发现

1. 发现的偶然性与必然性

西安市临潼区东部骊山北麓，有一块被老乡称作石滩洋的洪积区，时常有狼出没，十分荒凉。1974年2月，附近西阳村的村民在此打井，挖出了一些陶像碎片，继而挖出躯干和头。村民们根据过去的经验，认为是挖到了"瓦爷庙"，村里的老太太便来烧香叩拜，乞求平安。这种事并不稀罕，过去村民盖房、打井时就发生过。那时挖到"瓦爷"的人认为不吉利，或埋回去，或将其砸碎扔掉。这一次，在当地检查打井的公社干部房树民看到井上井下的碎陶片，认为可能是文物，便要求停工。房树民向领导汇报后，临潼县文化馆的干部赵康民闻讯赶往现场，把陶片收集起来运回馆内，并进行修复，共修复了两件陶俑武士。赵康民平常就注意收集有关出土文物展览、马王堆汉墓古尸、银雀山兵书等考古大发现的信息，凭借知识与工作经验，判断这陶俑是珍贵的秦代文物。至此，村民挖出"瓦爷"的偶然性，由于知识和信息的不对称性发生了转化，发现秦代文物的必然性出现了。当时正在临潼探亲的新华社记者蔺安稳看到修复后的陶俑，并听了赵康民的介绍，立即意识到它的新闻价值，因为那时正是国内外掀起出土文物热的时候。蔺安稳于是写了一篇《秦始皇陵出土一批秦代武士陶俑》，通过《人民日报》记者王永安、马炳全上报，刊登在《人民日报》6月27日的《情况汇编》上。那个时候，出土文物新发现也是国务院领导人关注的一个热点。当时，总理已住院手术治疗，主持常务工作的李先念副总理看到这篇报道后即批示："庆彤同志并冶秋同志：建议请文物局与陕西省委一商，迅速采取措施，妥善保护好这一重点文物。"据此，冶秋即派文物处处长陈滋德赴陕，经协商由省委写报告，报国务院和国家文物事业管理局批准发掘。

根据批复的报告，陕西省文物管理委员会成立了考古发掘领导小组，组织了由袁仲一任队长的考古队伍，于1974年7月15日进驻工地钻探，到1975年6月基本探清了俑坑的范围、性质及其内涵。这个编号为一号的兵马俑坑面积为14260平方米，有陶俑、陶马6000余件，是以战车和步兵组合成的东西长230米、南北宽62米的巨大兵阵，重现了2200年前秦始皇"奋击百万，战车千乘"的浩大气势，令每一个身临其境者惊叹不已。1976年在一号坑旁又发现了二号坑，这是一个面积为6000平方米，有战车64乘，陶俑、陶马1300余件的兵阵；同时又发现了面积为520平方米的三号坑，有战车1乘和武士俑68件，这是统帅三军的指挥部；1976年6月在一号坑旁还发现一个没有放置陶俑、陶马的未建成坑，这是因为秦末农民起义使工程被迫停工所致。至此，代表左、中、右三军和指挥部的兵马俑军阵全部呈现于世人面前。

2．展现大国风范的秦俑博物馆

冶秋住所黄化门39号，距聂荣臻元帅住所景山东街北头的吉安所胡同1号，只有十分钟的步行路程。聂帅之女聂力和冶秋之女高予是北师大女附中的同班同学，又一直是好朋友，只要两人都在北京，便会互相走动。20世纪70年代，聂帅常邀请冶秋到居所聊天。那个时候，冶秋常去聊天的地方还有住在什刹海边上的叶剑英元帅处。记得有一次叶帅和他聊40年代南方局在重庆军事情报活动的事，另一次是谈鲁迅及其后代的事。此外冶秋常去的地方还有北太平庄4号院，这里住着他的老师与老友范文澜，与范老比邻而居并经常来往的还有王震和华罗庚，所以冶秋与他们也成为可以尽兴交谈的朋友。后来王震搬到翠花湾，冶秋也不时去聊天。1975年7月，聂帅在北戴河休假，冶秋带高予一家也去北戴河度假（图一五二）。冶秋就利用这个机会，详细地向聂帅介绍了秦始皇陵兵马俑坑发现的情况，说这是迄今为止世界上发现的最大兵阵遗址，检测表明，出土青铜器的表面经过铬盐氧化处理，兵器的刃部都有锉、磨机械加工的痕迹，有很高的技术含量；而且陶俑、陶马还都是精美的艺术品；进而又谈到打算在该处建立遗址博物馆的设想，冶秋说这个秦俑坑是研究古代军事史、文化史和技术史的宝藏。聂帅问道："以前国内建立过遗址博

图一五二　在北戴河钓鱼

物馆吗？"冶秋便向聂帅介绍了西安半坡遗址博物馆的建设经过，讲了1955年秋陈毅元帅参观半坡遗址时的情景，当陈老总听到冶秋说，打算就在遗址之上建立一个博物馆，使其成为宣传爱国主义和历史唯物主义的场地时，陈老总十分赞成，亲自致电国务院拨出30万元，建成了享誉中外的半坡遗址博物馆。聂帅听了冶秋的介绍很感兴趣，随后又从军事与科技的角度询问了一些细节。最后聂帅说："建立这样的博物馆的确很有意义，2200年前，第一个统一中国的皇帝的军阵，很了不起！更难得的是，它们还是雕塑艺术宝库，这是中国人的骄傲，我支持你们的想法，我会向国务院呼吁。"

1975年8月下旬，李先念副总理根据聂帅的建议召开国务院办公会议，作出拨款150万元修建秦始皇兵马俑博物馆的决定。8月26日冶秋抵达西安，向陕西省委和省文物管理委员会传达国务院的决定，建立秦始皇兵马俑遗址博物馆已列入国家专项工程，请省里尽快拿出设计方案上报。1976年9月，遗址保护大厅的基建工程破土动工，在建设过程中，又得到谷牧、余秋里副总理的支持，追加建设经费。这座全国最大的遗址博物馆终于在1979年9月建成，并于10月1日正式开放。这里值得一提的是，李先念、谷牧都是在70年代协助周总理支撑危局的干将，同时也是大力支持文博事业发展的中央领导人（图一五三——五五）。

兵马俑博物馆采用边发掘、边展出的办法，在正式开放前就接待了不少外宾。兵马俑以"多、大、真"的视觉特征令世人倾倒。"多"：一号坑里整齐排列着6000件军士与马匹，浩浩荡荡，气势磅礴，充分展现了一个泱泱大国的气派，摄人魂魄（图一五六）；"大"：陶俑身高在1.8～2.0米，陶马如真马一般大小；"真"：6000件陶塑的头部全是用手工雕塑，陶俑的五官细部各不相同，反映出鲜明的性格特征。第一篇最具冲击力的国外报道发表在美国《国家地理杂志》1978年第4期上，是由奥德丽·托平撰写的文章《中国第一个皇帝的军队——中国惊人的发现》。该文发表后引起源源不断的海外游客慕名而来。1978年9月，法国总理希拉克来到这里，发出由衷的赞叹："了不得啊！世界上原有七大奇迹，秦兵马俑的发现可说是第八大奇迹。不看金字塔不算到过埃及，不看秦兵马俑，不算真正到过中国！"卢森堡大公在留言簿上写道："艺术珍品达到非凡的水平，表现了中国人民的卓越天才，全世界人民都将在这里受到鼓舞！"的确，秦兵马俑的艺术成就堪

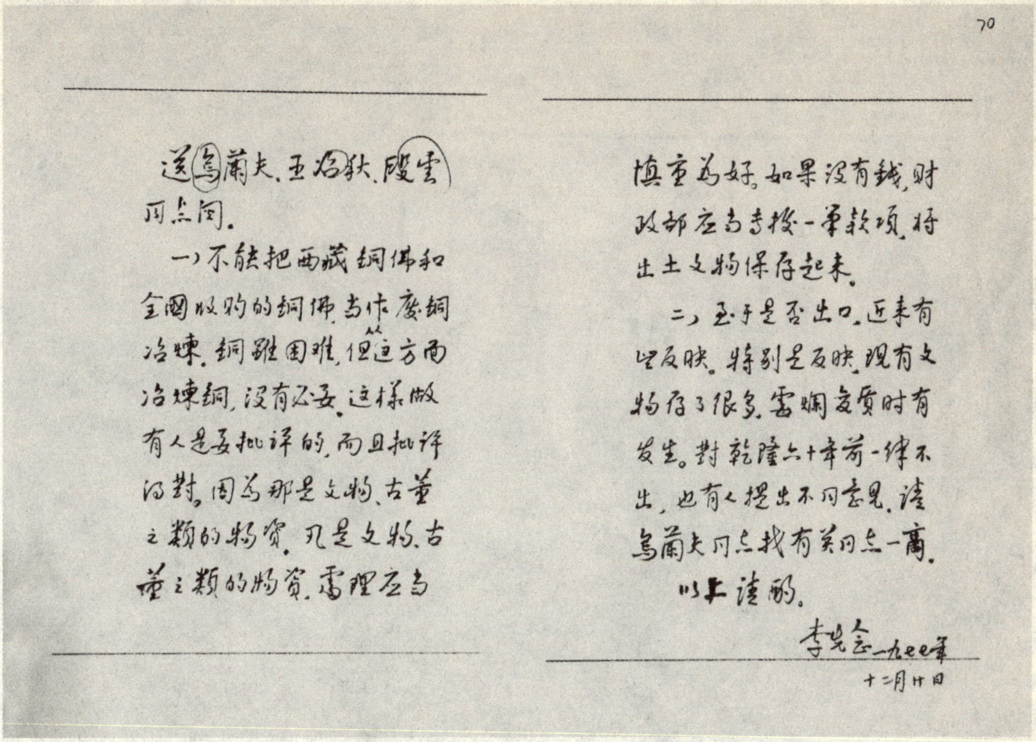

送写兰夫. 玉焙狄. 殷云
可点阅.

一, 不能把西藏铜佛和
全国收购的铜佛当作废铜
冶炼. 铜虽困难, 但这方面
冶炼铜, 没有必要. 这样做
有人是要批评的, 而且批评
得对, 因为那是文物, 古董
之类的物资, 凡是文物, 古
董之类的物资, 需要注意

慎重为好. 如果没有钱, 财
政部在专拨一笔款项, 将
出土文物保存起来.

二, 玉予是否出口, 近来有
些反映, 特别是反映现有文
物存了很多, 霉烂变质时有
发生. 对乾隆六十年前一律不
出, 也有人提出不同意见, 请
写兰夫同志找有关同志一商.
以上请阅.

李先念一九七七年
十二月廿日

图一五三, 1977年李先念关于
　　　　文物的一次批示

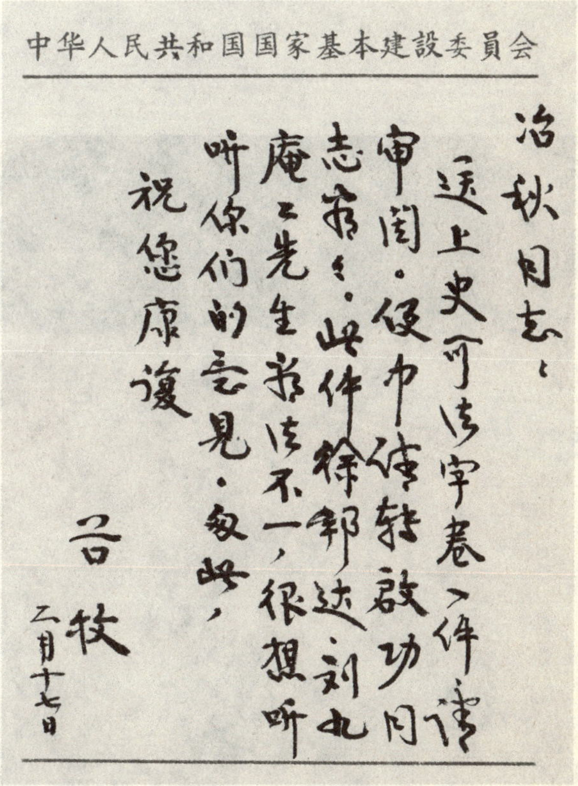

中华人民共和国国家基本建设委员会

冶秋同志:

远上史可法字卷一件请
审阅. 使巾传转启功同
志帝? 此件徐邦达, 刘九
庵二先生都传不一, 很想听
听你们的意见, 致望,

祝您康复

谷牧
二月十七日

图一五四　　谷牧关于一件史可法字卷
　　　　　　给冶秋的信

图一五五　谷牧与字画鉴定专家合影

图一五六　秦兵马俑一号坑

图一五七　20世纪70年代是冶秋最有成就感的十年，
上：在天山天池，下：记者采访。

称东方古典写实主义雕塑艺术的高峰，填补了中国美术史的一页空白。过去认为我国一些雕塑技法是受南北朝时期佛教的影响，现在我们看到，那些"堆、贴、捏、塑、刻、画"的技法在秦兵马俑上早有体现。

秦始皇兵马俑坑的发现是一个意外，幸运的是它发生在20世纪70年代我国地下文物大发现的热潮之中，这一偶然的发现变成了必然的现实。与此可以对照的是，1964年9月25日《陕西日报》曾登过一条报道《临潼出土秦代陶俑》，可是在那个年代文物工作根本排不上号，这一跪式女俑的发现只灵光一现便湮没了。

20世纪70年代是我国文博、考古事业发展的高峰期，在中国和世界文明发展史上都留下了光辉的一页。当我们回首三十年前那段峥嵘岁月时，禁不住对周恩来总理和在其领导下为文博、考古事业呕心沥血、艰苦奋斗的那一代人，产生由衷的敬仰。正是由于他们的无私无畏，才创造了惠及子孙万代的丰功伟业（图一五七）。

八 结 语

1980年1月的一天，《人民日报》海外版头版刊登了一则消息：熊复、吴冷西、王冶秋、胡绳四人被免除职务。后来，海内外就产生了一些流言，说这几个部级干部是因与"四人帮"有牵连而下台的。当时，我作为航天部派出的首批访问学者，正在美国南加州大学做访问研究工作。我意识到父亲王冶秋可能经受不住这种伤害，因为这是天大的冤枉。在"文革"后期，他对"四人帮"的憎恨与鄙视，常通过他不经意的话语与表情表露出来。他不止一次露出鄙夷的神情对我说那些人"不见经传"，根本看不起他们（图一五八）。现在父亲却遭受这样的流言中伤，我禁不住为父亲的健康而担心。果然，家里来信说父亲已病重住院，并一度病危，要我有思想准备。但他们没有告诉我父亲得的是什么病。我心里一直怀着希望：父亲会站起来，他的脸上会露出灿烂的笑容。

图一五八　1976年10月，冶秋率领国家文物局游行庆祝粉碎"四人帮"。

　　1982年10月，我中断了在美国的访问研究工作，回到了北京。稍作安顿，我就赶到北京医院去看望父亲。我走到床前对他说："爸爸！我回来了！"他两眼盯着我，伸出手来握住我的手，嘴角的肌肉在颤动，从喉咙深处发出了轻微的声音："小虎子！"他在喊我的小名，那声音似乎是从很远的地方传过来的。他急切地想讲话，可是讲不出来，眼泪开始从眼角流淌下来。我们近在咫尺，可又像远在天边，他已经无法与别人进行正常的交流了。父亲病情稳定后，被接回来住在红霞公寓，平常由母亲和弟、妹照顾。每个周末，王路和我回去为他洗澡，他显得安详惬意（图一五九）。

　　1982年11月26日，第五届全国人民代表大会第五次会议召开，父亲是全国人大常委和主席团成员，我从人民大会堂的西北角门用轮椅将他推到主席台就座。这是他有生之年参加的最后一次公务活动。出乎我的意料，他居然坐在那里开完了上午的会议。推他出会场时，他兴奋得像个孩子，说还要来，并把记录本交给我。记录本第一页上写满了"字",这些"字"是竖写的,行与行分得很清楚,可是那些"字"已经无法辨认,像是天书了。不久他又被送进医院。我怀着希望去找主治大夫询问父亲的病情,我说:"他的病似乎好了一些,可以坐着写字画画,有时候也能说出完整的句子,表达的意思是准确的。他能够好起来,是吗?"大夫平静地同我说:"王老患的是脑细胞软化症,这是一种不可逆疾病,现在还没有医疗手段能够修复那些损坏的脑细胞,所以只能是越来越不好,这样进出医院几次,最后就出不去了……"大夫的话无疑是正确的,可我听起来却觉得十分冷酷,怎么就看不到他有好起来的迹象呢?

这期间母亲告诉我,在父亲蒙冤后,1980年春,小谢(辰生)和小罗(哲文)分别给两位中央领导人写信。小谢一连写过两封信(图一六〇),并在信中表示"敢以身家性命保证所反映情况的真实性"。小罗更是噙着眼泪写道:"千万不要在平反冤假错案的同时,又制造新的冤案。"王震同志也挺身而出说:"是我让王冶秋找康生的,因为总理事情太多。"王震还当面对小谢讲:"你们文物局要保护好这个老头。"之后,中央宣传部主持了调查工作,于1982年5月26日写出调查报告提要,6月派人向高履芳传达了《调查报告提要》的内容:经查,王冶秋在"文革"中的表现是好的。除了在文物工作方面与康生有过接触外,在政治上、组织上均无关系;所谓"王冶秋把查抄文物大批送给康生",完全没有这回事;经过多方面反复调查,证实康生放在故宫的砚台确实是通过王冶秋、吴仲超等人交公了,而不是"寄存"。最后的结论是:"王冶秋同志是1925年参加革命工作的老同志,解放前长期在白区工作。建国以来,多年担任国家文物管理部门领导职务,工作勤恳努力,任劳任怨,是有成绩、有贡献的。"母亲一边叹气,一边向我讲述。开始我非常激愤,那些处心积虑要把呕心沥血于文博事业的冶秋说成狼的家伙,是在杀人呀!这些事后的所谓"平反",本来就不应该发生的!渐渐地我平静下来,想到父亲的病情和现状,想到前天王路讲:"昨天爸爸郑重其事地指着病房对面的大楼说,那是特务机关,昨天特务们请客,我没去,老顾(司机)去了。忽然又问道:'我们北关的房子(指老家)呢?'"现在任何安慰的话对父亲已失去了意义,他只生活在自己残存的片段记忆里。

有一天下午,我去看父亲,他带着有点儿狡黠的表情,指着茶几上一张铅笔

耀邦同志并转
中央书记处同志：

晶运生文化学院、出版系统都比较责任地流传说，在耀邦同志

和任重同志文接的中宣部倒会上，耀邦同志点名批评了王冶秋、校说

是根据一位同志的来信。耀邦同志说，这次的文革命期间，康生拿了八年多时

多的，王冶秋应负责任去作检讨（大意如此）。是否属实，我开始是怀疑

的。因为伯颜减同志也未向之物局作过传达。后来有很多同志都这样

误。宣说是听的正式传达，看来是事出有因了。不则期以来社会上对王冶秋同志

和之物局确有不少议论，集中的有：一是王冶秋、文物局对康生一事人这么多的

二是之物局为是康生要成立的，因而王冶秋向题很大，之物局向题很大，姓济孟出

关康生。据说王冶秋向解向之祐外实和孟港版都也有所评论。对

此，我有不同的看法。我在文物局工作廿多年，对之物局的历史和院状都比较清楚

画要我看，画的是一个站立的人，这显然是用他1923年在南京美专附中学到的"一笔画"功夫所"创作"出来的作品。我问他："爸！你这画的是什么呀？"他露出特有的诙谐笑容说："老头撒尿！"我不禁哈哈大笑，他也满意地笑了，似乎说："怎么样，没猜着吧！"

1987年10月5日，父亲平静地远行了。在治丧办公室发布的"王冶秋同志生平"中写道：

一九八七年十月五日十七时五十二分，中国共产党的优秀党员，中国共产党第十一次代表大会代表，第三届全国人民代表大会代表，第四、五届全国人民代表大会常务委员会委员，原国家文物事业管理局局长、顾问王冶秋同志的心脏停止了跳动。

王冶秋同志是新中国文物、博物馆事业的主要开拓者和奠基人。建国以来，我国的文物保护、发掘和征集工作取得了举世瞩目的成就，这同他多年来呕心沥血的辛勤工作是分不开的。他又是中国共产党的优秀地下工作者。在严酷的白色恐怖笼罩下的艰难岁月里，他出生入死，多次出色地完成了党所交付的任务，对革命事业作出了重要贡献。他的为人光明磊落，襟怀坦荡，刚正不阿，克己奉公。他七十八年的人生旅程，是为共产主义奉献的一生。

中共优秀党员、新中国文物博物馆工作卓越开拓者

王冶秋遗体告别仪式在京举行

新华社北京10月23日电　中国共产党优秀党员、久经考验的共产主义忠诚战士，第四、五届全国人大常委会委员，原国家文物局长、顾问，新中国文物博物馆工作卓越的开拓者王冶秋遗体告别仪式今天在北京八宝山革命公墓举行。

李先念、陈云、彭真、邓颖超、徐向前、聂荣臻、乌兰夫、万里、习仲勋、余秋里、胡乔木、谷牧、钱昌照、赵朴初、雷洁琼等同志，国务院办公厅、中组部、中宣部、文化部等单位，送了花圈。

习仲勋、方毅、余秋里、邓力群、王震、周谷城、严济慈、胡绳、韩念龙、罗青长、荣高棠、任质斌、王锳、伍绍祖、颜金生以及首都各界人士700多人参加了遗体告别仪式。

王冶秋同志1909年出生于安徽省霍邱县。五四运动后，他结识了鲁迅先生并参加了未名社的一些进步活动。1925年，他

在北平西山中学加入了中国共产主义青年团，同年转为中共党员。大革命失败后，他在安徽、上海、北京等地从事革命活动，曾两度被捕入狱，历经敌人的严刑拷打和威胁利诱，始终坚贞不屈。此后，他一度与党失去联系，但仍积极传播进步思想，影响许多热血青年投身革命。他还与鲁迅先生保持密切联系，是鲁迅晚年的挚友之一。1940年至1946年，他任冯玉祥将军的国文教员兼秘书。1941年，经王若飞同志批准，他回到党的行列中来，在周恩来、董必武同志的领导下从事党的军政情报工作。北平解放后，他参加领导了对文物、博物馆、图书馆的接管工作。建国后，他担任文化部文物局副局长，1954年至"文革"前，他一直担任文化部文物局长，为创建和发展新中国文物、博物馆事业作出了贡献。"文革"中，他受到残酷迫害，一度失去自由。1973年起，他担任国家文物局局长，为恢复和发展已受严重破坏的文物、博物馆事业进行不懈的努力，使文物战线较早地恢复了比较正常的工作。粉碎"四人帮"以后，王冶秋同志坚决拥护党的十一届三中全会以来的方针政策，带病坚持工作，对文物战线的拨乱反正，作了可贵的努力。在病重期间，他仍念念不忘文物事业的发展。

王冶秋同志为人正直、坦率真诚，尊重知识，尊重人才。他一生廉洁奉公，严于律己。他78年的人生旅程，是为共产主义事业忠诚奉献的一生。

图一六一　《人民日报》发表的向王冶秋遗体告别新闻

1987年10月23日，在八宝山革命公墓礼堂举行了向王冶秋同志遗体告别仪式（图一六一）。参加告别仪式的各界人士络绎不绝（图一六二），向这位倾其毕生心血为革命事业奉献的仁者作最后的道别（图一六三—图一六六）。冶秋的骨灰从长城的望京楼上飘向四面八方（图一六七）。

图一六二　八宝山礼堂前的吊唁者

图一六三　王震在告别式上安慰履芳

图一六四　荣高棠在告别式上安慰履芳

图一六五　国家文物局负责人和老同志向冶秋告别

图一六六　王路的好友向冶秋告别，右起：李铁映、叶选宁、
　　　　　王路、谌勇、金连经。

图一六七　长城望京楼远眺

附录

（一）年 表

王冶秋，安徽省霍邱县人。原名王之纮，字冶秋，乳名铁生。曾用名王野秋、高山。笔名：野囚、汪洋、野秋、冶秋、秋、王火、老外、外山、蓼等。

1909年1月7日，诞生于奉天（今沈阳市）昌图府八面城。父王人鹏（字友梅），前清拔贡，时任铁路局中级职员；母宣宝舟，河南鹿邑人。

1912～1918年，随父居安徽秋浦。父任秋浦（现东至）县知县。入家馆，学国文、英文、数学、音乐诸科；读经史，学作诗。在此山清水秀之地，度过金子般的童年。

1919年，随父赴来安，父任来安知县。半年后，父擢亳州知州，在任仅一年，1921年因脑溢血猝死任上。省长许世英讣告全省县长募捐，为民国初年的模范县长王人鹏发丧。扶父灵柩回霍邱，入县高等小学堂，参加"闹学潮"。

1922年，高小毕业后考入南京美术专科学校附中，后转入南京成城中学，受五四运动新思潮影响，如饥似渴阅读《向导》《中国青年》等革命书刊，积极参加学生运动。

1923年，暑假后随兄王之绾（字青士，龙华二十四烈士之一）北上北京考入志成中学，上了三个星期课，因有患肺者住在对面而退学，复入英国英文学校。

1924年，结识韦素园、瞿云白、台静农、曹靖华等人，从此与新文学结下不解之缘。接受新文艺、新思潮及国民党左派思想，参加"二七"示威纪念会以及北京的各次游行示威活动，加入李大钊领导的国民党左派。

1925年5月，经李硕之介绍入中法大学附属西山中学，经王海镜介绍加入共青团。是年冬，由吴可、王海镜介绍加入中国共产党。是年参加孙中山逝世追悼大会；到故宫听鹿钟麟讲演；参加"首都革命"活动，包围段祺瑞执政府，火烧赵家楼及朱琛住宅；11月参加争取关税自主示威，与警察发生冲突。随韦素园、台静农第一次见到鲁迅。

1926～1927年秋末，在北京西山地区发展党团组织响应北伐。后按"北方局暴动计划"，组织以香山慈幼院学生为主的队伍，担任侦缉队长，准备武装暴动。失败后从奉军侦缉队的围捕中逃脱，在台静农帮助下逃到天津，乘船经大连、上海回到霍邱。

1927年冬至1928年夏末，在霍邱建立党团组织，担任党的县委委员和团的县委书纪，组织武装队伍响应阜阳暴动。阜阳暴动失败后，发动霍邱文字暴动，失败后遭到搜捕，逃往上海，与安徽省委接不上组织关系。是年冬，复北上北平，接上关系，参加景山支部活动。到北大二院听课，在未名社帮忙。

1929年，担任北平团市委秘书，后调任顺直省委交通员，负责到天津接取中央文件。有空时继续在北大听课，结识了著名学者范文澜、原田淑人等，极大地提高了自己的文化修养。

1930年2～7月，应谢台臣之邀到河北大名七师任教，同时兼任大名县委秘书。组织红24军，失败后回到北平。8月参加八一示威被捕，遭受酷刑，阎锡山回山西后无罪释放。党组织遭破坏，接不上关系。在天津顺直省委书记尹宽家听张慕陶报告，知要另立中央后退出。失去组织关系。

1930年底，经台静农安排与高履芳订婚，冶秋母亲宣宝舟和履芳爷爷高静涛以及台静农、曹靖华等参加订婚仪式。

1931年上半年，在保定育德中学教国文，写《新文学小史》发表在《育德月刊》上。与履芳同居。

1931年下半年赴山西大同，任教省立三中。应邀参加"左联"和"教联"。

1932年春至1933年上半年，任教于太原进山中学，因思想新锐，讲课内容充实、语言生动而成为"当红"教员。后因得罪晋军司令赵承绶而遭解聘。

1932年7月2日与高履芳在北平结婚。履芳自天津女师毕业，受聘于北平孔德学校。

1933年下半年至1934年上半年，任教于山东省立济南高中。1934年2月16日第一个孩子王玉（现名高予）出世。暑假回北平找工作，在台静农家被捕，一个多月后无罪释放。

1934年下半年，在山西运城第二师范任教。开始与鲁迅通信，并开始写小说寄给先生求教。先生对于"真实性"问题回答道："你写的东西真实是真实的，只是真实到记账的程度。"这一教诲对冶秋以后的文学创作起了重要作用。

1935年上半年，在山东莱阳乡村师范任教。

1935年下半年，失业，陷入人生低谷。得到鲁迅先生帮助和鼓励，开始为编辑《鲁迅先生序跋集》收集资料。本年7月署名王野秋著的《唐代文学史》由上海新亚图书公司出版发行。

1936年春至1937年上半年，受聘于山东省立烟台中学。开始编辑抄录《鲁迅先生序跋集》，1936年6月将书稿寄给鲁迅。7月11日得先生信，说已病得连文章也不能看了，《鲁迅先生序跋集》出版一事便失去音信。8月1日第二个孩子王路出世。本年发表《笼中记》《猫阎王》等短篇小说。

1937年，抗日战争爆发，11月由烟台回霍邱。组织抗日武装，未成，乃西进武汉。

1938年1月，经潢川、信阳入湖北，到达武汉。赴武汉八路军办事处要求到抗日第一线，遭冷遇。在武昌安徽中学任教。暑假离鄂赴川。

1938年秋至1939年末，任教于自流井蜀光中学。通过川南特委廖寒飞接上党的组织关系，参加组织活动。1938年11月2日第三个孩子王可出世。

1940年1月，担任冯玉祥的国文教员，讲授中国文学史和新文学。同时，党的关系由蜀光中学支部转到重庆八路军办事处，与南方局军事组负责人王梓木单线联系，成为周恩来、董必武领导的隐蔽战线一员。不久由国民政府任命为冯玉祥秘书。为冯先生编选《抗战诗歌》（第三集）并作序《漫谈丘八诗》。本年还为鹿钟麟授课，学识和人品深受鹿钟麟赏识。

1941年4月16日，冯玉祥题赠条幅《对于冶秋先生的印象》，称冶秋"既是我的好友，又是我的先生"。小说《她》发表。经王若飞批准，党龄由此年起算。拜青帮头子张树声为师，加入青帮，为开展隐蔽战线工作提供了便利。

1942年，在营救我党高级情报人员周茂藩的过程中起了重要作用。9月15日第四个孩子王堪（高里）出世。1942年8～9月，与冯玉祥、老舍有青蓉之行。年底小说《青城山上》完稿。

1943年，小说《青城山上》和《走出尼庵》相继发表。3月《民元前的鲁迅先生》由重庆峨嵋出版社出版（1956年上海新文艺出版社重印时，更名为《辛亥革命前的鲁迅先生》）。随冯玉祥到四川各地发动抗日救国献金运动。本年秋，成功劝阻王梓木出走，避免了共产党高级军政情报网的破坏。

1944年，小说集《青城山上》由商务印书馆印行。

1946年5月，受冯玉祥委派向周恩来面交对黑茶山遇难者的吊唁信。5月末偕全家随冯玉祥包乘的民联轮东下长江抵达南京。6月安排国民党第三绥靖区副司令长官张克侠，就淮海前线起义事与周恩来秘密会晤。9月送冯玉祥经上海赴美，返霍邱看望母亲及两个儿子，此行是一生中最后一次回老家。11月应鹿钟麟之邀担任国民党中央华北军事慰问团秘书长，随鹿钟麟同机飞抵北平；担任第11战区长官司令部少将参议兼华北设计委员会资料室主任，继续从事高层军政情报工作。

1947年2月，中共"军调部"代表团撤离北平，作为中共中央社会部直接领导的情报小组成员，提供了有关华北前线国民党军队的分布和活动情报，受到中央通电嘉奖。

1947年，受许广平之托，与徐盈、刘清扬、吴煜恒等人采用由北平地方法院查封的办法，保护了北平阜内西三条21号鲁迅故居。

1947年9月24日，为中央社会部情报小组发报的北平秘密电台被国民党军统局破获，电台工作人员和联系人叛变。得到吴晗等人帮助只身逃出北平，经天津进入河北解放区。11月初与中央社会部长康生谈话，办理善后事宜。年末到西柏坡向董必武汇报。

1948年1月，赴山西潞城，入北方大学，在研究部任研究员。年底到达良乡，担任北平文化接管委员会文物部副部长，准备接管北平文物古迹。提出创建革命博物馆的设想。

1949年3月，完成对故宫博物院等四单位的接管，亲自找到杀害李大钊的绞刑架并运回北平历史博物馆。5月代华北人民政府起草《为禁运文物图书出口令》等法令颁布施行。起草《北平历史博物馆征集革命文献实物启事》，刊登在5月4日《人民日报》上。

1949年6月，任华北人民政府图书文物处长。11月16日政务院任命为文化部文物局副局长。

1950年，任文化部党组成员。1月创立《文物参考资料》月刊，1959年更名《文物》。3月为政务院起草《征集革命文物的命令》，兼任国立革命博物馆筹备处主任。5月参与制定《禁止珍贵文物图书出口暂行办法》等系列管理办法与指示。8月赴苏联参加"中国艺术展览"开幕式。

1951年，任文化部社会文化事业管理局副局长。3月倡议并领导筹办"中国共产党三十周年纪念展览"，此为中国革命博物馆新民主主义时期陈列的雏形。10月领导起草《中央人民政府文化部关于地方博物馆的方针、任务、性质及发展方向的意见》。

1951年11月18日，按周总理指示偕同马衡、徐森玉赴港，以48万元港币购回王献之《中秋帖》和王珣《伯远帖》。

1952年，倡议并主持举办"考古工作人员训练班"，到1955年共举办四期，为全国文物考古工作培养了骨干力量；同时还举办了古建筑培训班，为全国培养了古建筑维护的骨干力量。2月1日第五个孩子王好出世。

1952年秋至1954年，四次视察郑州商代遗址发掘现场，通过调查研究，提出"两重两利"（即重点发掘、重点保护与配合基建工程进行考古发掘，既对国家建设有利，又对文物保护有利）的方针。

1953年，征得吴仲超同意，创办故宫博物院印刷厂，1957年改名为文物出版社印刷厂。

1954年5月，组织与领导"全国基本建设工程中出土文物展览会"。8月确定山东博物馆为全国地志博物馆试点。10月在郑州主持"支援郑州考古发掘座谈会"，并调华东文物工作队支援郑州考古发掘。

1955年7月，率中国博物馆代表团赴苏联参观访问。8月7日，经中共中央宣传部批准，任文化部文物管理局局长。

1956年4月，创办文物出版社，1957年1月正式成立。主持代国务院起草《关于在农业生产建设中保护文物的通知》。在北京召开的第一次全国博物馆工作会议上作题为《发展博物馆事业，为广大人民群众服务》的重要讲话，阐明了博物馆性质、任务和地志博物馆发展方向等问题。

1957年，主持文物局"反右"运动，文物局没有定一个"右派"分子。1月21日第六个孩子王晨出世。

1958年8月，中共中央北戴河会议决定，在北京天安门东侧建立中国革命博物馆和中国历史博物馆，担任领导小组成员并兼两馆筹建办公室主任。主持文化部在江西南昌召开的全国省级地志博物馆、革命纪念馆馆长会议。《狱中琐记及其他》由上海文艺出版社出版。

1959年1月22日，国务院全体会议第84次会议通过，任文化部文物管理局局长。

1960年1月，主持制定《文物保护管理暂行条例》和《第一批全国重点文物保护单位名单》，并于1961年3月，由国务院批准公布。11月出任《文物》月刊主编。

1961年，随翦伯赞、范文澜为首的历史学家内蒙古访问团赴内蒙古访问。写散文《内蒙古忆旅》及与范文澜在赵长城畔的合影题记与诗发表。本年有晋南文物古迹考察游，后发表《晋南访古记》《神宫变异记》《拨开"涩"雾看园池》等散文，以及诗《访洪洞"苏三监狱"》。9月为纪念鲁迅诞辰80周年在鲁迅故居题诗。11月考察山西永乐宫迁建工程，赞誉为古今中外罕见的奇迹。

1962年，组织制定《关于博物馆和文物工作的几点意见》（简称文博工作十一条）。《大地新游》由作家出版社出版。

1963年2月，《琉璃厂史话》由三联书店出版。8月率中国文物代表团出席在日本东京展出的"中国永乐宫壁画展"开幕式。

1964年，当选为第三届全国人民代表大会代表。

1965年8月23日，文化部将文物局改为图博文物事业管理局，任该局局长。9月赴广州，以45万港币从香港购得一批珍贵善本图书和碑帖。

1966年至1969年5月，"文化大革命"中遭受迫害，关进牛棚。1969年12月下放湖北咸宁文化部干校。

1970年1月末，根据周总理批示回到北京。5月1日晚参加五一节庆祝大会，在天安门城楼上周总理告知准备成立图博口领导小组，准备重新开放故宫。5月10日周总理宣布成立图博口领导小组，冶秋任副组长。图博口由国务院办公室直接管，吴庆彤为联系人。周总理说："康老病了，文物工作我亲自来管。"本年重点抓故宫重新开放工作，按照与吴德商定的"原状陈列、个别甄别、文字斟酌"的整改方针进行，同时主持筹备"无产阶级文化大革命期间出土文物展览"。

1971年7月1日，"无产阶级文化大革命期间出土文物展览"展出，广受好评。6月按照周总理批示，辅助郭沫若主持《故宫简介》的修改。7月5日周总理批准故宫重新开放。7月22日周总理批准《文物》等三大考古杂志复刊的报告。周总理批准到国外举办出土文物展览的报告，冶秋任领导小组副组长。8月17日代国务院起草《关于选送出土文物到国外展览的通知》。

1971年7月9日，美国国务卿基辛格秘密访问北京，参加接待工作。

1972年1月，《文物》月刊复刊。2月25日陪同美国总统尼克松参观故宫。6～11月，在周总理亲自过问下，到现场直接抓长沙马王堆西汉墓的发掘及出土文物的保护，组织和指导对出土女尸的保护、解剖和研究。10月14日参加周总理接见李政道的活动。11月27日参加周总理接见美国专栏作家艾尔索普的活动。

1973年2月，国务院任命为国家文物事业管理局局长。2月4日周总理批准《关于重建文物出版社的报告》。5月8日率中国文物工作代表团赴法国巴黎参加"中华人民共和国出土文物展览"并出席开幕式。6月8日率中国文物工作代表团赴日本东京参加"中华人民共和国出土文物展览"并出席开幕式。9月15日陪同周恩来总理和法国蓬皮杜总统参观山西大同云冈石窟。9月28日率中国文物工作代表团赴英国伦敦参加"中华人民共和国出土文物展览"并出席开幕式。9月29日由周总理提名，任长沙马王堆二、三号汉墓发掘领导小组副组长。

1974年，为整理新出土的古代简牍与帛书，组织成立银雀山汉墓竹简、马王堆汉墓帛书、吐鲁番唐代文书、睡虎地秦简、居延汉简等古文献整理小组，调集全国的一流学者和专家参与此项工作。11月2日，率中国文物工作代表团赴日本九州，出席"中华人民共和国汉唐壁画展览"开幕式。

1975年夏，视察新疆库木土喇、克孜尔千佛洞，在给国务院的报告中详细阐述其历史和艺术价值。10月22日陪同美国国务卿兼总统国家安全事务助理基辛格一行参观中国历史博物馆陈列。11月17日当选为第四届全国人民代表大会代表、常务委员会委员。

1976年3月29日，率中国文物工作代表团赴日本东京，出席"中华人民共和国古代青铜器展览"开幕式。9月21日到大同云冈石窟参加周总理生前布置的云冈石窟维修工程验收。10月19日率中国文物工作代表团赴日本仙台出席"中华人民共和国鲁迅展览"开幕式。

1977年1月18日，率中国文物工作代表团赴澳大利亚墨尔本出席"中华人民共和国出土文物展览"开幕式。8月2日国家文物事业管理局在黑龙江召开全国文物、博物馆、图书馆工作学大庆座谈会，在会上作重要讲话。

1978年2月，倡议成立古文献研究室，12月经国务院批准正式成立。3月5日当选为第五届全国人民代表大会代表、常务委员会委员。4月17日率中国文物工作代表团赴香港出席"中华人民共和国出土文物展览"开幕式。6月视察湖北擂鼓墩古墓发掘现场，考察出土的青铜编钟。9月视察安徽博物馆、图书馆工作。出席安徽省纪念毛主席视察安徽省博物馆二十周年大会。10月率中国文物工作代表团赴瑞典斯德哥尔摩出席"鲁迅展览"开幕式。

1979年3月，率中国文物工作代表团赴日本东京，出席"中华人民共和国古代文物展览——丝绸之路上（陕西、甘肃、新疆）出土的汉唐文物展览"开幕式。12月22日被免去国家文物事业管理局长职务，任顾问。本年发表怀念周总理的散文《难忘的记忆》《台湾厅》《富士山之绘》及怀念日本友人中岛健藏的散文《一枚小石子》，为一生中最后的作品。

1982年11月26日，出席第五届全国人大第五次会议，为一生中参加的最后一次公务活动。

1985年4月，《王冶秋选集》由安徽文艺出版社出版发行。

1987年10月5日在北京逝世，享年78岁。10月23日遗体告别仪式在八宝山举行。骨灰一部分从长城望京楼撒向四面八方，另一部分后来与高履芳骨灰合葬于香山脚下的万安公墓。

（二） 新中国文物博物馆事业的主要开拓者和奠基人

王冶秋同志是新中国文物、博物馆事业的主要开拓者和奠基人。1949年，他从一个党的优秀地下工作者成为主管全国文物、博物馆事业的领导人，从此把自己后半生的全部精力无私地奉献给了文博事业。建国以来，文物、博物馆事业有了很大发展，取得了举世瞩目的成就，都是同冶秋同志长期呕心沥血、辛勤工作分不开的。他为新中国文物、博物馆事业的创建和发展作出了突出的重大贡献。

新中国的文博事业是在旧中国遗留下来极为薄弱的基础上，几乎是从无到有逐步发展起来的。建国伊始，主要是颁布法令、建立机构、培养干部、制定方针政策。当时冶秋同志作为唯一的副局长协助郑振铎局长主持全局工作。事实上，振铎局长除了参与确定大政方针，处理重大事项以外，日常的具体工作，主要是由冶秋同志负责主持的。记得1949年我刚刚到文物局工作，郑振铎局长交给我的第一个任务就是起草有关文物保护的法规，当时他还给了我一些外国资料作参考，但在起草过程中，曾经多次讨论，几番修改，却是在冶秋同志和裴文中同志具体指导下进行的，每次研究讨论都由冶秋同志主持，直到定稿才送请振铎局长最后审定。一开始起草的是：《禁止珍贵文物图书出口暂行办法》《古迹、珍贵文物、图书及稀有生物保护办法》《古文化遗址及古墓葬之调查发掘暂行办法》。完成后不久，又由冶秋同志主持并直接参与起草了《关于征集革命文物的命令》和《关于保护古文物建筑的指示》。分别上报后，于1950年先后经中央人民政府政务院批准颁布。这些文件是针对近一百多年来祖国文物被外国人巧取豪夺不断流出国外，国内许多地方文物遭到破坏而处于无人管理的严重情况而制定的。主要是对外防止盗运，对内严禁破坏。它的颁布和实施，基本上杜绝了珍贵文物大量外流，以及国内严重破坏和盗掘文物的现象，为发展新中国文物、博物馆事业奠定了初步基础。

1953年，我国国民经济第一个五年计划开始实施，城市建设的发展，各项基本建设的展开都涉及到文物保护问题。因此，如何适应这种新的形势，妥善地处理好文物保护与各项建设的矛盾已成为当时的突出问题。而迫切需要解决的是方针政策和干部队伍的问题。

关于方针政策问题，首先是适时地报请政务院颁发了《关于在基本建设工程中保护历史及革命文物的指示》，提出了在基建过程中要保护文物的具体要求。同时针对当时面临的新形势，考虑到主客观条件的需要与可能，在周恩来总理的关怀下，提出了"重点保护，重点发掘，既对文物保护有利，又对基本建设有利"的方针。文物局据此确定了把配合基本建设，进行考古发掘作为整个文物工作的重点，进而又确定在国家经济建设发展时期，考古发掘工作必须以配合基建为主的具体工作方针。冶秋同志既是决策的参与者，又是方针的坚决执行者。他历来反对不加区别地"凡古皆保"，"全面发掘"，而是主张重点保护、重点发掘，也反对那种不愿配合基建而追求主动发掘大墓的单纯挖宝思想。建国以来考古工作取得了巨大成就，许多重点考古新发现已经为全世界所瞩目，其中百分之九十都是在各项建设过程中偶然发现的，有些主动发掘的项目，却往往毫无所获。几十年的历史说明当时制定的方针是完全正确的，对新中国文物事业的发展起了重要的作用。直到今天乃至今后一个相当长的时期里，也仍然需要继续执行这些方针。

关于干部队伍，大家知道，旧中国遗留下来的考古专业工作者屈指可数，要依靠这寥寥无几的考古专业工作者去完成当时配合基建的繁重而又紧迫的任务是不可能的。特别是任务急、时间紧，亟需在短期内培训出一批新生力量。于是文物局提出了采取短训班的办法来解决。当时在这个问题上有不同看法，发生了争论。主要是有的同志认为，考古学作为一门严谨的科学，不可能在短期内培养出适应这门学科要求的专门人才，因而对举办短训班能否成功有怀疑。是冶秋同志坚持认为只有这个办法才能适应面临的客观紧迫需要，否则无法解决这个矛盾，而必然造成损失。最后终于取得了共识，决定由文化部、中国科学院考古研究所、北京大学联合举办为期三个月的短期考古人员训练班。训练的内容着重于田野考古技术，以期使这些学员很快掌握这些技术，在工作中可以操作，以保证在配合基建工程中的发掘工作符合考古学的基本要求，至于更高深的学问只有留待以后在工作中继续学习了。从1952年开始连续举办了四届，共培训了341人。正是依靠这支新生力量，在全国范围内开始了以配合基本建设，进行考古掘为中心的全面文物保护管理工作。后来许多训练班的学员在实践中努力工作，刻苦学习，逐步成为学有专长的专家学者，其中大都成为各地文博工作的骨干力量或者领导干部。所以有人把这四届短训班喻之为文物战线上的"黄埔四期"，是很有道理的。实践证明，这批短期训练出来的队伍，在新中国文博事业的发展过程中起了历史性的重大作用。这不能不归功于冶秋同志。

1949年，文物局刚成立，冶秋同志按分工是主管博物馆工作。因此，他在协助振铎局长确定和处理许多有关文物保护方面的重大问题的同时还着重抓了博物馆工作。首先是接管和改造旧馆，在他的领导下，顺利地接管了旧中国遗留下来的博物馆，同时对这些馆进行了改造，修改了陈列内容，整顿和充实了干部队伍，建立健全了规章制度，使这些馆发生了本质的变化，成为社会主义文化事业的组成部分。与此同时，开始了新型博物馆的建设，在北京成立中央革命博物馆筹备处，并由冶秋同志直接负责领导。1951年又以文化部的名义发出了《关于地方博物馆的方针、任务、性质及发展方向的意见》，明确提出地方博物馆建馆方针是地方性和综合性的，从而推动了地方博物馆的建设。

1954年，郑振铎同志调任文化部副部长，由冶秋同志接替担任文物局局长，主管全国文博事业，他的担子又重了。为了更好地了解情况，掌握全局，他经常深入基层、深入实际，到全国各个地区的重要文物点和博物馆进行调查研究，尊重专家意见，倾听群众呼声，努力做到决策的科学化和民主化。就在他担任局长之后，连续抓了一些关系到文博事业全局的大事。特别是1956年，在文物工作方面，为配合全国兴起的农业合作化高潮，由他主持代国务院起草了《关于在农业生产建设中保护文物的通知》，于1956年4月2日经国务院批准颁发。正是在这个文件中第一次提出了文物普查和建立文物保护单位的要求，这是带有根本性的非常重要的基础工作。随即又确定在山西进行文物普查试点，逐步推向全国。根据这个文件，全国各省、市、自治区都很快公布了一批文物保护单位，加强了文物保护管理工作。在博物馆方面，1956年5月以文化部的名义在北京召开了解放后的第一次全国博物馆工作会议。会上冶秋同志作了题为《发展博物馆事业，为科学研究服务，为广大人民群众服务》的报告，这是会议的主要报告。这次会议明确了博物馆的基本职能和方针任务，介绍了苏联的博物馆工作经验；讨论了《博物馆事业的十二年远景规划》。会后又接着到济南召开了全国地志博物馆工作经验交流会，会议主要是参观我国第一个完成地质博物馆陈列的山东省博物馆，进行经验交流，从而进一步推动了其它地区省级博物馆的建设。

1958年大跃进"左"的指导思想，当然也影响到文物、博物馆事业，在文物、博物馆工作中提出了一些脱离实际、急躁冒进的不适当的口号，给事业带来了不利的影响。但是就在当时"举国犹狂"的大跃进气氛中，1958年11月冶秋同志在江西召开的革命纪念馆馆长会议上，却能冷静地对革命遗址、纪念建筑的调查保护和恢复工作，提出了要保护原状、环境等重要的正确原则。特别是在如何表现领袖故居和革命活动的问题上，他强调指出，"要特别注意到革命活动是在党中央集体领导下进行的，是同革命干部和广大群众血肉相连的，是同革命大事件联系在一起的。"含蓄地表达了他反对突出个人、神化领袖的观点。他的这些意见，至今还应当是革命纪念馆所必须遵循的原则。

1958年中央北戴河会议决定在天安门建立中国革命博物馆和中国历史博物馆，冶秋同志是建馆领导小组成员并兼任两馆筹建办公室主任。建馆期间，他暂时离开了局的工作岗位，而是把全部精力都投入到建馆任务当中去，日以继夜地忘我工作。在中央领导的关怀下，经过他和大家的共同努力，终于按期完成了建馆任务。

中国历史博物馆和中国革命博物馆，以及中国人民革命军事博物馆的建立，是标志新中国博物馆事业发展进入一个新阶段的里程碑。建馆期间，许多中央领导同志对两大馆陈列的指导思想和原则，以及许多具体历史问题都提出了很重要的意见。在展品上则是集中了全国的文物精华。两大馆的陈列，既不是效法西方，也没有照搬苏联，而是从中国自己的实际出发，进行了新的探索，根据我国保存文物十分丰富的特点，以史释物，以物证史，史物结合，用博物馆的语言，形象地展现了中华民族的历史，展现了中国革命的历史。尽管现在看来有些问题还值得研究，甚至不够妥当，但历史地看，从总体上看，两大馆的陈列，从内容到形式是有创造性的，在思想性、科学性和艺术性方面都达到了一个新的水平，而且颇具中国特色，对新中国博物馆事业的发展，起到了巨大的推动作用。在我们充分肯定两大馆成就和历史作用的时候，同时也必须肯定冶秋同志在建馆过程中付出的辛劳是功不可没的。

1959年，为了总结经验，纠正大跃进中的失误，由冶秋同志主持，首先是在总结全国十年来文物保护管理工作正反两方面经验的基础上，着手草拟《文物保护管理暂行条例》，经过近两年的时间，十易其稿，于1961年由国务院颁发，同时颁布了第一批180处全国重点文物保护单位名单，并为此发布了《关于进一步加强文物保护和管理工作的指示》。之后，冶秋同志委托王书庄同志主持，又陆续制定了文物保护单位、考古发掘、古建维修及限制文物出口等一系列具体管理办法，报请文化部颁布，为进一步做好文物保护管理工作打下了坚实的基础。

冶秋同志因建馆期间过度操劳，在两大馆建成之后，就病倒了，经常吐血。但是冶秋同志并没有完全休息，而是带病坚持工作，并且着重抓了贯彻中央提出的"调整、顽固、充实、提高"的八字方针。1962年他组织全局业务骨干进行务虚，经过反复讨论研究，最后形成了《关于博物馆和文物工作的几点意见》，即通常简称的文博工作十一条。十一条对文博工作的各项业务都提出了明确的原则和具体的要求，纠正了1958年大跃进中"左"的失误，使文博工作逐步恢复了正常的工作秩序。可是正当文博工作努力贯彻《文物保护管理暂行条例》和文博工作十一条初见成效，建立了严格的规章制度，加强了基础工作，逐步走上了计划管理，健康发展轨道的时候，史无前例的"无产阶级文化大革命"开始了，从而导致文博事业在十年动乱中遭到严重破坏。

"文化大革命"是一个特殊的历史年代，在这个年代里，每个人都经历了各自不同的遭遇，也经受了各自不同的考验。冶秋同志正是在这场疾风暴雨的斗争考验中，表现了一个老共产党员的本色。他不畏强暴，坚持原则，在他的工作范围内，从各个方面对"四人帮"的倒行逆施进行了抵制和斗争。

"文革"一开始，冶秋同志就遭迫害被关进牛棚。在被"审查"期间，他坚持实事求是，逐一驳斥了强加给他的一切诬陷不实之辞，因而被工、军宣队内定为"死不改悔的走资派"。直到1970年周总理点名把他从咸宁干校调回北京才又重新主持工作。他恢复工作以后，在周总理的关怀和直接领导下，抓了故宫开放，"无产阶级文化大革命期间出土文物展览"，出土文物出国展览，《文物》《考古》

《考古学报》三大刊物的复刊（这是请郭老写的报告由周总理批准的），马王堆汉墓发掘等几件大事，以及后来他自己直接抓的银雀山竹简、马王堆帛书和吐鲁番文书整理出版，使在"文革"中被破坏的文博工作逐步得到恢复，在短短几年内又取得了可喜的成绩，在国内外发生了很大影响。

在"文革"期间，冶秋同志对"四人帮"的抵制和斗争是坚决的。在方针问题和干部问题上，早在1971年当他刚刚恢复工作的时候，就在一次会议上明确提出"文物工作十七年是红线不是黑线"。以后在不同的场合又反复讲了他的这个观点，影响很大，对广大文物工作者是个鼓舞，却刺痛了"四人帮"一伙。1974年4月，上海《文汇报》出现了不点名批判冶秋的文章，说他的观点是"黑线"回潮，复辟逆流。之后在批林批孔的高潮中，文化组又突然派调查组来文物局，撇开党委直下基层搜集材料，并宣称马上接管文物局。当时大家非常紧张，也不知道是什么背景。直到粉碎"四人帮"之后，在文化部查到上海徐景贤给于会泳的一封绝密信件，就是为红线问题要于会泳就近进行调查了解，采取措施整冶秋同志，才知道文化组要接管文物局的原因。幸而当时中央很快就决定文物局直属国务院不再划归文化组，使他们要整冶秋同志的计划未能实现。

在"文革"期间，许多干部群众遭到"四人帮"的打击和迫害，特别是文化系统被诬为"三旧"之一，许多人被打成"黑线人物""黑干将""黑爪牙"。1969年以后北京文化系统的干部绝大多数被下放"五七干校"劳动。当时江青公然宣称不但对"旧人员"，就连原文化部大楼和家具也统统不能再用。冶秋同志恢复工作以后，首先是利用总理交办筹备出土文物出国展览的机会，在为国务院起草向各地调文物参加去英、法展览的文件中，最后加了一条，要求各地凡是文博业务干部，即使"有问题"，也都要归队重新工作，从而使地方大批文博业务干部较早地重返工作岗位。接着他又把下放到"五七干校"的文物系统干部陆续全部调回北京，恢复工作，有的虽然没有回到原来单位也都安排在文物系统其它部门工作。这在当时整个国家机关中是很少见的。特别是冶秋同志还从"五七干校"抽调了一批文化系统其它部门的干部到文物系统来工作，其中大都是很有才干而又被"四人帮"视为不能用的干部。这些干部当时有的作为"5·16"分子还在受审查，有的共产党员还没有恢复党的组织生活就被调回北京。冶秋同志在一次干部大会上公开宣称说抓"5·16"是"瞎胡闹，是搞派性"，因而在"五七干校"引起了很大震动。冶秋同志这样"大胆"的做法在社会上也引起了反响。一时社会上有不少人都把文物系统视为干部的"避风港"，很多老同志表示要到文物系统来。有些在公安、教育部门受"四人帮"迫害的干部也陆续调到文物系统工作。这些初到文物系统的"新"干部，后来有的在二十几年的工作实践中锻炼成长，已成为现在文物系统各部门的领导骨干。也有很大一部分干部在粉碎"四人帮"以后又先后返回他原来的工作部门，大都成为那里的领导，有的已经成为部一级干部。在粉碎"四人帮"以后恢复的文化部各司局，有不少司局干部是从文物系统中输送过去的。因此，在"文革"期间，冶秋同志排除了"四人帮"的破坏和干扰，坚持了党的干部政策，不仅保持了文物系统干部队伍的稳定，而且还为其它系统保护和保存了一大批干部，这在当时历史条件下是非常难能可贵的。至今在偶然的场合，这些分散在各部门的同志重聚在一起，谈到这一段往事的时候，都充满了对冶秋同志由衷的敬佩和怀念之情。

粉碎"四人帮"后，他带病坚持工作，积极从多方面在文博战线上进行"拨乱反正"，努力消除十年动乱对文博工作造成的严重后果。1977年8月在大庆召开了全国文物、博物馆、图书馆工作座谈会，他在报告中从政治上清算了林彪、"四人帮"对文博工作的破坏，提出了恢复各项业务工作的具体意见。他在报告中特别强调建国以来不但文博工作不是黑线，文艺和其它工作也统统不是黑线。当时三中全会还没开，"两个凡是"的影响还在，我们生怕他的话会惹麻烦，悄悄把"文艺和其它工作统统不是黑线"这句话从录音带上洗掉了。现在看来，我们的担心是多余的。就在大庆会议之后，他向我提出了要赶快制定文物保护法的问题，并且要我立即着手起草。大家都知道《文物保护法》是1982年公布的，却不了解最早提出要制定文物保护法的是冶秋同志，而且最初的几稿还是经过他和华应申同志审定的。

党的十一届三中全会以后，各条战线都出现大好形势，冶秋同志在这种大好的形势下本来可以为新中国文博事业作出更大贡献，但他已重病在身了。更令人痛心的是，一个时期，社会上许多流言蜚语，对他恶语中伤，把一个对"四人帮"进行坚决斗争的同志，反诬为是"四人帮"线上的人，甚至把文物局说成是

"四人帮"控制的单位。指责冶秋的主要"罪状"是在"文革"期间为康生搞了几百件文物，这真是天方夜谭。事实是，此事与冶秋同志毫不相干，与文物局也毫不相干。康生在"文革"中搞了很多文物的时间是1968年至1970年，拿文物的地点是北京市文物图书清理小组，文物来源是文物工作者日以继夜付出辛勤劳动从造纸厂、炼钢厂和街道查抄物资中抢救出来的。当时，冶秋同志还关在牛棚，文物局机关已被"砸烂"。冶秋同志从1966年"文革"开始到1970年从咸宁调回北京的这段时间里根本没有见过康生的面，又怎么可能给康生搞文物呢？冶秋同志不但在"文革"期间没有给康生送文物，而且他和郑振铎同志早在建国初期就共同提出：文物工作人员一律不得自己收购、收藏文物，并且始终身体力行。他主管文物工作长达三十年，从没有为自己收集过一件文物，真正做到了久在河边站，就是不湿鞋。他的这种精神，也影响了当时文物局的所有同志，都能做到不收购、不收藏文物，形成了文物局的一个优良传统。遗憾的是这个传统在最近几年已经被搞乱了。

"江青请王冶秋吃过螃蟹"，这是对冶秋同志罗列的又一条罪状。这是事实。不错，1973年菲律宾的马科斯夫人访华，冶秋同志应约出席了江青为招待她举办的文艺晚会。晚会结束后，江青留冶秋同志和当时文化组的一些人一起吃螃蟹。记得冶秋同志事后和我们谈及此事，对江青和文化组一些人非常反感。特别是当他提到江青为了一件小事当众要刘庆棠自己打屁股的事时说："这些人实在太无聊了。"过去冶秋同志和江青素无交往，为什么江青要请冶秋吃螃蟹？连冶秋同志自己也不清楚。但他并未因此而"受宠若惊"，靠拢"四人帮"，而是始终和他们保持着距离。最能说明问题的是，在此之后，1974年底为迎接四届人大的召开，文物局在历史博物馆筹备举办一个"各省、市、自治区所发现文物汇报展览"。在展览中有两处与江青有关：一是汉印"皇后之玺"，当时曾被误会为吕后之印，颇受江青重视；二是西沙一组文物陈列柜中展有江青一封慰问电报。冶秋同志在审查展览预展时看到后，立即对负责这次展览工作的沈竹同志说："我们的展览不要摆有关江青的东西，一定要撤掉后再正式展出。"当时使沈竹同志很为难，如果照他的原话传达，说不定马上给冶秋同志招来横祸；如不照办，冶秋同志又说得那么斩钉截铁。最后还是同杨振亚馆长等少数同志一起商量后，才以"皇后之玺"非发掘品，科学性不强；江青电报是内部文件不宜公开，以免泄密为理由都撤掉了。

江青请冶秋吃螃蟹于前，冶秋撤掉有关江青展品于后，说明冶秋同志对"四人帮"的政治立场是何等坚定，态度是何等鲜明！不管是"给康生搞文物"还是"江青请吃螃蟹"，都是发生在北京，而且是近几年内的事情，这本来很容易搞清楚，只要稍作一点调查，就会真相大白。但一时间人云亦云，以讹传讹，搞得满城风雨，影响到全国。特别是那时正是大量平反冤假错案的时候，却又对冶秋这样一位好同志制造了一起新的冤假错案。它说明一切问题都必须严格实事求是。不管是谁，只要离开了这个原则，把想象当成事实，用感情代替政策，就一定会把事搞错，其结果是，正当自己痛斥别人伤害了自己的时候，偏偏自己又正在伤害别人。这是很值得人们深思的。冶秋同志的问题，最后还是小平、耀邦同志的干预才得到澄清平反，而冶秋同志已是病重卧床，不能活动了。

冶秋同志的一生，是不屈不挠为自己理想而奋斗的一生，无论是在地下工作时期，还是在社会主义建设的年代，都一直是奋不顾身，兢兢业业地工作。他对自己理想和事业的忠诚，经历了六十多年的风风雨雨，始终不渝。新中国文博事业发展的每个历史时期，从法令法规和方针政策的制定到规划计划组织实施，无不浸透着冶秋同志的心血。直到他病重期间，说话都已困难，每逢同志们去看望他谈到文博工作情况的时候，他总是热泪盈眶，念念不忘文博事业的发展，直到生命最后的一息。他不愧是新中国文物、博物馆事业的主要开拓者和奠基人。

冶秋同志虽然离开了我们，但他的那种对理想，对事业无限忠诚的革命精神，对工作认真负责，一丝不苟的工作作风，以及刚直不阿、廉洁奉公、严于律己的高尚品德，都是永远鼓舞和鞭策我们前进的精神力量。

今年是冶秋同志八十五诞辰，国家文物局决定出版《回忆王冶秋》专集来纪念他。这也是文物界许多和冶秋熟悉的同志的共同心愿。纪念冶秋同志，不能只停留在口头或文字上，而是要在行动上、实践中，学习他那种坚持原则不随风倒，办实事不尚空谈，认真负责不搞花架子，言行一致不耍两面派的好作风，特别是那种不谋私利，一心为公的献身精神。不久前，我刚刚住院进行了膀胱癌的手术治疗。古稀之年，患此绝症，来日毕竟不多了。但是只要有三寸气在，我仍将以冶秋同志为榜样，不屈服于来自任何方面的压力和影响，在生命有限的时间里，继续为坚持党和国家正确的文物工作方针而斗争；为保护祖国文物而斗争，以自己的实际行动纪念冶秋同志，"鞠躬尽瘁，死而后已"。

谢辰生

1994.12.25于北京

（本文原载国家文物局编《回忆王冶秋》，文物出版社1995年版）

（三）　谢辰生为王冶秋和文物局所蒙不白之冤
写给胡耀邦的申述信

耀邦同志并转中央书记处同志：

最近在文化系统、出版系统都比较广泛地流传说，在耀邦同志和任重同志交接的中宣部例会上，耀邦同志点名批评了王冶秋同志，据说是根据一位同志的来信。耀邦同志说"文化大革命"期间康生拿了八千多件文物，王冶秋应负责任要作检讨（大意如此）。是否属实，我开始是怀疑的。因为任质彬同志未向文物局的同志传达。后来有很多同志都这样说，而且说是听的正式传达，看来是事出有因了。一个时期以来社会上对王冶秋同志和文物局确有不少议论，集中的问题，一是王冶秋、文物局给康生等人送了很多文物；二是文物局是康生要成立的，因而王冶秋问题很大，文物局问题很大，其源盖出于康生。据说王冶秋同志当顾问之后外电和香港报纸也有所评论。对此，我有不同的看法。我在文物局工作三十年，对文物局的历史和现状都比较清楚，有责任向中央反映事实真相和自己的观点，这是符合党内政治生活若干准则的要求的，因为准则要求很重要的一条就是要"尊重事实"，因此我决心写这封信将真实情况汇报如下：

一、康生在"文化大革命"期间搞走大量文物与王冶秋同志的关系问题：据我了解此事与王冶秋同志毫不相干，与文物局也毫不相干，与文物局其他同志也毫不相干。康生搞文物的时间是1968年至1970年，拿文物的地点是北京市文物图书清理小组（后改为文物管理处，现在是北京市文物局）。文物来源是文物工作者日以继夜付出辛勤劳动从造纸厂、炼钢厂和街道抄家物资中抢救出来的。当时王冶秋同志还关在"牛棚"，王冶秋是1969年秋宣布解放不久即下放湖北咸宁，1970年回北京，1970年5月成立图博口，王冶秋任副组长，军宣队同志任组长，1973年成立文物局。从1966年"文化大革命"开始到1971年王冶秋同志根本没有见过康生的面，自然也就无法对康生盗窃文物负责了。当然在康生病重之后他的确通过王冶秋同志、文物局把他的旧藏和巧取豪夺的一大部分文物交给了故宫。这已经是1970年以后的事了，和康生盗窃文物是没有任何关系的。据我了解不仅"文化大革命"期间王冶秋没给康生搞过文物，就是"文化大革命"以前的十七年中也没有拿过国家收藏文物给康生和任何人送过礼。甚至康生要看文物和善本书，也是康生自己到博物馆、图书馆来看。1971年在故宫展出的"无产阶级文化大革命期间出土文物展览"，康生是很想看的，但王冶秋从未拿过一件展品送给康生看过。三十年来，王冶秋自己不但没有拿过公家的文物，也没有买过文物。建国初期郑振铎任文物局长，他自己是很喜欢文物的，但担任局长之后即不再买文物以避嫌疑。所以文物局的干部也都不买文物，这是文物局的一个传统。北京市查抄的文物图书有不少负责同志和其他同志都去拿过或廉价购买，但没有一个在文物局工作过的同志去拿过一件文物或一本书，说明在这个问题上，文物局的同志不但无可指责，而且还是值得表扬的。

二、成立文物局的问题：文物局正式成立于1973年底，1974年改属国务院。事情的经过是，1974年"批林批孔"高潮中，文物系统有些人写信给"四人帮"告王冶秋的状，上海《文汇报》出现了不指名批判王冶秋的文章，说王冶秋同志一些讲话是黑线回潮、复辟逆流。在此以前，文化组的刘庆棠在天津一些座谈会上批判无标题音乐，指责文物工作搞历史文物是右倾思潮的表现，矛头直指周总理。姚文元批评报导马王堆女尸是影响当前的火葬，也有人说出国文物展是以古压今。就在这个时候，文化组突然宣布要接管文物局，派了调查组撇开局党委直下基层收集材料。文化组的一些人扬言很快就要接管，文物局要有好戏看了。在此情况下我们深感问题严重，王冶秋对"四人帮"的政治态度是坚定的，"四人帮"要整王冶秋也是全国文物工作者所共知的，真的文化组要接管，我们肯定要挨整。所以我写了一封信给康生建议文物局不要划归文化组，我之所以写信给康生原因有二：一是王冶秋同志曾说过王震同志叫他有事找康生，不要事事找总理。这一点后来得到了证实：去年我两次在王震家里都谈到这个问题：一次是王震同志主动和我说："你们文物局的同志要保护这个老头（指王冶秋），康生罪行与他没有关系。"一次王震同志对我说："王冶秋找康生是我出的主意，因为当时康生说话起作用，对工作有利，免得事事找总理，反而会给总理找麻烦。"二是有一次王冶秋同志从康生处回来说，他在康生那里骂了那些人（"四人帮"），康生说："这些人是不会死心的。"这给我一个错觉，仿佛康生对"四人帮"也有所不满，或许是鸟之将死其鸣也哀，人之将死其言也善吧。所以我才敢于写了那封告文化组的信。后来康生批给了吴德、吴庆彤同志，建议文物局直属国务院。康生批件又送给华国锋同志等领导同志传阅，先念同志批示："坚决按康老的意见办。"后来四届人大以后，在总理参加最后一次国务院会议上，总理正式宣布了文物局直属国务院。这就是事情的全部经过。我认为判断是非应有客观的标准，不要因人废事、因人废言。不能是坏人说的话就统统反其道而行之。难道"四人帮"说煤球是黑的，我们就必须说煤球是白的吗？文物局直属国务院对事业发展是有利的，与康生罪行无关，不能因为是康生的建议，就要否定它，更不能因此而构成文物局什么罪名。

以上反映的事实，我敢以身家性命来保证。社会上关于王冶秋同志和文物局其它的一些议论，还有不少是捕风捉影，甚至是无中生有，告状人有的在"四人帮"横行时期，也是告状人，在这里就不一一赘述了。当然王冶秋同志也是有缺点的，有些同志有意见，我自己也是有意见的。但多年来王冶秋同志对"四人帮"的政治立场是坚定的、态度是鲜明的，我想有些中央领导同志也对此有所了解。

文物工作是一项学术性、政策性很强的工作，在内容上从经济基础到上层建筑，从社会科学到自然科学无所不包。在工作关系上，涉及到工农兵学商各个方面，直至国内外，问题相当复杂，搞不好就出问题，但有些问题的解决文物部门又无能为力。三十年文物工作经历了曲折的道路，一支数量很小的队伍，出于对祖国文化遗产的热爱，不怕辛苦做了大量的工作，成绩是应当肯定的。但是最近一位行政七级的老同志在会上要求对康生领导下三十年工作总结经验教训，特别对1971年以来的文物工作提出了尖锐的、使人十分惊讶的指责，他说道近几年对马王堆等重要历史文物的宣传和举办出国展览，是一个政治大阴谋。我认为这种说法是不正确的，不能因为一个人，或者道听途说就否定一个单位、一条战线。要知道在这条战线上还有多少群众在辛勤地工作啊！我从事文物工作三十年，从建国后第一个法令起，三十年来文物工作的有关文件、报告、报纸社论我都参加了讨论，而且多数还是由我执笔的，我认为三十年来的实践证明，文物工作的方针、政策基本是正确的，成绩是主要的。我对当前文物工作的一系列方针性问题有自己的看法，可能有些意见和有的领导包括有的中央领导同志意见不一致，我准备另外写信再系统地反映我的看法。

记得过去主席说如今共产党员不如海瑞者多矣，当时我曾暗想应当补充一句：而今领导不如李世民者多矣。其实魏征的存在，是以有李世民为前提的。如果李世民不能容忍魏征，恐怕魏征就只能变成比干了。粉碎"四人帮"之后，党的优良传统得到了恢复和发扬，实事求是的风气正在逐步形成，特别是党的五中全会制定了党内政治生活若干准则，这是适用于所有党员的准则，从党的主席到一般党员都应当以这个准则要求自己，越是领导要求就更要严格。所以我满怀信心地相信当今领导会从谏如流、实事求是的。习仲勋同志处理人民来信就是一个很好的范例，我写这封信也正是从习仲勋同志处理人民来信的态度中得到鼓励的。

最后我再次表示，我反映的基本事实是符合实际情况的，特别是王冶秋与康生盗窃文物无关的问题，希望中央彻查，如果发现我是捏造，我愿受党纪国法制裁，如果属实，也希望没有深入调查、偏听偏信就向中央反映情况的同志能够吸取教训。我也恳切希望耀邦同志在调查之后，在适当的场合对这个问题澄清一下，否则王冶秋给康生搞文物的事就成了真的了，这是关系到一个同志的名誉问题的事。我的看法如有错误，希望领导给予教育。

　　此致
　敬礼！

谢辰生谨上
一九八〇、三、二十六

后记

为家父王冶秋写传的事，最先是由姜德明先生在1984年提出的，当时姜先生正为安徽文艺出版社选编《王冶秋选集》，对母亲高履芳和我说：冶秋同志一生颇具传奇，经历丰富多彩，你们应该为他写传。我那时很赞同姜先生的想法，母亲就把父亲解放前的几个笔记本和冯玉祥先生题赠的《我的生活》以及父亲"文革"中写的材料交给我。但是当我静下心来思考如何写这部传记时，却顿时失却了勇气。首先是掌握的资料太少，脑子里空荡荡。而父亲得脑软化病已经几年，再也不能提供任何个人经历的细节了。他在重病前没有写下任何自传性的资料，也没有日记。其次，我长期从事自然科学技术工作，是一个十足的"文物盲"，更不用说对文博工作的历史、现状、方针政策有什么了解和认识了。再者，我当时工作担子也很重，缺乏为父亲写传的时间和精力。这样，写传的事便搁置了下来，这一搁就是二十年。直到2004年末，我开始计划在2009年父亲诞辰一百周年纪念日之前完成为父亲写传的夙愿。正巧，《中国文物报》的钱冶先生与我住在同一个小区，他鼓励我写一些回忆父亲的文章投稿。这样，我就以《记忆中的父亲——王冶秋》为题，把记忆中亲自听到、看到和读到的关于父亲的事和人写成短文，在该报副刊上发表。原本想写十几个单元，构成"传"的骨架，在此基础上最后充实成书，后因该报要求内容须与文物有关，刊登了四篇便只好作罢，不过还是起到了热身的作用。

2005年初，我开始系统搜集资料和恶补以前读书的不足，并拜访了一些老人，如曾在冯玉祥将军处负责"先生馆"生活的张鸿杰，冯玉祥的女儿冯理达，父亲在蜀光中学的学生李公天等；到书市去淘相关的书籍，居然找到如《中国帮会史》《绘图青红帮演义》之类的书，解决了关于父亲拜青帮头子张树声为师，参加青帮的细节问题；到北京市政协查找文史资料，到市委党校查找革命史资料，厘清了父亲大革命时期及隐蔽战线活动的脉络。在此期间，还阅读了几十本传记、回忆录和相关史料，并把父亲的作品和他写的简历、讲课提纲和阅读笔记等，与相应时期的史料对照研读。这样，父亲作为革命者、教员、作家和隐蔽战线一员的前半生经历，逐渐在脑海中丰满起来，我似乎跟着他一起经历了那几十年的风风雨雨，品尝了人生百味。这时很自然地产生了写作冲动，便打算以"王冶秋与历史风云人物"为主题，分别写他与鲁迅、冯玉祥、董必武、周恩来等历史人物的交往和关系，并在历史事件中展开，再采用"倒叙"和"时空变换"的手法，把父亲的一生展现出来。于是先试写了《王冶秋与冯玉祥先生》，从父亲1940年初当冯先生的国文教员切入，引出冯先生为什么会选择父亲作教员，由此"时空变换"到三十多年前的东至县，父亲童年受到的教育，再"变换"到北大听课，与在山西、山东等地的教学生涯……洋洋洒洒写了两万多字。写着、写着就感到心里没有了底，这样写行吗？我带着这样的问题向姜德明先生请教。姜先生很客气地对我说，还是以时间顺序，一个题目、一个题目地写为好；并以文中的一些文字和措辞为例，指出我写作中的毛病。姜先生的这番话对我真如醍醐灌顶，顿时感到自己原先的想法和写作是多么幼稚可笑。尽管如此，那篇文字还是起了"习作"的作用，由此我知道以后该怎么写了。

　　通过访问、阅读、请教与习作，《王冶秋传》的基本结构与基调开始形成，它由家世、前半生和后半生三个部分构成：前半生，冶秋是一名为推翻旧制度、建立新中国而出生入死的斗士；后半生，他是如鲁迅先生所说的"苦工"，是一头为建立和发展新中国文博事业而含辛茹苦的拉磨驴子，是奠基人和开拓者。这些基本东西确定后，接下来就是进一步收集资料和熟悉对我来说相当陌生的文博领域。在这方面，文博界元老谢辰生先生给了我很多帮助。首先，他建议我向单霁翔局长写信，争取在访问文物单位上给予方便。单局长批示支持，具体由庆祝女士为我办了相关介绍信，并协助与访问单位接头，使我的采访取得事半功倍的效果，这是要向他们表示感激的；其次，谢先生还为我推荐了到各地拜访的文物界前辈名单。

　　于是，从2005年7月开始，我自己驾车先后访问了山东、山西、河南、安徽、江苏等省的文物机构与博物馆，并拜访了一些老同志，看到和听到许多新鲜的东西，开始建立起"文博事业"的概念。尤其令我感动的是，不仅是老同志，就连一些中年人，谈起家父仍怀有真诚的敬意，这给了我很大的鼓舞。在大同，云冈石窟文物研究所李治国所长一边带我参观，一边向我讲述家父随周总理陪同蓬皮杜总统访问云冈石窟的细节，并向我提供了许多相关资料。在河南，省文物局长陈爱兰专门安排了一个老同志座谈会，老同志们回忆了"两重两利"方针形成的经过，以及到北京参加出土文物展览时经历和听到的生动故事。他们还叮嘱我说："你一定要把老局长的《传》写出来，这不仅是你们的家事，也是我们文博界的事。"这沉甸甸的话语，使我产生了一种神圣的责任感，成为鞭策我坚持写下去的力量。在山东、安徽、山西和江苏，同样得到文博部门的领导与工作人员的许多帮助，听到前所未闻的事情，学到许多知识。在南京，我拜访了原南京博物院副院长宋伯胤先生，一位有很高文学素养的学者。宋老有记日记的习惯，向我提供了50年代参加山东省博物馆陈列设计时的相关日记，还饶有兴趣地讲述了因喜欢父亲的作品《青城山上》而引起的动人故事。在这次长途采访过程中，我顺道访问了父亲任教过的烟台中学、大同三中和进山中学旧址。我第二次到老家霍邱了解家世，得到堂兄王余久、外甥刘士洪的诸多帮助。接着，我南渡长江，访问了爷爷王人鹏任过七年县长的东至县，在这里也得到当地文物部门的许多帮助。

回到北京后，我相继拜访了中央文献研究室的金冲及教授，文博系统的老同志谢辰生、罗哲文、沈竹、吕济民、彭卿云、金枫、万岗、叶淑穗、鲁秀芳、杨瑾、黄逖、吴铁梅、高和、陈大章等，以及参加过古文献整理小组工作的李学勤、吴九龙、李均明教授。这样，经过一年多的阅读、调研、访谈、请教和试写，《王冶秋传》的各个结构单元逐渐明晰并最后确定下来。自2006年5月开始动笔，其间几乎没有休息过一天，一直写到12月初完成。写完后，我将书稿打印出来，又分别送给姜德明、谢辰生、金冲及、罗哲文、吴铁梅诸先生审阅。他们不但给予鼓励，还指点需要改进的地方。姜德明先生更是逐字逐句地通读全稿，纠正错误，令我十分感动。在此，我要向他们表示特别的谢意。我还要向所有接受我访问、带我参观、向我提供资料以及所有关心这部传记的人们致以敬意，并衷心感谢他们的帮助。

当然，我还要特别感谢的是：单霁翔先生在百忙中关心本书的出版并作序，金冲及先生专门抽出时间为本书写了序，谢辰生先生本来答应为本书写序，因最近身体不适而力不从心，但他特别允许在本书附录中，一是引用他在《回忆王冶秋》一书中写的《新中国文物博物馆事业的主要开拓者和奠基人》（代序），二是首次公布他在1980年3月为王冶秋和国家文物局所蒙受的不白之冤写给胡耀邦的申述信。

图一六八　六个兄弟姐妹在一起

他们对本书的这些关爱使本书大为增色，我想他们的根本用意，是要让文博系统中延续了半个多世纪的好传统薪火相传。

我还要感谢文物出版社的李克能副总编辑、责编窦旭耀先生以及其他相关同志，他们的努力使本书得以顺利出版发行。

在本书写作过程中，我还得到兄弟姐妹的支持，特别是兄长王路、姐姐高予、妹妹王好及外甥李松，他们除了提供保存的珍贵照片与资料外，还审读了本书各章节，提出许多很好的改进意见。所以，这本书也是我们子女（图一六八）献给父母亲的一份祭奠，是我们献给父亲100周年诞辰纪念的一片心意。

值得告慰父母在天之灵的是，子女们现在都过着健康平静的生活，他们的后代正在茁壮成长（图一六九——一七七）。

此外，还值得告慰父亲在天之灵的是，他生前一直挂念的侄女王绿野一家也人丁兴旺，事业有成（图一七八）。

图一六九　高予夫妇

图一七〇　高予一家

图一七一　王路夫妇与孩子们

图一七二 王路与大女儿一家

图一七三 王路二女儿一家

图一七四　王可与女儿、女婿、外孙女及外孙们

图一七五　高里近照

图一七六　王好一家

图一七七　王晨夫妇

图一七八　王青士的后人们